U0840257

◆ 钱梦龙老师近影

◆ 2003 年 10 月，钱梦龙老师与彭尚炯老师在杭州

◆ 2013 年 12 月，钱梦龙老师与周宗俊老师在苏州

◆ 2014 年 4 月，钱梦龙老师与编写组全体成员合影

大夏书系·钱梦龙文丛

钱梦龙经典课例品读

Qian Menglong Jingdian Keli Pindu

钱梦龙 著/彭尚炯 编选

华东师范大学出版社
全国百佳图书出版单位

图书在版编目（CIP）数据

钱梦龙经典课例品读 / 钱梦龙著；彭尚炯编选 .—上海：华东师范大学出版社，2014.11

ISBN 978-7-5675-2791-1

Ⅰ.①钱… Ⅱ.①钱… ②彭… Ⅲ.①语文课—教案（教育）—中小学 Ⅳ.①G633.302

中国版本图书馆 CIP 数据核字（2014）第 277934 号

大夏书系 · 钱梦龙文丛

钱梦龙经典课例品读

著　　者　钱梦龙
编 选 者　彭尚炯
策划编辑　李永梅
审读编辑　张思扬　卢风保
封面设计　奇文云海 · 设计顾问
责任印制　殷艳红

出版发行　华东师范大学出版社
社　　址　上海市中山北路 3663 号　邮编　200062
网　　址　www.ecnupress.com.cn
电　　话　021－60821666　行政传真　021－62572105
客服电话　021－62865537
邮购电话　021－62869887　地址　上海市中山北路 3663 号华东师范大学校内先锋路口
网　　店　http：//hdsdcbs.tmall.com

印 刷 者　北京密兴印刷有限公司
开　　本　700×1000　16 开
插　　页　2
印　　张　22.5
字　　数　367 千字
版　　次　2015 年 1 月第一版
印　　次　2021 年 8 月第六次
印　　数　16 101 — 18 100
书　　号　ISBN 978-7-5675-2791-1/G · 7751
定　　价　39.80 元

出 版 人　王　焰

著者：钱梦龙

编选：彭尚炯

顾问：周宗俊

编写组成员（以姓氏笔画为序）：

仲剑峰　华国平　刘志军　汤丽萍　沈春媚

张　卫　张　立　陈　丹　陈汝虹　周　浩

周志强　居文进　洪　榴　顾丽芳　钱建江

目录

代序　我这样上语文课

课程意识助我定向

在进入教学过程之前，我一般总要问一问自己：我教的是一门什么课？为什么要教这门课？怎样教这门课？这样教对促进学生的发展有什么意义？……后来渐渐养成习惯，"课前自问"变成了一种自觉的意识，这大概就是所谓的课程意识。这种课程意识，看似很"虚"，其实它关系到整个教学活动的走向，决定着教学的成败。走向不明，必然迷茫；走向错了，一切努力都是无用功。常听到已有多年教学经验的语文教师感慨：语文越教越不会教了！为什么会有此反常现象？究其原因，多半是缺少一点课程意识。

《国家中长期教育改革和发展规划纲要（2010—2020年）》指出，中小学教育要"提高学生综合素质，使学生成为德智体美全面发展的社会主义建设者和接班人"。在中小学，这个总目标是由语、数、英、理、化、生、音、体、美等各门具体的课程分别承担和达成的，每一门课程都只能从各自专业的角度分担总目标中一个适合自己学科特质的具体目标，任何一门学科都不可能总揽一切，包打天下。比如广受人们关注的思想、人文教育，各门学科都应该从自己学科的特点出发实施之；语文课程由于其丰富的人文内涵，比之其他学科有其天然的优势，但语文学科只能从"语文"的角度寻求思想、人文教育的具体途径，绝不能把思想、人文教育作为语文学科自身的目标。语文课就是语文课，它不是政治课或思品课；失掉了"语文"这个基本立足点，就不是语文课了。

语文，作为一门具体的课程，它自身的目标是什么？简言之，就是对学生进行本民族语的教育；具体些说，就是通过读、写、听、说的训练，培养学生正确理解和运用祖国语言文字的能力。或问：把语文课程的目标定位为民族语教育，是不是把语文课程的"教育功能"狭隘化了？是不是意味着语文课程可以放弃思想、人文教育？

答曰：否！

语文课不仅要进行思想、人文教育，而且必须比别的学科进行得更好、更有效；但必须强调的是：语文课只能通过“语文”的方式而不是说教、注入以及所谓“德育渗透”这类外加的方式对学生进行思想、人文教育。

所谓“语文”的方式，就是学习语言（言语）的方式，也就是学生运用本民族语进行读、写、听、说实践活动的方式。以阅读为例，它是学生学习民族语的必由之路。在阅读过程中，学生通过对范文语言的诵读、品味、赏析，生成语感，积累语料，学习民族语丰富的表现力；与此同时，必然也受到范文语言所蕴含的思想、情感、情操的熏陶感染，因为学生学习的文本，不是抽象的语言符号的堆积，而是典范的、具有丰富的思想感情和人文内涵的言语成品。因此，对民族语的学习，充分体现了语文课程熏陶感染、潜移默化、润物无声的教育功能。有位教育家说过：“本族语是对学生进行普通教育的基础。本族语本身包含着使学生得到全面发展的最大可能性。”正好可以借来印证我的观点。

人们普遍认为，教育最理想的境界是“润物细无声”。用“语文”的方式来教语文，不但没有削弱语文课的教育功能，恰恰相反，它使这种教育功能得到了更完美的呈现。

我教语文几十年，目睹了形形色色的语文教学新理论、新思想纷纷登台亮相，但我始终坚守一个立场：我教的是语文，它是一门帮助学生学习祖国语言文字的课程，因此，我的所有教学活动都应该有助于学生正确、熟练地理解和运用祖国的语言文字。这是我认定的语文教学之“根”。凡有可能动摇这个“根”的理论、学说，无论进口的还是国产的，无论其立论如何高深莫测，无论其包装如何精致华丽，我都不予理会。这样，我便有了一股“咬定青山不放松”的“定力”。

语文教学既然本质上就是语言（言语）教育，那么我上课时最关心的问题是：学生是通过怎样的途径进入文本的？是通过浮光掠影的阅读、一知半解的猜测，还是通过对文本中词语、句子的理解、咀嚼和品味？

试以我指导学生读苏轼的七绝《惠崇〈春江晚景〉》的一段课堂实录说明之。

师：这首诗是题画诗。同学们先读一读，看这首诗写的是什么时间，是早春，盛春，还是晚春？

（学生读诗，有的默读，有的音读，读后又小声议论。）

师：现在我们来看，诗写的是哪个时间？

生：写的是早春。

师：从哪里知道的？

生：从“春江水暖鸭先知”中的“暖”字知道的。

师：为什么“暖”字能说明是早春？能不能讲得更清楚一点？

生：春天到了，水温回升。

师：噢，春天到了，水温回升了，是吧？还有补充的吗？

生：还有“竹外桃花三两枝”中的“三两枝”，说明花还没盛开。

师：说得很对。“三两枝”不是盛开。还有吗？

生：还有“蒌蒿满地芦芽短”，“芦芽短”是说芦芽刚刚冒出来一点，还没有十分茂盛。

师：大家同意吗？

生：（齐）同意！

……

师：……这首诗其中的一句特别有名，你们猜是哪一句？

生：“春江水暖鸭先知”。

师：是吗？

生：（齐）是的。

师：噢，你们是怎么猜得这样准的？为什么说这一句特别有名？

（学生们议论纷纷）

……

生：这句诗写得很形象。

师：为什么说它写得很形象？

生：“鸭先知”用了拟人化的写法。

……

生：春天来了，冰雪融化了，水温回升了，人们还没有察觉——

师：好！“察觉”这个词用得好！

生：（继续）人们还没有察觉水温的回升，却看见鸭子在河里嬉戏游闹。

师：看到鸭子在嬉戏游闹，这样就可以想象到鸭子知道什么啦？

生：水温回升了。

师：他有两个词用得很好，一个是“察觉”，一个是——

生：（齐）嬉戏游闹。

师：对，嬉戏游闹。看到鸭子在欢快地游动，就推想到鸭子已经感觉到了水温的回升，这里表现了诗人的观察力、想象力。这句诗里面有一个字是这句诗的诗眼，你们找得出来吗？

生：（齐）先。

师：对，就是这个字！同学们真是很会读诗的。……

在这个阅读过程中，学生正是通过“春江水暖鸭先知”“三两枝”“芦芽短”这些具体的词语、句子进入诗人所描绘的“早春”的意境的，因此学生对早春的感受也是具象的、生动的。

学生的思维一旦被激活，课堂上出现议论、争辩是常有的事，尤其是争辩，学生头脑一热，往往“忘记”了文本，变成一种漫无约束的思维“跑野马”。在这种时候，我总是坚持要求学生从理解文本语言的角度解决争辩中产生的问题，把学生思维的“野马”拉回到文本所限定的具体语境中来。下面是我执教鲁迅《故乡》的一段教学实录：

生：闰土为什么要把碗碟埋在灰堆里？

师：闰土把碗碟埋在灰堆里，这是谁说的？

生：（齐）杨二嫂！

师：那么，究竟是不是闰土埋的呢？

生：不是的。

师：为什么？说话要有根据。

生：杨二嫂挖出埋在灰堆里的碗碟后，就自以为很有功劳，拿走了“我”家的狗气杀，这就是杨二嫂说谎的目的。

生：可能是“我”埋的，以便暗暗地让闰土得到许多碗碟。

师：哦，原来是这样啊！（众笑）

生：如果说是闰土埋的，杨二嫂怎么会知道呢？

师：这里有个问题，闰土会偷拿东西吗？

生：（齐）不会！

师：为什么？

生：“母亲对我说，凡是不必搬走的东西，尽可以送他，可以听他自己去拣择。”这样，闰土尽可以明着拿，根本用不着偷拿。

师：有道理！有说服力！我都被你说服了。我们解决问题，都应该到书中去找根据。那么，谁埋的呢？

生：（齐）杨二嫂！

师：为什么？要以文为证。

生：不知道是谁埋的。

师：对，就是不知道。这个是“历史的悬案”。但有一点是可以肯定的，杨二嫂以这个为理由拿走了狗气杀。这样写是为了说明什么呢？

生：杨二嫂贪小便宜。

师：这个问题大家解决得很好，我特别高兴。我曾经看到杂志上也议论过这个问题，结论是闰土是决不会偷埋的，理由呢，跟我们这位同学所说的完全一样。这位同学如果写了文章，也可以在杂志上发表了嘛！（生大笑）

学生在讨论“碗碟究竟是谁偷埋的”这个“悬案”时，很可能会变成漫无边际、毫无根据地胡猜乱测，因此我一再要求学生“说话要有根据”，要“以文为证”，让学生从课文中寻找推测的依据，这就把学生“脱缰”的思维拉到了对文本语言的解读上，最后求得了圆满的答案。

上语文课只要认定了民族语教育这个方向，实实在在地引导学生在阅读中理解、咀嚼、品味文本的语言，进而实实在在地教会学生读书，那么，不少老师“越教越不会教”的感慨肯定会变成“越教越会教”的成就感了。

教学理念助我得法

教学行为总是受教学理念支配的，因此，我在进入具体的教学活动之前总还要问一问自己：我的教学理念是什么？它是先进的、富于生命力的，还是落后的、陈腐的？这种自问，久之成习，同样也变成了一种自觉的意识。

我在上世纪80年代初提出的“三主”（学生为主体，教师为主导，训练为主线），一直是指导我的教学实践的教学理念，它支配着我上每一堂课。“三主”的内在逻辑我曾经这样表述：“学生为主体”是教学的根本立足点和出发点，着眼于学生的“会学”。“教师为主导”则是把教师的作用定位于“导”（引导、指导、辅导），着眼于教师的“善导”。而学生的“会学”和教师的“善导”在教学过程中的互动，必然呈现为一个“训练”过程——“训”就是教师的引导、指导，“练”就是学生的实践、操作；“训练”是教学过程中师生互动的基本形态。教学过程除非没有师生互动，否则必定是一个训练过程。

这些年来，应试式的“操练”愈演愈烈，对正常的学校教育造成了严重干扰和冲击，以致人们迁怒于“训练”，莫名其妙地在“训练”和应试式“操练”之间画上了等号，于是，在一片反对应试教育的声浪中把“训练”连同脏水一起泼掉了。结果是，应试教育依然如故，正常的训练却蒙受了“不白之冤”！连教育部委托专家研制的《语文课程标准》也误解、贬低了训练的地位和作用。

其实，教育本身就是训练。学生健全人格的塑造，良好品德和习惯的养成，知识的获得，能力的培养，智力的开发，等等，哪一项离得开训练？语文学科的实践性强，学生要学会阅读，学会作文，学会听说，并通过读、写、听、说的实践提高语文素养，更不能须臾离开训练。排斥训练，无异于抽空语文教学的内容，使语文课程蜕变成一个徒有其表的“空壳”，跟思品课、政治课、历史课等其他人文学科没有了区别，结果必然是严重降低语文教学的质量。叶圣陶先生生前与语文教师谈语文教学，一直十分强调训练的重要，他说：“学生须能读书，须能作文，故特设语文课以训练之。最终目的为：自能读书，不待老师讲；自能作文，不待老师改。教师之训练必作到此两点，乃为教学之成功。”（《语文教育书简》）叶老把训练提到了判断教学是否成功的关键地位。事实上，忽视语文训练的不良后果现在已经很明显了。学生不爱读书，不会读书，有的学生甚至完全不读书，已成为很普遍的现象，如果允许这种现象继续存在下去，其负面影响恐怕不仅仅是学生语文素养的降低而已！

这里谈两点：一、怎样训练；二、训练什么。

所谓“怎样训练”，实质上是一个怎样处理好教学过程中师生互动关系的问题。老师在进入教学过程之前，首先必须真心实意地确认学生的“主体”地位，真正把学习的自主权还给学生，尊重每个学生独特的学习体验，而不是越俎代庖，把教师自己认知的结果强加给学生；其次，必须真正把自己的作用定位于“导”，也就是只能因势利导，导而弗牵，使教师的“导”成为强化学生主体地位的必要条件，而不是削弱或取代学生的主体地位。这样的师生互动，必定是生动活泼的有效的“训练”。

根据我的“学生为主体”理念，我十分重视教师“教读”之前学生的“自读”。“自读”不是“预习”，而是一种以培养自读能力为目标的阅读训练方式。我一般要求学生在自读中借助工具书(《现代汉语词典》《古汉语常用字字典》等，现在还可以网络查询）和课文注释，按照阅读文章“由表及里”的思维流程进入文本，揣摩作者思路，理解文章主旨，品味文章语言，以及质疑问难，等等。就是说，老师在教读之前，学生对文本已经有了初步的解读，老师的“教读”是在学生自读的基础上进行，通过师生交流、生生交流，使学生的自读体会浅者深之，误者正之，疑者解之，进而领悟读书之法。教一篇课文的目的不是“教懂文章”，而是“教会阅读”。

例如，我教《论雷峰塔的倒掉》，先让学生自读文本，在自读中发现问题，然后在教读课上提出来，由全班一起讨论解决，整个教学过程就是一个由学生提出问题、讨论问题、解决问题的过程，学生始终处于学习主体的地位。教师在这个过程中的作用是：组织讨论，使讨论有序进行；引导讨论方向，避免旁逸斜出，影响讨论效果；在学生产生疑难或认知有错误时，随机点拨，使学生茅塞顿开，获得新的认知。请看下面这个教学片段：

生：从本文的标题看，是议论文，但跟过去学过的议论文不同，写得有些杂乱，究竟是什么文体?

师：他说鲁迅的文章有些杂乱，你们说呢?

生：(议论纷纷）杂乱。不杂乱。

师：请起来说。

生：是写得有些乱。先说雷峰塔倒掉，后来却东拉西扯，还写到吃螃蟹，让人理不出线索来。

师：(对另一名学生）我刚才好像听到你说“不杂乱”，也能起来讲讲吗?

生1：我……我想，鲁迅写文章是不会乱来的。(笑）

师：当然，鲁迅如果乱写的话，那就不是鲁迅，而是一名中学生了。(笑）不能把这个作为理由。也要用文章本身来说明。

生1：文章写的都是雷峰塔倒掉的事。(师插：能说得具体些吗? ）写《白蛇传》的故事，写吃螃蟹这些事，都和雷峰塔倒掉的问题有关。

师：两位同学的意见都正确。这篇文章看起来是有些“杂”，但是“杂”而不“乱”。这种文体就叫“杂文”(板书）。杂文里常常要发表议论，但是跟议论文不同。关于这种文体的特点，到我们读完了文章以后，再一起讨论。刚才他(指生1)虽然话说得不太漂亮，但道理是对的。……本文的标题是“论雷峰塔的倒掉”，这就提示我们，塔的“倒掉”是贯穿全文的一条线索。现在我们就来理一理这条线索。这件事并不难做，只要把文章里有关“倒掉”的词语找出来就行了。例如，第1段主要写了什么？

生：听说杭州西湖上的雷峰塔倒掉了。(师插：能不能简化到最少的字数呢？)听说……倒掉。

师：好，就用“听说倒掉”。大家就以此为例，一路找下去，最后就可以把线索理出来。

(学生看书，找线索，教师边听边写，最后完成板书：

听说倒掉——希望倒掉——仍然希望倒掉——居然倒掉——终究要倒掉)

师：你们看，作者就按这条线索，有时叙述，有时议论，一路写下去。如果说这像是在画“龙”的话，那么在哪里“点睛”？

生：最后点睛。(师插：为什么说“睛”在最后？)因为“终究要倒掉”是文章的中心所在。

师：你们看，把文章的线索理一下，就可以看出作者的思路一步不乱。这可以说是杂文的一个特点：杂而不乱。……

这个教例展示了一个训练的过程，在这个过程中，问题是学生提出的，解决问题也主要依靠学生的努力，但教师在学生讨论问题的过程中穿针引线、随机点拨的作用也清晰可见。这里解决的似乎只是作者的思路问题，学生实际上学到了关于“什么是杂文”以及“怎样读杂文”的有关知识和方法。在我心目中，语文课就是教读课，“教读”就是教学生读书使之达到“不需要教”的最终目的。

设计问题，是教师的一项基本功。问题设计得好，能激活学生的思维，或引起认知冲突，从而提高学生的学习兴趣。例如，我在学生自读课文《食物从何处来》后，为了测试学生是否掌握了“食物”的定义——“食物是一种能够构成躯体和供应能量的物质”，我提出了一个问题：今天早上我吃了两片面包、一个鸡蛋、一个苹果，喝了一杯开水，是不是都是食物？（其中开水不是食物，因为水虽然能参与躯体的组成，但不能供应能量）这比直问学生“什么是食物”，或要求学生背诵食物的定义，更能引起学生思考的兴趣。我尤其注意避免那些“教学圈套式”的“伪问题”。在某些展示课上常常可以看到老师的提问不是为了启发学生思考，而只是为了从学生嘴里“掏”出一个预期的答案，这个答案其实早已编入了课前制成的课件之中，这种所谓的提问只是一个诱使学生“入我彀中”的“圈套”而已。

我更重视指导学生自己发现问题、提出问题，我的很多课都是建立在学生提问的基础上的。朱熹认为“读书无疑者，须教有疑，有疑者，却要无疑，到这里方是长进”。鼓励学生质疑、提问，就是让学生经历这样一个“无疑—有疑—无疑”的读书“长进”的过程。经常进行这样的训练，学生提问的水平就会逐渐提高，而学生提问水平的提高事实上意味着阅读能力的提高。例如，我教鲁迅的《论雷峰塔的倒掉》和《故乡》，布置“自读”的唯一要求就是发现问题、提出问题。如学生自读《论雷峰塔的倒掉》后提出了不少问题，试举几例：

（1）“听说，杭州西湖上的雷峰塔倒掉了，听说而已，我没有亲见。”这句用了两个“听说”，显得啰唆，“没有亲见”和“听说”的意思也是重复的，作者为什么要这样写？

（2）“雷峰夕照”是西湖十景之一，是西湖胜迹中的一个名目。“胜迹”就是风景优美的古迹，但作者却说它“并不见佳”。“雷峰夕照”究竟美不美？

（3）课文第4段说“现在，它居然倒了”，我认为应该把“居然”改为“果然”。因为作者是一直希望雷峰塔倒掉的，现在“果然”倒掉，语气好像顺一点。

从这些问题看，学生已经学会了“咬文嚼字”，能够从文本的语言表达发现“矛盾”，提出问题，这标志着阅读能力的提高，经常这样训练，其意义是不言而喻的。下面试以第三个问题的课堂讨论为例，审视一下学生在讨论问题的过程中所显示的阅读能力。

生：课文第4段说“现在，它居然倒了”，我认为应该把“居然”改为“果然”。因为作者是一直希望雷峰塔倒掉的，现在“果然”倒掉，语气好像顺一点。

师：你“居然”敢于为鲁迅改文章，真是勇气过人。（笑）这问题也是挺“高级”的，请大家发表意见。

生：我同意改为“果然”。“果然”表示塔倒在意料之中，因为塔是终究要倒的嘛！作者是早就料定它要倒的。“居然”表示出乎意料，用在这里是有些不合适。

师：好啊，又有一位主张为鲁迅改文章的勇敢者！（笑）到底要不要改？我想再引用一下前一堂课上一位同学的话："鲁迅写文章是不会乱来的。"（笑）他这里用"居然"，总有他用"居然"的道理，大家是不是也站在鲁迅的角度替他想想？

生 1：我认为用"居然"比"果然"好。

师：好，你为鲁迅辩护，如果先生还在，我想他会高兴的。（笑）不过你要讲出理由来。

生 1："塔是终究要倒的"，这是必然的，作者又希望它倒掉，但是塔毕竟是不大会倒的，现在雷峰塔这么快就倒掉了，是出乎意料的，当然要用"居然"。

师：言之成理！我再作一点补充。大家看，紧接着"居然"这一句，下面是什么句子？

生：（齐读）"……则普天之下的人民，其欣喜为何如？"

师："居然"表示雷峰塔倒掉这件事出乎意料地发生了，普天下的人民则为之无比欣喜，有一个成语恰好能够表达人民这种出乎意料的欣喜的感情，你能说出这个成语吗？

生 1：喜出望外。

师：你真行！我现在宣布：你为鲁迅辩护成功！（笑）现在请大家再把第 3、4 两段连起来朗读一遍，体会一下"我"从"希望倒掉"直到"居然倒掉"以后那种喜出望外的感情。（学生朗读）

经常进行这样的训练，叶圣陶先生关于"教是为了达到不需要教"的设想就不再是一个诱人的"远景"了。

长期践行助我生慧

我 1952 年正式成为语文教师，仅有初中学历的我根本不懂语文教学，但终于从自身学习语文的经验中悟出了语文教学必须着眼于培养学生的自学能力这个"诀窍"。因此我的教学从一开始就比较注意鼓励学生自主学习。随着教学经验的逐渐积累，最后形成了"三主"教学理念。"三主"的核心是"学生为主体"，即确认学生是主体，是学习、求知的主动者；既然学生是学习、求知的主动者，那么教学过程中的“学情”就必然会随着学生思维活动的展开而千变万化，这逼使我不得不经常面对不断变化着的学情。这种学情变化是无法预料的。这对教师的教学智慧确实是严峻的挑战。长期以来，这样的挑战不断出现，我这个资质平平的人，居然也渐渐变得聪明了一些，虽然说不上什么“教学智慧”，但至少在千变万化的学情面前不至于手足无措。

例如，我教鲁迅的《故乡》时，有学生提出了一个问题：鱼怎么会有青蛙似的两只脚呢？这显然是一个“横炮”式的问题，这种问题谁也没法解答，对解读文本也没有任何价值；但学生既然提出来了，怎样才能既保护学生提问的积极性，又不致使讨论游离到文本以外？于是有了这样的对话：

生：鱼怎么会有青蛙似的两只脚呢？

师：是啊，鱼怎么会有两只脚呢？

生：有！

师：什么鱼啊？

生：娃娃鱼。（笑）

师：啊，见多识广！我想跳鱼也有两只脚，你们看到过没有？

生：（齐）没有。

师：这说明什么问题？书上怎么说？

生：这说明闰土见多识广。

生：闰土的心里有无穷无尽的稀奇的事。

这个本来毫无意义的问题，稍稍一“引”，既保护了学生提问的积极性，又加深了学生们对见多识广的少年闰土形象的感知，可谓“一石二鸟”。

再如，有一次上课一位同学以读“教参”回答问题，当我走到这位同学面前时，他慌忙合拢“教参”，紧张地抬起头看着我，等待着我的阻止或批评。但我却说了这样一番话：“这位同学学习语文能主动找一些参考书来看，这种自学的精神值得大家学习。不过现在我想请他暂时不要把参考书上的语句读出来，让大家先回答，然后请这位同学当‘裁判’，把同学们的答案和参考书上的答案比较一下，作出评判。”我看到这位同学听了我的话后笑眯眯地坐下，等待着行使“裁判”的“权利”。

同学们的讨论很热烈，对问题取得了圆满的共识。于是我请这位同学发表“裁判意见”，他说：参考书上说的，同学们也都说到了，而同学们说的有些意见，参考书上还没有呢！最后我让全班同学总结这场讨论的收获，很多同学都说要向这位同学学习，主动找一些参考书看，但看之前最好自己先好好想一想，不要用参考书代替自己的思考，也许自己思考的结果比参考书上的结论更好。

就这样，一场本来只有消极作用的“参考书风波”，变成了具有积极意义的自学指导。

有的老师认为教学机智是某些教师生来就有的“禀赋”，靠的是天生的聪明。其实教学机智也是实践的产物。

首先，教学理念出智慧。如果老师在教学过程中真正确认并尊重学生的主体地位，就必然会想方设法使自己的一切教学行为都有助于激发学生的主体意识，教学智慧往往由此而生成。如前面所举执教《故乡》之例，有学生提出了没有思考价值的幼稚问题，我当时想：如果轻易否定学生的问题，告诫他以后不要提这种幼稚的问题，肯定会打击这位提问的学生思考、质疑的积极性，并可能对其他学生造成一种心理暗示——不要随便提问。这对学生的主体意识是一种有意无意的压抑和伤害。在这样的情势下，我被“逼”得不得不“急中生智”，终于采取了一种巧妙引导的手法，既保护了提问的学生，又加深了学生们对少年闰土形象的认识。

其次，长期践行生智慧。我们不妨从反面设想，假如老师习惯于主宰学生，控制课堂，提问也只是为了诱使学生“入我彀中”，这样的教学实践如果长期不变，日久成习，必然导致教师随机应变能力的萎缩，“教学智慧”从何而来?！

教学智慧只能是在以“学生为主体”的理念的指导下长期践行的产物。

钱梦龙

《故乡》

执教：钱梦龙

品读：顾丽芳（主持人）、陈　丹、仲剑峰

（以下依次简称“顾”“陈”“仲”）

经典回放

第一课时

师：昨天，同学们书面提出了许多问题，都提得很好。有两位同学各提了20多个问题，又多又好。大家提的问题涉及课文的各个方面，我把它们分为七类。[①]（板书：一、一般疑问；二、回乡途中的“我”；三、闰土；四、杨二嫂；五、宏儿和水生；六、离乡途中的“我”；七、写景）

大家提了这么多问题，第一步走得很好。那么，第二步该怎么走呢？大家说说看。[②]

生：（齐）解决问题。

师：好。在解决大家提出的问题之前，我先来考一考大家：《故乡》是在什么时候写的？

生：1921年。

师：很好。那么，在1921年的10年前，我国有一次很大的社会变动，是什么？

生：辛亥革命。

师：这《故乡》写的就是辛亥革命后10年间的事。那么，当时的社会情况怎样呢？……我提醒一下，可以联系本学期读过的另一

品读沙龙

① **顾**：这是课前先展示自读的成果。补上如何提问这一自读方法的指导，是对“学生为主体，教师为主导”理念的最好诠释。

陈：是啊，学贵有疑，“没有问题”正是大问题。老师如何指导虽未加描述，但效果足以从学生提出问题的数量与质量中推知。

仲：问题的归类，紧紧围绕小说的特点，主次分明，线索清晰，充分显示了老师的主导作用。有大智慧！

② **顾**：老师自然地“退位”，唤醒学生主动推进学习活动的意识。

陈：意识一旦唤醒，“对话”就此展开。

仲：这是以学生为主体教育思想的典型呈现。

篇鲁迅的文章《一件小事》，它的写作年代和《故乡》差不多同时。回忆一下，《一件小事》有没有写到当时的社会状况？怎么写的？[①]

生：其间发生了许多所谓国家大事：袁世凯称帝、张勋复辟……

师：很好，袁世凯、张勋是什么人？

生：卖国贼。

师：对。是卖国贼，是军阀。当时辛亥革命的成果被军阀夺走了，辛亥革命有局限性。那么，农民问题解决了没有？

生：（齐）没有！

师：怎么知道的？

生：从《故乡》里可以看出，农民生活日益贫困。

师：对，当时的农民是日益贫困的。这就是《故乡》的时代背景。这个问题搞明白了，我们就可以来解决同学们提出的各类问题了。现在，先请提出第一类问题——一般疑问。[②]

生："远近横着几个萧索的荒村"，为什么用一个"横"字？

师：你很会"咬文嚼字"。为什么用"横"字？可以换成别的字吗？[③]

生："有"。

师：好。"远近有几个萧索的荒村"，也行。

生：用"横"字就显得这些村庄是乱七八糟的。

生：村庄好像是横躺着。

生：给人悲凉的感觉。

师：对。这"横"字使人感到村庄是死气沉沉

[①] **陈**：温故知新，老师指导学生学会知识迁移，在复习中比较、思考。

仲：这些知识，学生大多都知道，但未必注意，也未必想到与本文的联系，老师在这里提一下，正体现了教师主导的价值。

[②] **顾**：了解背景是学生与文本对话必需的铺垫。

陈：是的，老师及时提出背景问题，正是对学生所提问题的必要补充。

仲：这也是在传授阅读小说的方法。

[③] **顾**：给"横"换词，信手拈来，自然地引导学生在比较中品析其独特的表达效果。

仲：语文课，一开始就是很语文的"咬文嚼字"。

陈：我印象中，用替换比较法体味词语的表达效果，是钱老师课堂中常见的精彩片段。

的，而不是生气勃勃的。从这里可以看出鲁迅先生很注意用词。还有问题吗？

生：母亲说："这些人又来了。说是买木器，顺手也就随便拿走的……"为什么顺便拿走呢？

生：贪小便宜。

师：对，是有这种思想。但这也似乎反映了一种情况，可以看到当时农民的情况……①

生：生活贫困。

师：对。还有，课文里说，木器卖掉了，只是收不起钱来，为什么？

生：也是因为贫困。

师：对了。看上去只是一个细节，但也反映了这样一个大问题。②还有吗？

生："亲戚本家"是什么意思？

师：先说"本家"，"本家"是什么意思？

生：本家是同姓的亲属。

师：说得好。那么亲戚呢？

生：亲戚不全是同姓的。

师：对，比如说和母亲相关的亲属。你们看，这个问题他解决得多好啊！还有别的问题吗？

生：现在的闰土不如以前的闰土，这样看对不对？

师：你们看对不对？

生：（齐）对。

师：记得有个同学提出，社会是发展的……这个问题是谁提的，说说好吗？

生：历史是发展的，但故乡却倒退了，难道历史会倒退吗？

师：对啊。这问题怎么解决呢？

① **顾：**不着痕迹地巧妙引导，既肯定了学生的回答，又暗示学生联系当时农民的生存状态来思考，使其更深入地理解文本内涵。

陈：确实，引而不发，旨在引导学生理解得更深入，更全面。

② **仲：**文学作品是用细节说话的。关注关键的细节，也是阅读小说的方法之一。

生：辛亥革命后，历史倒退了。

生：我不同意。辛亥革命推翻了封建王朝，这是很大的发展。

生：历史发展有兴旺的时期，也有衰败的时期。

师：对，对。我补充一点，好不好？[①] 就是历史的发展是有曲折的，在前进中也有倒退。例如我国在新中国成立后有没有过倒退？

生：（齐）有！

师：什么时候？

生：（齐）“文化大革命”！

师：对了。你看历史总的看来是向前的，“四人帮”不是粉碎了吗？但在“文革”那几年，历史的发展也有了点曲折。在辛亥革命后，由于军阀的混战，历史也有过倒退……还有什么问题吗？

生：“他不咬人么？”这“他”应该是“它”。

师：是啊，有的同学说鲁迅先生写了许多错别字，是吗？[②]（众笑）谁能解决？

生：在“五四”时期，“他”和“它”是通用的。

师：你怎么知道的？

生：书上看来的。

师：对啊！看到的就马上能用。的确，“五四”时期，“她”“他”“它”都是一个“他”。还有问题吗？

生：“可以听他自己去拣择”，“听他”是什么意思？

师：谁能回答？

生：随他自己。

师：对，“听”也就是“听便”。还有问题吗？

生：“公同卖给别姓了”，为什么不用“共同”？

[①] **顾**：鼓励学生大胆地表达，不以老师的“告诉”匆匆应对，智慧之举。

仲：疑难处，老师就架一张梯子，类比一下，坚决地让学生自己解决问题。

陈：教师的阅读经验与学生共享，其着眼点仍是教会学生阅读。

[②] **顾**：小小幽默活跃了课堂气氛，同时也引发了学生探究的兴趣。

仲：教师没有急于提供“标准”答案，让学生的主体作用充分体现。

师：啊，鲁迅又写错字了，是吗？（笑）这个老屋是“我”家的吗？

生：（齐）不是。

师：不是，所以要卖掉就要几房本家公议（板书：公议），公议后决定卖，就是“公同卖给别姓了”。这里鲁迅没错，我为他辩护。①

生：“我的母亲早已迎着出来了，接着便飞出了八岁的侄儿宏儿。”为什么用“飞出”？

师：母亲是迎出，宏儿是飞出，能对调吗？②（生笑）

师：为什么笑？

生：老太太走得慢。

生：宏儿活泼。

师：不能对调，这就是用词准确。还有问题吗？

生：“我”叫闰土是“闰土哥”，闰土叫“我”是“迅哥儿”，他俩谁大些？

师：对啊。都是哥，谁是弟弟呢？（笑）

师：哥是通称。

生：迅哥儿是小名。

师：是小名，大家同意吗？

生：（齐）同意。

师：我也同意。

生：杨二嫂说：“你现在有三房姨太太……”鲁迅先生不是只有一个叫许广平的夫人吗？（笑声）

师：谁能回答？

生：迅哥儿是书中的人物，不是鲁迅。

生：迅哥儿是作者塑造的艺术形象。

师：这话说得多好啊！语言多丰富啊！录音机已经把这句话录进去了。（笑）

① **顾**：以小说内容为依据，为事实辩护，态度严谨，令人信服。

陈：这样既表明了老师的观点，同时营造了平等愉快的对话环境。

② **顾**：“对调”也是教学智慧，学生在会心的微笑里悟得表达准确生动的旨趣。

陈：词语的对调与前面的替换一样，重在引导学生揣摩语言，在潜移默化中增强语感，学会于平淡处见奇崛。

仲：鲁迅是语言大师，深入他的作品，细心体会其语言运用的匠心，对提高学生的语言表达能力大有裨益。

生：这是杨二嫂胡说八道。

师：那么“我”究竟是不是鲁迅呢？

生：《故乡》中的“我”，《社戏》中的“我”，还有一些鲁迅作品中的“我”，是不是就是鲁迅？如果不是，为什么都很相似？

师：这问题提得很好。这位同学把许多课文联系起来了，想得很广。那么你认为怎样？我想先听听你的意见。①

生：不是。

师：什么理由？（生不能答，老师继续启发）你们知道鲁迅写的《孔乙己》吗？②

生：（齐）知道！

师：那里面的“我”是个酒店的小伙计。鲁迅卖过酒吗？

生：（齐）没有！

师：所以，这个“我”是作者在小说中所塑造的——

生：（接话）艺术形象！

师：小说的情节是可以——

生：（接话）虚构的！

师：你们真聪明！所以我们看作品中的“我”是不是作者自己，只要看看这作品的体裁是不是小说就行了。那么，《故乡》中的“我”是不是鲁迅自己呢？

生：（齐）不是。

师：为什么？

生：（齐）《故乡》是一篇小说。

师：你们怎么知道的？

生：《呐喊》是小说集，《故乡》是从《呐喊》中选出来的一篇，当然是小说。（笑）

① **仲：**来自学生的问题又回到学生那里，老师善于把思考的主动权交还给学生。

② **陈：**联系学生已经学过的知识来理解，非常有效！

师：你们看这位同学推理得多好！那么《从百草园到三味书屋》中的“我”呢？

生：是鲁迅自己。

师：为什么？

生：《从百草园到三味书屋》是回忆自己童年生活的散文。

师：对。以后看作品中的“我”会看了吗？[①]

生：（齐）会看了。

师：好。还有什么问题吗？

生：鲁迅在小说中写的事，鲁迅先生有没有都经历过？

师：你的问题使我想起了有位同学提的一个问题：究竟有没有闰土这个人？

生：有！

师：你怎么知道的？

生：书上看到的。

师：对啊。那么，他叫闰土吗？

生：闰水。

师：你对了一半。

生：运水，运动会的“运”。

师：全对了，你们两个知道的很多。鲁迅把这名字改成了闰土。这样改是有道理的。谁还记得，闰土这个名字的由来是怎样的？

生：五行缺土，闰月生的。

师：这样取名，为什么？

生：封建迷信。

师：是迷信，这个问题我们以后还要讲。闰土这个人物，是鲁迅先生根据生活中的原型，再——

生：（接话）艺术加工。

① **顾：**至此，作品中的“我”越来越清晰，由师生共同从作品中发现，彰显了对话、交流、提升的课堂学习过程。**仲：**在这一过程中，学生也获得了发现的乐趣。

师：哦，你们懂得真多。对，艺术加工。写在小说里的事，是鲁迅自己经历过的，但又经过了艺术加工，这就使作品的形象更加完善了。[①]还有什么问题吗？

生：鱼怎么会有青蛙似的两只脚呢？

师：是啊，鱼怎么会有两只脚呢？

生：有！

师：什么鱼啊？

生：娃娃鱼。（笑）

师：啊，见多识广！我想跳鱼也有两只脚，你们看到过没有？

生：（齐）没有。

师：这说明什么问题？书上怎么说？[②]

生：这说明闰土见多识广。

生：闰土的心里有无穷无尽的稀奇的事。

师：对了。我们以后可以到运水的家乡去看看，大概会看到这种跳鱼的吧。还有什么问题？

生：为什么把杨二嫂叫作豆腐西施？

师：是啊，为什么呢？

生：西施是个有名的美人，杨二嫂长得漂亮。

师：还有个同学在提问题的小纸条上说，因为杨二嫂的豆腐做得好，做得又白又嫩。（大笑）是豆腐好还是她有点漂亮？

生：是有点漂亮！

师：你怎么知道的？[③]

生：是打扮出来的漂亮！

生：因为杨二嫂的关系，豆腐店的生意都特别好。

师：大家去看杨二嫂，豆腐生意就好起来了，

[①] **陈**：经由老师激励与整合，三个问题集中探讨解决了如何看待小说中人物真实性的问题。

仲：也为后面理解闰土做了铺垫。

[②] **顾**：不纠结于“鱼的脚”“什么鱼”，随即引导学生体会文中借此表现闰土见多识广，充分体现老师的主导作用，立足文本不游离。

陈：原本“横炮”式的问题，经过这样一“导”，就加深了学生对少年闰土形象的理解。

仲：学生出招，教师应招，如太极推手，化看似无关之点为亮点。

[③] **顾**：“追问”是钱老导读艺术很重要的组成部分，顺势承接，有力反问，刨根究底，故作弱势……学生一次次兴趣盎然地驰骋在老师预设的语言与思维的场域。

陈：过程当中还使学生不断获得“有所悟”的成功鼓舞。

仲：老师只是苏格拉底所说的“助产士”。学生成了学习的主人。

是吗？（笑）这样写有点什么意味啊？

生：讽刺。

生：我还有个问题。“我却并未蒙着一毫感化”，“感化”是什么意思？

生：是影响的意思。

师：好。还有什么解释？

生：在意识与情绪上起反应。

师：你这个解释哪儿来的？

生：字典上。

师：对了。两种意思都有。感化，有点影响的意味。

生：因为“我”当时年纪小，所以豆腐西施虽然漂亮，“我”一点也不感兴趣。（笑）

师：啊，我很同意你的意见。还有什么问题？

生：“一层可悲的厚障壁”，“障壁”是什么意思？

生：障是障碍，壁是墙壁。

师：对。这就是说他们之间产生了一层什么？

生：隔膜！

师：“隔膜”是什么意思？

生：思想感情不相通。

师：对了。还有什么问题？

生：“时候既然是深冬”，这里为什么用“既然”？

师：是啊，什么意思？

生：“既然”是“已经”的意思。

师：对啊，但这儿为什么不用“已经”呢？恐怕还和后面的某个虚词有点呼应关系，是哪一个呢？找得到吗？

生：“又”。

师：对。“既……又”是前后呼应的。同学们还有问题吗？（稍顿）你们看，事实证明了同学们确实是既能提出问题，又能解决问题的，有的问题解决得比老师还要好。这就说明你们真正成了——

生：（接话）学习的主人！[①]

生：为什么说“似乎看到了我的美丽的故乡了”？

生：为什么说“这次回乡，本没有什么好心绪”？分别了20多年的故乡，如今回来了，不是很高兴的事吗？

师：是啊，对这个故乡，“我”是怎么想念的？

生：（齐）时时记起。

师：是啊，这样想念，回来时为什么又没有好心绪呢？

生：母亲看见“我”回来很高兴，但为什么又“藏着许多凄凉的神情”呢？

师：是啊，“我”与母亲的情绪都不太好，为什么？

生：“瓦楞上许多枯草的断茎当风抖着”，为什么正说明“老屋难免易主”的原因？

师：这类问题还有吗？

生：故乡中所出卖的老屋和《从百草园到三味书屋》中卖给朱文公的子孙的老屋是同一所吗？

师：从一篇作品想到另一篇作品，而且还记得是卖给朱文公的子孙的，你看他记忆力多强！那么是不是同一所呢？

生：不是。那是回忆录，这是小说。一个是真的，一个是虚构的。

师：好啊！刚学到的知识，这位同学马上就能运用了[②]，当然，写小说也会用上自己的生活经历中的材料。现在，我们把这些问题

[①] **顾**：充分肯定学生提出问题、解决问题的能力，让学生获得学习的成就感。

仲：不断鼓励，学生就越来越自信，思维也越来越活跃。

[②] **顾**：不断发现学生阅读思考的亮点，老师真诚地赏识与赞美对其他学生也是良性的暗示。

仲：课堂教学中不失时机地赏识和鼓励，是钱老师一以贯之的教学自觉。

归纳成两个：一个是故乡究竟美不美，一个是为什么“我”的心情不好。[①] 关于前一个问题，有一个同学提得很好，是哪位同学？请说说你的问题。

生：故乡到底美不美？是幻想中的美还是真实的美？

师：哪一个回答一下看，故乡是美的吗？

生：是美的。

师：那么为什么又说不出它的佳处来呢？[②]

生：没有印象了。

生：小时候的记忆是美的，现在是辛亥革命后的倒退时期，不美了。

师：记忆中的故乡的美，作品中的“我”有没有看过？

生：在对闰土的回忆中，就联想到了故乡的美。

师：是啊，那是一幅神异的图画，那是怎样的图画？天是——

生：（齐）深蓝的。

师：圆月是——

生：（齐）金黄的！

师：西瓜地是——

生：（齐）碧绿的。

师：你看，多美！但这些情景，“我”有没有亲眼见过？

生：没有。这是根据闰土说的话想象出来的。

生：故乡只是在“我”的幻想中有一个美的感觉，因为他在小时候跟闰土一块儿玩得很高兴。

师：对啊，对啊，我完全同意这个说法。让我们再概括一下，这说明“我”跟闰土的关系怎样啊？

① **陈**：相机归纳，启发学生深入探究。

② **仲**：教师的画龙点睛使课堂讨论活而不乱。看似信手拈来，其背后是对文本的透彻研究和对语文课堂的娴熟驾驭。

生：有深厚的友谊。

师：是啊，友谊使“我”感到故乡美，这是幻想中的图画，而并非亲眼见到过的，所以“我”看到眼前这不美的故乡，也说是“故乡本也如此”。但有一点是可以肯定的，“我”在路上看到了什么？

生：（齐）萧索的荒村。

师：这说明什么？

生：农村日益贫困破败了。

师：是啊，这一点也是可以肯定的：故乡是更加荒凉了。那么“我”没有好心绪，母亲也藏着凄凉的心情，都是为什么呢？

生：要离开故乡了，舍不得。

师：对啊，热土难离嘛。还有什么补充吗？

生：老屋卖掉了。

师：很好。为什么要卖掉？

生：破产啦。

师：我倒没想到，原来是破产啦！（笑）

生：生活不富裕。

师：你怎么知道的？杨二嫂不是说“我”阔了吗？

生：因为要到外地去谋生。

师：你们找找看，书上有一个词语，可以说明这个问题。[①]

生：“辛苦展转”。“我”生活不安定，到处奔波。

师：对啊，对啊，课文快结束的地方提到了。这就说明我们学习课文要——[②]

生：（齐）瞻前顾后。

师：对了。那么屋顶“瓦楞上许多枯草的断茎当风抖着”，是什么意思呢？

[①] **陈：**既是提醒学生回归文本，也是培养学生对词语敏锐感知的能力。

仲：还是培养学生良好的阅读习惯。

[②] **顾：**从探究原因入手，由表及里，由浅入深，将人物所处的社会与家庭背景一一梳理，可谓牵一发动全身。

陈：如此细读精思，学生得以渐渐领悟。

生：说明老屋很老了。

师：给人什么感觉？

生：悲凉。

师：这样，母亲的感情和“我”的心绪不是都可以了解了吗？这类问题还有吗？（稍顿）没有了？很好。我提一个建议：我们回答问题时一定要根据书本上说的，这样解决问题才能有根有据，有说服力。你们同意吗？

生：（齐）同意！

师：好，就讨论到这儿，下一节课我们继续讨论别的问题。

第二课时

师：现在我们来解决关于闰土的问题。谁先提问题？

生：闰土和“我”小时候那么好，现在为什么要叫“我”“老爷”，而且还叫水生给“我”磕头？

师：谁能回答？

生：这是封建等级观念对闰土的毒害……

师：你怎么知道的？是自己想出来的吗？还是在书上看到的？啊，我打断你的话了吗？对不起。不过我不能不问一个我不明白的问题：这个问题你怎么回答得这样好呢？①

生：我们在历史课上刚读到过董仲舒提出的“三纲五常”……（众笑）

师：你看她把历史知识运用到语文课上来了，多聪明啊！我对你们的学习是充满了信心的！②还有问题吗？

生：“我”很想见到闰土，但闰土来了后，“我”

① **顾**：老师为自己的追问打断学生而真诚地表示歉意，这是一个教育者令人折服的智慧与胸怀。

② **顾**：不断捕捉闪光点，不断激励，相信学生会越来越优秀！

陈：是啊，因为源源不断的即时激励，带来了源源不断的学习动力。

仲：学生好像一下子变聪明了，这是激励的力量！

并不感到高兴，有许多话要说，却又吐不出口，为什么？

师：好，我们来想象一下：如果闰土一来，“我”就连珠炮似的向他提出许多问题：猹啊，鬼见怕啊，跳鱼儿啊……（笑）不行吗？

生：不行，都老了。（笑）

生：心情不好。因为“我”是来辞别故乡的，闰土是来辞别“我”的。

师：是啊，心情不好，否则即便是老头子也会热烈交谈起来的。

生：闰土已不是记忆中的闰土了。

师：对！那么闰土现在变得怎样啦？①

生：变麻木了。

师：好，“麻木”这个词找得好。书上有一个比喻，怎么说？

生：“象一个木偶人了”。

师：对，闰土的封建等级观念强起来了，精神又很麻木，再加上“我”和闰土的心情都不好，所以就说不出话来了。还有别的问题吗？

生：本文题目是“故乡”，却为什么主要写闰土和迅哥儿的关系？为什么还要写那么多闰土的外貌？

师：好，先看外貌。少年闰土和中年闰土外貌有哪些不同？少年闰土怎么样？请大家尽量不要看书，凭记忆来回答。②

生：紫色的圆脸，头戴一顶小毡帽，颈上套一个明晃晃的银项圈。

生：手捏一柄钢叉。

师：这是什么样的形象？

① **顾**：追问直指闰土之变化，直抵文本主旨。
仲：给学生一个正确的导向。

② **顾**：这是记忆能力的训练。
陈：训练贯串于整个教学过程之中，是钱老师一贯的风格。
仲：训练是主线嘛！

生：小英雄的形象。

生：见人很怕羞，只是不怕我。

生：能抓小鸟雀。

师：对对，但我们扯开了，还是讲外貌。[①]他的手怎么样？

生：红活圆实。

师：有没有“偷”看过书？

生：没有。

师：你的记忆力很好！再看中年闰土，他的外貌怎样？

生：小毡帽成了破毡帽。

生：紫色的圆脸成了灰黄色的了，而且加上了很深的皱纹。红活圆实的手变得又粗又笨又开裂，像松树皮了。身材增加了一倍。

生：眼睛周围都肿得通红。

师：为什么？

生：太辛苦了。

生：海风吹的。

师：啊，他说得好，书上就是这么写的。

生：现在的闰土浑身发抖。

生：手上的钢叉变成了长烟管。（笑）

师：讲得真好！记性好，而且能前后对照，好！那这样对比着写有什么作用呢？

生：这说明闰土生活艰苦。

生：不是“艰苦”，是“困苦”。

生：辛苦。

生：痛苦。

师：究竟怎么说好？

生：困苦。

师：好，我同意“困苦”。[②]但闰土的生活“困

[①] **陈：**重又将话题集中，老师角色在“扶”与“放”之间及时转换。

仲：教师的主导在这里显得尤其重要。

[②] **顾：**引导抓住关键词，咬文嚼字。

陈：而且这样的引导已见成效，学生积极主动地寻找，在“艰苦”“困苦”“辛苦”“痛苦”中比较，体现出了可贵的自主意识。

仲：不得不佩服老师的精细，带出的是学生思考的精深。大胆放开，让学生充分感受汉语言的魅力。

苦”又说明了什么？

生：说明故乡日趋破产。

师：“日趋”这个词用得真好。你会解释这个词吗？

生：就是“日益”。

生：一天比一天。

生：一天天走向。

师：对！“趋”是走向的意思，“益”呢？

生：更加。

师：对了，这就是两个词的区别。“日益”是“一天比一天更加”，“日趋”是“一天天地走向”。农民生活怎样？

生：（齐）“日益”贫困。

师：农村经济怎样？

生：（齐）“日趋”破产。

师：对！农民生活日益贫困，说明农村经济日趋破产。还有什么问题？

生：小英雄的形象为什么“忽地模糊”了？

生：因为“我”和闰土之间有了隔膜。

师：从哪里可以看出？

生：叫“老爷”了嘛。

师：对！这“老爷”两个字使“我”感到在“我”与闰土之间已隔开了一层——

生：（齐）可悲的厚障壁。

师：有这厚厚的障壁隔着，小英雄的形象不就模糊起来了？还有什么问题？

生：为什么闰土拣了一副香炉和烛台？

师：烛台是什么？

生：插蜡烛用的东西。

师：对！那么香炉呢？

生：插香用的东西。

师：都用来干什么？

生：求神拜佛。

师：对。书上用的什么词句？

生："他总是崇拜偶像"。

师：对。为什么要特别写出这一点？[①]

生：闰土迷信。

生：当时科学不发达，农民感到命运没有依靠。

师：对，命运没有依靠，就只好崇拜偶像。不过，偶像又是什么东西？

生：泥塑木雕。

师：求泥塑木雕来保佑自己，认为一切都已命中注定，这是一种什么思想？

生：宿命论！

师：当时农民有宿命论思想，课文中还有其他例子吗？

生：戴银项圈。

生：取名叫闰土。

师：写出这些为了表明什么？

生：当时一些农民精神麻木。[②]

师：好，还有别的问题吗？

生：闰土为什么要把碗碟埋在灰堆里？

师：闰土把碗碟埋在灰堆里，这是谁说的？

生：（齐）杨二嫂！

师：那么，究竟是不是闰土埋的呢？

生：不是的。

师：为什么？说话要有根据。

生：杨二嫂挖出埋在灰堆里的碗碟后，就自以为很有功劳，拿走了"我"家的狗气杀，这就是杨二嫂说谎的目的。

[①] **仲：**指导学生细读文本，追根究底。

顾：每一个现象的背后都有其原因，老师引导学生读到文字的背后，阅读就有了穿透的力量。

[②] **陈：**问题的解决水到渠成。

生：可能是“我”埋的，以便暗暗地让闰土得到许多碗碟。

师：哦，原来是这样啊！（众笑）①

生：如果说是闰土埋的，杨二嫂怎么会知道呢？

师：这里有个问题，闰土会偷拿东西吗？

生：（齐）不会！

师：为什么？

生：“母亲对我说，凡是不必搬走的东西，尽可以送他，可以听他自己去拣择。”这样，闰土尽可以明着拿，根本用不着偷拿。

师：有道理！有说服力！我都被你说服了。我们解决问题，都应该到书中去找根据。②那么，谁埋的呢？

生：（齐）杨二嫂！

师：为什么？要以文为证。

生：不知道是谁埋的。

师：对，就是不知道。这个是“历史的悬案”。但有一点是可以肯定的，杨二嫂以这个为理由拿走了狗气杀。这样写是为了说明什么呢？

生：杨二嫂贪小便宜。

师：这个问题大家解决得很好，我特别高兴。我曾经看到杂志上也议论过这个问题，结论是闰土是决不会偷埋的，理由呢，跟我们这位同学所说的完全一样。这位同学如果写了文章，也可以在杂志上发表了嘛！③（生大笑）

师：我们要树立自信心，用不着看不起自己的，对吗？④那么，造成闰土变成木偶人的原因是什么呢？

生：“多子，饥荒，苛税，兵，官，匪，绅，都

① **仲：**课堂上真正考验人的是学生“误入歧途”了怎么办。钱老师为我们作了一个很好的示范：没有盲目肯定，也没有匆忙否定，而课堂里师生轻松的笑声就是答案，不必拘泥于对和错。

② **顾：**是为闰土正名，更是为结论找到有力的证据，这是阅读的重要方法。

陈：是的，老师对此再作强调，也将以文为证的阅读方法教给了学生。

仲：学生在言语中徜徉，于文字里寻觅。发表观点一定要有根有据，岂止是读语文，为人、处事、说话不都应该是这样的吗？

③ **顾：**看似不经意间从杂志上引入的信息，却让学生有了被肯定的成就感。说不定从此就点燃了孩子阅读研究的兴趣。

陈：这就是激励。

④ **顾：**不着痕迹的教育俯拾皆是。学生的品质、素养在获得成功的喜悦中悄然生成。

仲：这是一种踏雪无痕的境界，一种异乎寻常的智慧。

苦得他象一个木偶人了。”

生：课文中说“第六个孩子也会帮忙了”，闰土为什么要生那么多孩子呢？

师：是啊！有同学提出，为什么闰土不少生几个呢？为什么不实行计划生育呢？（大笑）

生：中国人过去是多子多福。可是多了，生活更困难了，还谈得上多福吗？

生：闰土先生了许多女孩，他总想生儿子，因为女儿不是好劳力。（大笑）

师：这我们就不知道了。课文上只说是孩子，可不知道几个男几个女。总之，“多子”是造成闰土生活困苦的一个原因。又有同学提出，闰土家种了那么多西瓜，自由市场上西瓜那么值钱，闰土不会挑到城里去卖西瓜吗？（大笑）

生：那时候有许多苛捐杂税。

师：什么叫苛税？

生：繁重的捐税。

师：有句话，叫苛捐杂税，多如——

生：（齐）牛毛！

师：卖西瓜要经过一道道的关口，过一道关口就要捐一次税，所以卖西瓜能赚钱吗？书上怎么说？

生：“种出东西来，挑去卖，总要捐几回钱，折（zhé）了本……”（板书：折）

师：应该怎么念？

生：“shé”了本。

师：你怎么知道的？查字典？这个字很普通，你怎么知道要查字典？[①]

生：老师叫我们看书要仔细。

[①] **顾**：似乎只是一个多音字的教学，其实关乎学生的阅读方法，更关乎文本深处的内涵，真是于细微处见真功啊。**陈**：授之以渔，让学生终生受益。

师：哦，你们的老师真好（本课是钱老师借班上课——编者注）。现在农民上市场卖农产品，很赚钱。但书上写的是旧社会的事情，那时苛捐杂税多如牛毛，出卖农产品就要折本。好，现在再来看看，使闰土成为木偶人的这么多的原因中，哪个是根本原因？[①]

生：苛税。

师：你要捐税，我可以不给你嘛！

生：家里事忙，孩子多。

师：那么少生些孩子，就富裕了吗？

生：社会制度腐败。

师：书上怎么说？

生："兵，匪，官，绅……"

师：哪个字最根本？

生：官。

师：为什么？

生：官管当兵的。（笑）

生：官是剥削者。（笑）

生：官是最高统治者。（笑）

师：有道理，不要笑。只是多了两个字，叫"统治者"就行了。官代表政权，刚才那位同学说根本原因是腐朽的社会制度，而官呢，就是维护着这个腐朽制度的。所以这篇小说的主题思想是很深的，它通过闰土变成木偶人这件事，给我们指出了当时社会制度的腐朽。也就是说，辛亥革命未能解决当时的社会问题。[②]关于闰土，同学们还有什么问题吗？没有了？那我们来讨论杨二嫂的问题。

生：杨二嫂是正面人物还是反面人物？

[①] **顾：**提领而顿，百毛皆顺。"根本原因"是直抵文本主旨的问题，涉及小说最核心处。
仲：重要的还在于钱老师把握住了问题提出的时机。

[②] **陈：**就这么轻轻一点，主旨尽显，完全够了，要言不烦。
仲：度的把握有大学问。
顾：可就是有人喜欢洋洋洒洒，觉得只有那样才过瘾。

生：杨二嫂说话为什么那样刻薄？

师：“刻薄”这词用得好。我们看小说、看电影，总喜欢说这是好人还是坏人，刚才这位同学用了个高级的名词，叫正面人物和反面人物。那么杨二嫂究竟是好还是坏呢？

生：她是好人。

师：为什么？

生：因为杨二嫂是劳动人民，贪小便宜是因为穷。作者是同情她的。

师：但作者对她是不是只有同情呢？

生：（齐）不是。

师：还有什么？

生：讽刺、批判。

师：从哪儿看出来的呢？

生：作者把杨二嫂称为“圆规”。

师：对！“圆规”这总不是尊称，是吗？而且连引号都不用，就叫她圆规了。为什么？这是什么写法？

生：借代。

师：嘿，你怎么知道的？

生：老师从前教到过这种写法。

师：哦，你们的老师教给你们的知识真丰富。那么为什么用圆规来借代呢？

生：她两手搭在髀间，张着两脚，正像一个细脚伶仃的圆规。

师：对了，要两样东西有某种相似，或者相关，才能借代。那么，杨二嫂说“我”阔了，又说“我”有三房姨太太，这样胡说八道，像好人吗？我们还是换一种思想方法吧。是不是一定要讲是好人还是坏人呢？①

① **顾：**问得好！不只是说法的转变，更是涉及文艺理论与思想方法的问题。

陈：是啊，这不仅是解题指导，更是着眼于思维品质的提高。

生：叫中间人物。

师：对，同学们还很懂得文艺理论呢！其实杨二嫂只是一个刻薄的自私的小市民，作者对她有讽刺、批判，又有同情。

生：作者是不是也要写出杨二嫂的变化？

生：杨二嫂是变化了。①

师：变得怎样了？

生：颧骨变高了，嘴唇变薄了。

师：这说明了什么？

生：说明她瘦了。

师：薄嘴唇给我们一种什么感觉呢？

生：嘴厉害。（笑）

师：谁讲的？说得好啊！（笑）好，我们可以小结一下了：这篇小说是为了写出农村经济日趋破产，那么写了闰土不就够了吗？为什么还要写杨二嫂呢？看谁的思维最敏捷。……好，好几个女同学已经举手了。男同学呢？好，请你先说。

生：要反映旧社会的妇女问题。（笑）

师：好啊，他考虑问题可真广，还考虑到了妇女问题！（大笑）这问题很高级。

生：为了写出各阶层的情况，杨二嫂是小市民的代表。

生：说明了当时社会的复杂。

生：从各个阶层来表现中国农村的萧条破产。

生：各个阶层的人民都很痛苦。

师：你看，我们大家七凑八凑把一个高级的问题解决了。②是啊，连开豆腐店的杨二嫂都破产了，那就更不用说当雇工的闰土了。而且，我们还可以联系到其他的描写。如：

① **陈**：在老师的训练指导下，学生逐步学会自主提问讨论。
仲：很自然地就走近了小说的核心内容。

② **顾**：这是老师的幽默。其实质是学生在老师的启发下交流、碰撞、提升的智慧探究过程。
仲：正因为是“七凑八凑”，所以教师的总结提炼就不可或缺，这样能让学生的理解更加全面、清晰。

卖掉家具收不起钱来，有的则来拿家具。这就给我们画出了一幅农村破产的图画。还有其他的意见吗？（这时下课时间到了，老师征求学生意见）时间过得真快，大家要休息吗？疲劳吗？

生：（齐）不！

师：为什么？

生：学得有趣。①

师：好，今天是星期天，那就往下讨论宏儿和水生的问题。为什么要写宏儿和水生呢？

生：为了写出两代人的友谊。作者只怕宏儿和水生重复上一代的生活，又隔膜起来。

师：但哪些地方可以看出宏儿与水生间又有真挚的友谊啊？

生：小孩对小孩不怕羞。

生：临别时，水生约宏儿去他家玩。

师：但这是不是叫重复呢？

生：这叫“重映”。

生：最好叫“重演”。

师：哪个 yǎn 字？

生：演戏的“演”。

师：演的什么戏？（笑）②

生：悲剧。

师：对，对，人生的悲剧。那么究竟是为什么要写出这一对下一代呢？

生：为了寄托作者对下一代的希望，希望不要再重演这一悲剧。

师：好，提到希望，我们就过渡到了第六个问题——离乡途中的“我”。

生：为什么想到希望，又害怕起来了呢？

① **顾**：连续两堂课，学生还是兴致勃勃，意犹未尽。
陈：真是欲罢不能。这就是激励的魅力。
仲：学生的求知欲被充分地激发出来了，他们真正地成了学习的主人。

② **顾**：像聊天一样的自然，却是“神来之问”。于是，“悲剧”便水到渠成。精彩！
陈：师生对话已臻佳境！
仲：一切显得自然流畅。

生："希望是本无所谓有，无所谓无的"，这是什么意思？

师：是啊，这些问题有相当难度，我倒要看看大家解决问题的能力有多强。[①] 先看为什么会害怕起来。

生：群众不觉悟，受毒害深，要创造新生活就很难。

生："我"害怕下一代又隔膜起来。

师：那么希望能不能实现？

生：不能。

师：对了，要实现希望很难。我再补充一下，作者所希望的究竟是什么？

生：是改造旧社会、创造新社会的强烈愿望。

师：课文是这样告诉我们的吗？

生：课文里说"他们应该有新的生活，为我们所未经生活过的"。

师：那是什么样的生活？

生：幸福的生活。

师：作者有没有具体告诉我们是怎样的幸福生活？

生：（齐）没有。

师：对，他只是否定了三种生活。哪三种呢？

生："我"的辛苦展转的生活，闰土的辛苦麻木的生活，别人的辛苦恣睢的生活。

师：辛苦恣睢的生活是指谁的？

生：（齐）杨二嫂。

师：对，你们一下子就说对了。这个问题，杂志上好像也争论过，而你们一下子就解决了，所以你们完全有能力写文章到杂志上去发表。（笑）当时鲁迅还不知道新生活是

[①] **顾**：有"相当难度"，此时对学生而言不是一种"恐吓"，恰已成为一种极好的挑战。

陈：确实，有了前面的铺垫，这样的挑战更能激发学生的思考。

仲：有"相当难度"的问题都解决了，带给学生的是多么大的快乐啊！教育智慧！

什么样的，鲁迅的思想是有一个发展的过程的。当时他的希望是怎样的呢？

生：茫远的。

师：对了，是渺茫的、遥远的希望。这就是“我”想到希望要害怕的原因。下面有一句非常难懂的话：“现在我所谓希望，不也是我自己手制的偶像么？”这话怎么理解？我先这样问：闰土为什么崇拜偶像？[①]

生：他无依无靠。

生：他相信宿命论，以为神佛会给他幸福。

师：是啊，这是把希望寄托在偶像身上。而“我”的希望明确吗？

生：不明确。

师：对了，也不过是用希望来安慰一下自己罢了。所以，这个希望和闰土的是相似的，只是这个偶像是自己手制的罢了。当然，鲁迅是个伟大的思想家，闰土所希望的是自己生活得好，而鲁迅所希望的是下一代的生活都过得好，而且他坚信大家都起来了，新生活就一定能实现，他是不会停留在这朦胧的希望上的。这在课文上什么地方可以看到？

生：“这正如地上的路；其实地上本没有路，走的人多了，也便成了路。”

师：你找得真对！这就表明鲁迅怎样的思想感情？

生：探索。

生：人多力量大。

师：都说得很好。这就是说：路要靠——

生：（齐）人走出来。

[①] **陈**：学生难以理解也是难以发现之处，老师直接指出，再共同探讨。

仲：有难度时就需要老师递上一架梯子——“闰土为什么崇拜偶像”，让学生有了理解的切入点。

师：一个人走得出吗？

生：（齐）走不出。

师：书上怎么说？

生："走的人多了，也便成了路。"

师：也就是说，幸福的生活要靠——

生：（齐）大家来创造。[①]

师：鲁迅坚信幸福的生活是自己创造出来的。课文最后这句话很有号召力量，是富于哲理的警句，表明了作者要唤起人民都来创造新生活。看，这是一个难点，我们也攻克了。好，第六类问题也解决了。

师：现在来解决最后一类问题——写景的问题。关于这一类问题，同学们提提看。

生：文章末，为什么要重复前面的一段写景？

生：鲁迅在《风筝》《一件小事》中都写过冬天，《故乡》又写到冬天，为什么？

师：我们来解决第一个问题。这两段重复的写景，前一段是在什么时候写的？

生：（齐）在回忆的时候。

师：后面一段呢？

生：（齐）在想到希望的时候。

师：这是机械的重复吗？[②]

生：鲁迅相信后代的生活会好起来。

生：月圆都是表示好事的。

师：是啊，花好月圆嘛！（笑）这里是表现对新生活的向往。所以前一段对美好故乡的回忆，是幻觉。后面一段则是对新生活的——

生：（齐）向往。

师：对！现在来看，写冬天是为什么？有的同学提出来，冬天象征黑暗，是不是呢？

① **仲：**我为这一处教学难点解决得如此顺畅感到惊讶，我们再次感受到钱老师导读艺术的无穷魅力。

顾：是呀，老师的智慧唤醒了学生无限的可能性。

② **顾：**追问创设思维冲突，让学生在否定"机械重复"的过程中走向文本与思维的更深处。

陈：是的，树一个辩驳的靶子，问题在讨论中更明晰。

生：不是。当时正是冬天。

生：我认为是的。寒冬过去，春天就要到来；黑暗过去，光明就会到来。（笑）

师：这个想象很有诗意，很有道理。不过，我认为，作者在这里还要渲染一种气氛：荒凉、萧条、冷落。如果不这样写，而是写故乡鸟语花香，行吗？

生：（齐）不行。

师：为什么？

生：当时就是旧社会。

师：旧社会就没有花吗？旧社会的花就不香吗？[①]（笑）不能这样说。那么怎么说呢？从写作的道理上看。

生：要衬托文章的主题。

生：写景要与人物心情一致。

师：对，都很对，不能纯粹写景，要为主题服务。所以这里不能写鸟语花香。

生：老师，我认为写鸟语花香也可以。只要写出人物心情的不高兴就可以了。而且这样一衬托，作用就会更强烈。

师：对，对！你比老师高明！[②]（大笑）这种手法叫反衬。在写作上是有一种"乐景写哀"（板书）的方法。同学们脑子里有很多老师没有想到的东西。这样讨论讨论，的确能集思广益。

师：还有问题吗？没有了？那就回顾一下，经过两堂课，同学们在学习方法上有些什么体会？

生：把难题解决了，课文也读懂了。

生：经过讨论，印象特别深。

[①] **仲**：老师思路明确，学生理解才不会含糊。

顾：老师借助某种巧妙的冲突，让学生得以顿悟。这就是教者的智慧。

[②] **顾**：老师的豁达与睿智展露无遗，在轻松幽默的氛围中教学相长，这是钱老师高超的教学艺术所在。

仲：学生有这样开阔的思路，就是得益于老师创设的这种民主、平等的宽松氛围。

生：讨论讨论，可以学到别的同学的长处。

生：提出问题等于解决问题的一半，我们要学会提出问题。

师：说得真好！你们问题提得好，解决得更好，两个方面都得满分。我再来补充一点：我知道，你们金华的孩子都很用功，如果再加上多思考问题，就会越学越聪明。学习刻苦是一只翅膀，开动脑筋，是另一只翅膀，你们这些小老虎就会飞起来。这就叫作——

生：如虎添翼。（笑）

师：好，说得好！这样，你们如果走上“四化”建设的岗位，就会成为顶呱呱有用的人才了。[①] 好，课上到这儿，我很满意。谢谢同学们。

（下课）

[①] **仲**：出自肺腑的赞许，衷心的祝愿。

陈：戛然而止，回味无穷。

顾：鼓励赏识加上引导启发，钱老师给孩子的影响无疑是深远的，它超越本课的内容与课堂空间，将学生引向自主阅读更广阔的天地。

陈：有位教育家说：“教育的最终目的不是传授已有的东西，而是要把人的创造力量诱导出来，将生命感、价值感唤醒。”浸润在这样的学习共同体中，老师帮助学生遇到了更好的自己。

仲：一次相遇，带给孩子们的影响却是深远的。

【研读感悟】

“导学”是钱老师“三主”理念的精髓，《故乡》一课的“导问”艺术是他“导学”路上一道值得玩赏的风景。

1. 教问——导法

一篇新课文，学生自学以后居然没有问题，这本身就是个最大的问题！当钱老师被告知学生“没有问题”的时候，他决定上一堂“提问指导课”。至于钱老师是如何指导学生提问的，实录中未曾记载，但是一堂课下来，原本“没有问题”的学生一下子提出了600多个问题！我想，钱老师不仅让学生知道了应该怎么提问，更是用这堂课告诉学生，学问学问，“问”对于“学”是多么重要的事情。钱老师开启了学生阅读与思考的智慧之门。我以为，好的老师不仅是让学生学到知识、能力的“经师”，更是开启学生心智的“人师”，是学生生命成长道路上的“点灯人”。完全可以这样说，这堂“提问指导课”对于学生的意义是超越《故乡》，超越课堂的。

2. 理问——导学

提问是学生的“前学习”，如何顺应学生的“学”而自然地“导”呢？600多个问题在钱老师的整理筛选之下，变成了七类问题：一般疑问、回乡途中的“我”、闰土、杨二嫂、宏儿和水生、离乡途中的“我”、写景。看起来似乎顺理成章，但却彰显着钱老师“理问”的智慧。也许我们看多了将学生的提问当作形式“走过场”，当作“尊重学生的个性化思考”的摆设，读了《故乡》的课堂实录，才真正感受到钱老师的“理问”才是真正基于学情，衔接“学”与“教”的“最接地气”的备课。《故乡》的教学并没有特别精雕细琢的“设计感”，就是学生在老师的组织下按照问题的类别依次进行探究。围绕小说的特点，抓住人物（从主到次）、环境（社会的、自然的）逐一探讨交流，直至领悟文本的思想内涵，娓娓道来，渐入佳境。这是一种境界，是“愈是真实有效的课堂愈是素雅到拙朴”的境界。

3. 解问——导悟

细细品读《故乡》的教学实录，一如真实地面对着钱老师和这些孩子们，在聆听课堂对话的同时，更是深深地为钱老师的解问艺术所折服。如：

示弱。但凡要解决问题的时候，钱老师总是把问题交给学生，“大家说说看”“我想先听听你的意见”，把学生推到课堂的前台，这是老师智慧的退让。

比较。本课中钱老师多处引导学生对词语进行比较辨析，比如“横”字能否换成别的词，宏儿和母亲的“飞出”“迎出”能否对调等，让学生在比较中咬文嚼字，体会作者语言表达的旨趣。

激发。有难度的问题不是简单告诉，而是“我倒要看看大家解决问题的能力有多强”，这样的激将有力地激发了学生解问的欲望。

补充。课堂的主体是学生，但是老师的主导作用是不容忽视的，在学生理解障碍处、思维冲突时、感悟关键点……钱老师总是悄悄地以参与者的身份自然巧妙地进行补充，让课堂柳暗花明。

赏识。每当学生通过自己的能力解答出问题的时候，钱老师总是毫不吝啬地、有理有据地夸奖，不断激发学生新的解问动力与智慧。

提升。对于杨二嫂的人物形象，钱老师巧妙点拨：“我们还是换一种思想方法吧。是不是一定要讲是好人还是坏人呢？”不仅引导学生进行更成熟的价值判断，更是一种文学鉴赏思想的渗透。

凡此种种，不一而足，钱老师的课堂解问艺术俯拾皆是，令人赏心悦目。那是细腻的随意，精致的潇洒。

（顾丽芳）

《一件小事》（1）

执教：钱梦龙

品读：沈春媚（主持人）、钱建江、张 卫

（以下依次简称“沈”“钱”“张”）

经典回放

第一课时

师：同学们，昨天语文课布置大家自读了《一件小事》，我把大家的自读笔记收起来看了一下。你们猜，老师看了你们的自读笔记是高兴还是不高兴？

生：（部分学生小声地）高兴。

师：对！非常高兴。①

（接着教师从“想得深、看得全、读得细”几方面表扬了学生的自读笔记写得好。然后根据学生自读的第一步“认读”的要求，检查了学生对若干字、词的掌握情况。）②

师：好，关于认读方面就讨论这几个字。下面我们来研究一下文体，请同学们说说看，这篇文章是什么文体？

生：是小说，因为课本上的注解说这篇课文选自《呐喊》，《呐喊》是一部小说集，里面的文章都是小说。小说是一种叙事的文学体裁。③

师：你的推理很对。那么这篇课文以“一件小

品读沙龙

① **钱**：“猜”——富有情趣而具实效的提问方式。

张：学生还有点拘束，看钱老师如何进一步调动。

沈：真诚的赞赏，奠定了课堂民主、平等的基调。有了和谐亲密的师生关系，才能营造起活泼灵动的交流氛围。

② **沈**：评价自读笔记的环节也是指导学习方法的过程。着眼于“想得深、看得全、读得细”，正是在指导学生由表及里，由浅入深地自读。

钱：概括极为精炼，这本身亦是一种语言运用的示范。

张：既赞赏学生，又推进学习进程，一举两得。

③ **沈**：“辨体析题”是对文章内容和形式的全面审视、整体把握。

事”为题，有什么意义呢？①

生：本文的题目“一件小事”，重点在“小”字，与文章中的“国家大事”的“大”字相对比，一个是“小”，但不是真正的“小”，一个是“大”，也不是真正的“大”。以“一件小事”与文章中的“国家大事”相对比，这样就更突出地说明了这件小事对于“我”的影响之大，以及车夫的精神高尚。

师：坐下。她是抓住了哪一个字来评题目的？

生：（齐）“小”。

师：对，将“小”与“大”相对照，突出了这个“小”的意义，她抓得很准。我们再请 ××× 同学来讲讲看。

生：本文以“一件小事”为题，对读者有吸引作用。因为在平日里，经常会发生各种事情，一件“小”事为什么值得写出来，这是读者所关心的。正因为小事通常不被人们重视，所以读者就更想知道《一件小事》到底讲什么，这吸引他们去看文章。

师：对！生活中平凡的小事很多，这件小事为什么值得写，这会引起读者的思考。这是从另外一个角度来考虑题目的作用。谁还要发表意见？②

生：这件事看上去似乎是小事，但是由于这件事“教我惭愧，催我自新，并且增长我的勇气和希望”，还把“我”从坏脾气中拖开，这件事是“我”对人生、对世界的看法的一个转折点，对“我”有深远的意义，所以从这个角度来看，这件小事是一件大事。

师：讲得好不好？

① **沈：**问题从学生中来（自读过程中提出），由学生自己解决。钱老师在教学过程中营造宽松环境，组织自由讨论，进行必要指点，充分体现了“学生为主体，教师为主导”的教学理念。

② **沈：**抓住题眼“小”字，撮其精华。

张：“大”“小”之辩似轻实重，举重若轻。“导”得及时巧妙。

钱：从学生的回答中可见教师日常指导之功。

生：（齐）好！[①]

师：有一句话我特别欣赏，你们猜是哪一句？[②]

生：对人生看法的转折点。

师：是这一句。这就说明这件小事对“我”来说是一件大事。这三位同学各从不同的侧面去理解题目，理解得很深，说明同学们很会解题。下面我们来讨论同学们提出的很多问题。同学们思考的面很广，刚才我讲过同学们想得深，在什么问题上想得深？主要表现在不少同学能联系文章的背景来提出问题，分析问题。×××，你对这篇文章的背景理解得很好，你起来讲讲，好吗？[③]

生：我国在辛亥革命以后，出现了一些所谓“国家大事”，如袁世凯称帝、张勋复辟等政治事件。1916年、1917年发生的这两件“大事”，对于“我”——六年前从乡下跑到京城里的人，却只是“增长了我的坏脾气”“教我一天比一天的看不起人”。这里强调了这些“国家大事”“在我心里，都不留什么痕迹”。总之，联系当时的背景来看，更可以看到这件小事对“我”触动之大，教育之深。

师：很好，坐下。联系背景了解作者为什么要写这件小事，这就想得很深。有的同学对课文里的某些关键词句也能够联系背景来理解，这就更深了一步，比如对文章结尾的“教我惭愧，催我自新，并且增长我的勇气和希望”，也能够联系背景来谈。好几个同学都想到了这一点。我很高兴看到同学

① **沈**：三位学生从不同角度发表见解，深刻而独到。其间钱老师导之以法，精当点拨，学生的语言便如一汪清泉，汩汩流淌。课堂教学的佳境正应如此。

② **钱**：“猜”的再次运用，营造互动氛围。

张：尊重学生的独特体验，又适度启发，使学生开窍。

③ **沈**：了解文章的时代背景，可深入理解创作主旨，全面把握文章内涵，客观评价文章品格。论其世，方能感其情，钱老师深谙此道。

张：明“人生大事”后切入“大背景”，水到渠成，不显突兀。

钱：背景知识的引入极为适时，且由学生来介绍，这又是另一种“导”。

们正在学会看书。谁能来谈谈吗？①

生：这个问题要从当时的历史背景来说。（师插话：开门见山，出语不凡！）因为当时正是袁世凯称帝、张勋复辟的时候，全国处在一片混乱之中，这伙军阀都想掌大权。鲁迅对这些事既蔑视，又感到愤怒，他借写小说集《呐喊》来表达满腔愤怒；这篇《一件小事》中的“我”就有着鲁迅的思想感情。这篇文章讽刺了那些“大人物”，赞颂了朴实的劳动人民。这件小事鞭策“我”前进，当看到“大人物”们的所作所为时，它的意义就显得更加不一般。当“我”想起了这件事就感到惭愧，而这件事又催“我”进步，让“我”不再仅仅是蔑视这些霸权主义，还从劳动人民身上，看到了祖国的希望和人民的力量。

师：好，坐下。她的优点是对课文词句的理解也跟背景联系起来，不过她的话里有个小错误，听出没有？②

生：“霸权主义”用错了。

师：错在哪里啊？

生：霸权主义指那些超级大国，建议把它改成“反动派”。

师：最好把范围再缩小一点。

生：反动军阀。

师：用“反动军阀”，好。袁世凯和张勋都是军阀，他们的事你们知道吗？

生：知道。

师：谁来告诉大家？

生：1915 年，袁世凯为了掌大权就叫人们写推

① **沈**：链接课文背景，咀嚼文本语言，巧妙地启迪学生“学会看书”。

张：强调与文本的对话，悟所该悟，得所该得。如此，读书能力方能提高。

钱：学生在教师的激励、引导下而有如此精辟的见解，令人赞叹！

② **沈**：尊重学生的个性体验并不等于无原则地迁就学生。钱老师纠错的过程，严谨认真，以身立教。

张：纠错并非要束缚，而是别开生面地唤醒。提问艺术高超之极。

钱：善于从学生回答中捕捉有教学价值的信息，这才是真正的“对话教学”，而非“问答教学”。

戴书，推戴他当总统。他当了总统以后还说前任总统可以对后任总统作出决定，由前任总统决定由谁来担任后任总统，这就暴露了他想当皇帝的阴谋。后来他就决定在1916年建立一个王朝，可是他当了83天的皇帝，就在一片反袁斗争中被蔡锷将军等推翻。但他还想保住大总统的位置，就脱下黄袍想当大总统，可是没过几天就死了。张勋复辟是张勋和康有为等人想推戴溥仪做皇帝，借此来恢复封建帝制。①

师：他们依靠什么力量把溥仪推到了皇位上去？

生：三千辫子军。

师：你从什么地方知道这些事情的？

生：从课外书上看到的。

师：好，好，你的知识面很广。②

生：我再补充一点。一些流氓和地痞，趁议员们在开会的时候说，如果不选袁世凯做总统，议员们就别想出去，用一种强制威胁的手段逼人家让袁世凯当总统。

师：好，坐下。看来同学们对这两件事都知道，这是我国近代史上两件什么样的事？③

生：大事。

师：是不是它的意义重大？

生：不。

师：那么，这个“大事”应该叫什么更恰当一些？

生：丑事。

师：丑事，对了。本文就是通过这些所谓的“大事”跟小事的对比，更好地突出了这件小事的意义。我再问大家一个问题，这些大事对“我”是不是毫无影响？④

① **钱**：学生的知识面很广，这也是自学能力强的体现。
沈：学生自奋其力，自致其知，自然“能说会道”。

② **沈**：鼓励课外阅读，引入活水，不读死书。

③ **张**：激起学生活跃思维，看似信马由缰，实则欲擒故纵，为归结主旨蓄势。

④ **张**：“放”后再“收”，还是“大”“小”之辩。此乃“导”之臻境。
钱：是的，这个圈子兜得很巧妙，实乃匠心独运。

生：增长了“我”的坏脾气，使“我”越来越看不起人。

师：对！那么，这里的“人”指什么人？

生1：劳动人民。

师：你这个结论是怎样推出来的？因为袁世凯称帝，所以“我”越来越看不起劳动人民，这前一句话和后一句话有没有联系？你再考虑一下，好不好？[①]

生：看不起官僚、地主和军阀，因为袁世凯、张勋都是军阀，他们干的这些事都是丑事，所以“我”越来越看不起他们。

师：这倒是说得通的。不过如果“我”看不起的都是这样的坏人，那么这个脾气应该是“好脾气”还是“坏脾气”？[②]

生：（齐）好脾气。

师：但作者说的明明是“坏脾气”，不是矛盾了吗？

生：他看到劳动人民不起来反抗，感到没有希望，所以看不起劳动人民。

师：这又回到了×××（指生1）的意见，认为“我”看不起劳动人民。是否合乎道理？大家一起考虑，这个“人”究竟是指什么？

生2：我认为他看不起所有的人，认为所有的人都是争名夺利的。

师：这又是一个新的观点了，是看不起所有的人。坐下。你们同意哪一个观点？每人都要有一个观点，并说出道理来。好，我们先听他说。[③]

生：我同意×××（指生2）的意见。这个“我”没有把那些上层人物和人民区别开来。

[①] **沈**：对学生不够精彩、不甚准确的观点，不作简单粗暴的否定，而是四两拨千斤，逐步将其导向正确的思维方向。

张：钱老师就是像保护自己的眼睛一样保护学生的主动性。

[②] **沈**：是“好脾气”还是“坏脾气”？看不起的“人”究竟指谁？语言文字好比是茶，海喝牛饮，品不出味儿来。钱老师不急不躁，与学生一起走进文本，走近作者，细品“原汁原味”。

钱：钱老师对这个问题的追问，体现出一种教学机智，也将学生的思维引向深入。

[③] **钱**：鼓励学生都要有自己的观点，并且做到有理有据，学生在这样的讨论中，收获的就不只是一个单一的结论。

沈：学生各抒己见，大胆质疑。在游泳中学会游泳，在语言实践中提高实践能力。

生：他是"一视同仁"。

师：一视同仁？（笑）有道理，可以说是"一视同仁"，看谁都一样。×××，刚才你举手准备说什么？

生：整个社会都这样。

师：尽管表达得不太清楚，但是他的意思是明白的，当时整个社会不分这是军阀，那是人民，都是"中国人"。现在看到这些中国人在干坏事，所以连带其他中国人也看不起了。"我"因为有了这个"坏脾气"，所以对当时的国家前途，有点怎样了？①

生：情绪很消沉。

师：对，很消沉。看不到我们国家的前途和希望。正因为如此，我们对课文最后几句话也就可以理解了。刚才 ××× 已经结合背景谈了自己的体会。"教我惭愧"，为什么会"教我惭愧"？"催我自新"，为什么能"催我自新"？"增长我的勇气和希望"，增长了什么勇气，什么样的希望？谁能结合文章的背景再说说看？②

生："惭愧"是因为"我"拿错误的目光来看待劳动人民，后来却看到了自己和劳动人民之间的差距。

师：好，你再说下去。

生："催我自新"就是勉励自己不要再这样消沉下去了，要向前看。

师：对了，"向前看"，"我"看到什么？

生：看到国家光明的前途。

师：说得好！继续说。③

生："并且增长我的勇气和希望"，说明我也要

① **钱**：适时点拨，使课堂讨论不弥散开去。
张：老师的层层引导结出"硕果"，师生交流渐入佳境。
沈：钱老师以简短的评价对学生对话过程中的合作态度、参与程度始终关注着、肯定着。

② **沈**：再次启发学生结合背景谈体会，不断调整并充实自己的经验世界。不仅"解文"，还要"知人""论世"。
张："导而弗牵"，学生自为研索，自求解决。

③ **沈**：在师生、生生互动的对话过程中，因势利导，形成思维的短兵相接。
钱：经历了一番迂回周旋，学生的思维逐渐进入更高层次，给人以柳暗花明之感。

尽自己的一份力量来和军阀们斗争，光明一定会来到。

师：好，坐下。相信我们国家的前途还是光明的，对吧！那么“我”从哪里看到了我们国家前途的光明？

生：（小声议论）从车夫的身上。

师：对了。从车夫身上看到了蕴藏着的伟大的力量，因此增长了我的勇气和希望。你看，我们结合文章的背景来理解这些句子，我们就可以理解得更深一些。下面再讨论一个问题。同学们都提到了这个“我”是不是作者，先请同学们谈谈看。①

生2：“我”并不是作者本人。因为这篇文章选自小说集《呐喊》，所以是小说；小说是虚构的，所以“我”并不是作者本人。但是这件事也许是在作者生活中曾经有过的，经过作者加工重新塑造出来的，所以“我”也许有点鲁迅的影子。

生：我认为“我”是一个先进知识分子形象。（这时一个同学在座位上小声插话）

师：你说什么？你起来说。不算的？说话就算数，怎么能不算？我听出来了，你在说“我”是一个“没落的知识分子”。究竟是没落的知识分子还是先进的知识分子，倒可以考虑一下。大家的意见呢？②

生：先进的。

生：我认为是一般的知识分子。

师：一般的知识分子，这又是一种意见，大家表个态好吗？③

生：善良的知识分子。（众笑）

① **沈**：钱老师匠心独运地选择了“怎样理解‘我’这个形象”这一牵一发而动全身的突破口。话题选择有价值，有适当的深度，并控制在学生的最近发展区内。

张：首先是学生能“入格”，在自主阅读中懂得从形象入手理解文意。

② **钱**：讨论的过程中，钱老师敏锐地抓住了一个学生的“插话”，设置了一个“争论点”，这是深化课堂讨论的助推力。

③ **沈**：对学生的理解不泼冷水，而是尊重他们的独特感悟，平等地对问题进行探讨，逐渐厘清真相和本质。

张：真知来自思想火花的碰撞。

钱：学生在这样的争议中，收获的是“感悟”，而不只是“知道”。

生：小资产阶级知识分子。

师：噢，这是在说他的阶级地位，对吗？究竟怎样恰当地理解这个“我”，下课后大家可以再议论议论，我们下一节课来解决这个问题。

第二课时

师：同学们，这个“我”究竟是一个怎样的人？我们要准确地理解这个人。下课的时候我看到有些同学在议论，你们议论的结果怎么样？说说看，好不好？好，你说。①

生：我认为这个“我”不一定是知识分子。

师：不一定是知识分子？

生：因为小说中的“我”不一定就是作者自己，既然不是作者，那么这个“我”就可能是知识分子，也可能不是知识分子。

师：噢，如果是作者自己，那就非但是知识分子，而且是大知识分子了。这又是一种新的意见。其他同学的意见呢？②

生：我认为鲁迅是一个知识分子……

师：鲁迅当然是知识分子啰。（笑）③

生：不，我认为课文中的“我”是一个知识分子。课文上讲：“几年来的文治武力，在我早如幼小时候所读过的‘子曰诗云’一般，背不上半句了。”从这里可以看出，“我”从小就读“子曰诗云”，当然是知识分子。

师：“子曰诗云”是什么东西啊？

生：（齐）“子曰”就是孔子说。

师：对！《论语》里都是这么写的。“诗云”指的是什么？

① **钱：** 学生的讨论由课上延伸到课后，这是多么令人神往的语文学习境界啊。
沈： 顺势引导学生进入争辩的情境。

② **沈：** 如一枚石子投入课堂的一潭静水，激起层层涟漪、串串浪花。

③ **张：** 幽默是一种教学机智，适应变化，因势利导。
钱： 学生学会了紧扣文本发表见解。这一环节亦可看出钱老师导读之谋略。

生：（齐）《诗经》上说。

师：对了。噢，你有什么意见？

生：有些地主小时候也念“子曰诗云”，难道他们也是知识分子吗？

师：地主可能不可能是知识分子呵？

生：（众说纷纭）可能！不可能！①

师：怎么会不可能呢！有了知识就是知识分子嘛（笑），那是地主阶级知识分子。

生：“我”说自己现在“子曰诗云”都背不上半句了，说明“我”把所有的知识都丢光了，因此我认为这个“我”不再是知识分子了。

生：我认为不能这样说，课文中这样写的目的是为了说明这些国家大事和“子曰诗云”一样，统统忘记了，表现了作者对国家大事和封建教育的一种批判态度，并不是真的把读过的书都忘记了。

师：哦，有理！那么这个“我”究竟是一个什么形象？②

生：我同意上一课 ×××（指生2）的意见，“我”有鲁迅先生的影子，但又不是鲁迅先生。

师：对，他不是鲁迅，但又带着作者的某些思想感情。那么，这个“我”究竟是怎样的人？是先进的，还是没落的？是善良的，还是一般的？究竟怎样评价最恰当？

（学生低声议论）

师：我们先讨论一下“我”的身份，刚才听有的同学在座位上说“我”是个有钱人，你们同意不同意？③

生：不同意。

师：要讲出理由来。

① **沈**：学生之间的分歧，正是课堂教学的转机。

张：从“众说纷纭”到各出心裁，学生思维的升华需要老师适时引领。

钱：教师静观其变。事实证明，教师不急不躁，学生拥有了足够的思考空间，其思维便有可能向纵深处漫溯。

② **沈**：巧妙的追问，驾轻就熟地带领学生驰骋于文本的语言文字中。

③ **钱**：话锋一转，在学生思维陷入困境时，借学生之口将问题收拢一下。

张：钱老师是不会随便把答案抛给学生的。自悟才能自得。

沈：是的，引而不发，留有余地，引领学生“以文为据”，独立思考，探讨“我”的身份。

生：我认为“我”并不很有钱。

师：从哪里知道？

生：为了生计不得不一早在路上奔波。这个“不得不”，说明“我”是一个为生计所迫在外谋生的知识分子。

师：好，你书读得很仔细。下面我们再来思考一下，“我”在“一件小事”中表现出一种怎样的思想？①

生：自私。

师：对，自私。（板书：自私）再进一步想一下，自私是不是“我”思想的主要方面？

生：（议论纷纷）是！不是！

师：要讲理由，为什么不是？

（学生小声议论②）

生：不是。因为他看到了许多的所谓国家大事，他看不起那些军阀，发展到看不起一切人，所以他也看不起老女人。认为老女人是装腔作势，不是出自“自私”的思想。

生：文章中有这样一段话：“我眼见你慢慢倒地，怎么会摔坏呢，装腔作势罢了。”老女人既然“慢慢倒地”，当然不会摔坏，也就可以说明，“我”不是自私的。

师：我们的讨论又后退了，刚才我们都肯定他是自私的。他究竟自私不自私？

生：（七嘴八舌）自私。不自私。有点自私。

师：噢，有点自私。（众笑）从哪些地方可以看出他是有点自私的？③

生：“我料定这老女人并没有伤，又没有别人看见，便很怪他多事，要自己惹出是非，也误了我的路。”从这里可以看出他有点自私。

① **沈**：此处点上掘井，挖到泉眼之处，富有创造性的观点不时涌现。

张：立场—身份—思想，步步为营，处处有景。

② **沈**：辩论引发学生不断与作者、作品进行灵魂交流、碰撞，从文中搜集支持自己观点的依据，既是对课文的深入理解，又提高了辩论的质量。

③ **沈**：在讨论陷入僵局之时，钱老师顺乎其势的主导作用充分发挥。

张：抓住学生一闪而过的思考亮点，生成新的话题。与“灌输式”教学有云泥之别。

钱：学生的讨论容易出现逻辑思维的混乱，教师要及时发现并正确引导。钱老师作出了很好的示范。

师：里面有一句话特别可以看出他的自私，哪一句？

生："没有别人看见"，他认为可以溜之大吉了。

师：对了。看来"我"自私是肯定的。现在我们讨论自私是不是"我"思想的主要方面。①

生：不是。因为我从口袋里掏出一大把铜元。如果自私是主要思想的话，就不会抓出一大把铜元了。

生：文章中还有一句话，说"我"突然"觉得他满身灰尘的后影，刹时高大了"。②

师：这一句说明了什么？

生：说明了他的本质不是自私的，因为他能从劳动人民身上找到自己的差距。

师：说得好，他从劳动人民身上，看到了自身的差距。他觉得车夫满身灰尘的后影刹时高大了。而且对他来说，造成了一种威压，要榨出他皮袍下藏着的——

生："小"。

师：这表明"我"的一种什么样的思想感情？

（生小声议论，交头接耳。③）

生：惭愧。

生：自责。

师：说"自责"更准确。（板书：自责）他虽然自私，但更重要的是他能够自责，看到自己跟劳动人民之间的差距。那么，这里还牵涉到一件事，就是"抓出一大把铜元"意味着什么？

生："我"对自己的行为不满意。

师：照理说应该是很满意的。你们看，车夫做了这件事，表现不错，给他一把钱，物质

① **张**：对"自私"的分析不贴标签，恰如其分。

沈：将学生引入文本的迷离世界，用科学、辩证的观点，提出见解和分析，探讨"我"的形象。

② **钱**：学生读得细心，关键句一一找到，发言精辟，非为偶得，实乃长期锤炼之功。

③ **沈**：不仅关注言语的形成与内化，也关注学生心灵的成长与情感的提升。

张：文学即是人学，习文就是养性。

奖励嘛!(大笑)然而“我”却不满意，表现在什么地方?[①]

生:他对自己的行为一连提出了三个疑问。

师:提出了怎样的三个疑问?

生:“这一大把铜元又是什么意思?奖他么?我还能裁判车夫么?”

师:好，坐下。关于这三个问题，不少同学在自读笔记上都谈到了，这说明大家读文章已经懂得抓住关键的词句。×××，你来谈谈，好吗?[②]

生:这句话一连三个问号，说明了什么?奖他吗?够不上，这是用奖所代替不了的。我还能裁判车夫吗?不能，更够不上，和车夫相比，“我”显得太渺小了。难道“我”还能裁判一个比“我”不知要高尚多少的车夫吗?裁判不了，够不上。那么这一大把铜元又是什么意思?“我”不能回答自己。其实“我”是能回答的，“我”是要用这一大把铜元来弥补自己刚才的错误。可是，这错误又是用金钱所弥补不了的。这句话说明了“我”当时复杂的心情。[③]

师:好，讲得有条有理，坐下。×××在分析这件事时，也谈到了这句话。你来说说看。

生:“我”下意识地抓出一大把铜元……

师:“下意识”，用得很好，说明当时没有思索就抓出一大把钱来。[④]

生:把钱交给巡警，转交给车夫。显然这是对车夫的奖励，不自觉地流露出“我”高车夫一等的思想。

师:说得好!抓一把铜元，这似乎没有什么大不

① **钱:**“照理说应该是很满意的。”这又是一种“欲擒故纵”的教学策略。
张:明知故问，是为引导学生言必有据。

② **沈:**文中关键词句暗藏深意，对人物性格起到烘托渲染的作用。引导学生含英咀华，体会关键词句在表情达意方面的作用，感受语言之精妙。

③ **钱:**学生分析问题思维缜密，表述清晰，且富有梯度，难能可贵。

④ **沈:**帮助学生搭设思维跳板，逐步丰富了对“抓出一大把铜元”这一情境的品析。
张:形象的分析就是要落实细节，避免笼统空泛。

了，但重要的是，表现了“我”对车夫的裁判，下意识中流露出“我”高车夫一等的思想。她们两个人的意思合起来就更完整了，表现了当时“我”一种深深自责的心理。课文接下来还谈到这样一个问题，就是“我”怕敢想到“我”自己，这是什么原因？①

生：因为车夫的行为强烈地震撼了“我”的心灵。拿自己和一个普通的黄包车夫相比，自己是多么自私和渺小呵！所以，“我”怕敢想到“我”自己。

师：噢，看到了自己的自私和渺小，这也是一种自责的心情。那么，既然是“怕敢想到自己”，为什么后面要“时时记起”呢？而且想的时候还要怎么样？②

生：要“熬了苦痛”，时时要“努力的”想到自己。

师：既然怕想，那就不要想嘛，但“我”却时时地想，而且是要努力地想，熬了苦痛去想，那是为什么呢？③

生：表现了“我”的一种矛盾的心理。

师：再进一步想一下，看谁想得深一点。

生：自剖自责、惭愧的心情。

师：自剖是什么意思？

生：自己解剖自己。

生：自己分析自己。

师：噢，自剖自析。表现了“我”严于自我解剖的那种精神。这正是一个知识分子要求上进的表现。从文章结尾看，已不单是自责了，还有什么？

生：（齐）“催我自新”。

师：好！自新。（板书：自私—自责—自新）为

① **钱**：抓住“下意识”做文章，细腻之极。
张：前面老师的“入格”引导，使学生此处的悟读已进入“出格”层次。

② **沈**：制造矛盾冲突，化冲突为神奇。

③ **沈**：引导学生从字里行间揣摩作者的用意，一字未宜忽，语语悟其神。
张：紧贴文本，才能言高意真。
钱：以退为进，贴近学生学习心理，激发学生探究欲。

什么要解剖自己呵？为了要使旧的“我”成为一个新的“我”。正是因为这件小事能够催“我”自新，所以才熬了苦痛时时去想，想自己跟劳动人民之间的差距，想怎样从劳动人民身上看到希望。文章就是按照“自私—自责—自新”这条思路来展示“我”的思想演变过程的。有的同学说,“我”的转变似乎太快了，一下子就转过来了。我们看，他的转变有没有思想基础？①

生:（小声）有。

师：表现在什么地方？

生：文章开头有这么一句话：“其间耳闻目睹的所谓国家大事”，这里的“所谓”是带有讽刺意义的，表现了“我”痛恨军阀，表明“我”是有爱国之心的。②

师：坐下，讲得好！这个“我”有爱国思想，有正义感，痛恨封建军阀，对国家的前途和命运是非常关心的。我们有一位同学在自读笔记上说“我”是不关心政治的，能这样说吗？③

生：不能。

师：什么理由？

生：他关心政治，而看到的呢，却都是一些丑事，所以对中国人失望了。但他却从劳动人民身上看到了自己的差距和国家的希望，可见他是有正义感，有爱国心的。

师：这样说来，“我”既有缺点，又勇于解剖自己，要求上进，是不是？

生:（齐）是！

师：好。现在我们对课文中的“我”已经了解

① **钱：**板书设计简洁中显睿智。
沈：对学生的看法，钱老师没有作“权威性”的定论，而是顺水推舟把问题又抛还学生，鼓励他们借助教材文本，联系上下文进行探究。
张：钱老师介入时机之准、方式之巧，令人击节。

② **钱：**学生分析时能抓住“所谓”一词，并非灵光一现，而是日积月累后的水到渠成。

③ **沈：**敏锐捕捉学生自读笔记中的看法，组织讨论交流，正本清源，使学生思想得到升华，自主思维能力不断增强。
张：最难的就是分析人物形象的时代性，而这又最能揭示主旨。钱老师当然不会放过这一点。
钱：人物形象是立体的，老师要教会学生多角度去剖析。

了。这个“我”是一个关键的人物，我们了解了他，也就了解了作品所要表达的思想。这篇课文的主题可以从两个方面来概括，一个是——①

生：表现了劳动人民的正直无私的高贵品质。

师：对。一方面表现了劳动人民这种高尚的品德，另一方面表现了什么？

生：表现了“我”勇于自我批评的精神。

师：能不能把两方面综合起来讲得完整一点？

生：表现了劳动人民正直无私的品质，也表达了一个有正义感的知识分子严于解剖自己，向劳动人民学习的思想。②

师：好！同学们的分析能力还是很强的，你们看，我们分析、讨论，已经把文章中的主要问题都解决了。下面我们再来讨论一下有位同学提出的关于老女人的问题：如果这个老女人确然是装腔作势，那么这个车夫就是怎么样呵？

生：（齐）自讨苦吃。

师：如果是这样的话，确实是有点自讨苦吃了，这个“我”倒是对的了。所以对老女人行为的理解，关系到我们对课文主题的理解，讨论一下也是可以的。同学们对这个问题也有好几种说法，大家一起讨论讨论。好，××× 先谈。③

生：我认为老女人是装腔作势。（同学们小声笑起来，一部分男生点头表示认同，得意地附和着）从课文的几方面都可以看出。其一，“伊从马路边上突然向车前横截过来”，这个“突然”表现出这个老女人可能是躲

① **沈**：入乎其内又出乎其外，将学生从“雾里看花”引向“柳暗花明”，从而悟出自己心中的“哈姆雷特”。

张：传统鲁迅文章解读，都是从背景切入，先入为主。钱老师引领学生由文本解读来一窥主旨，高明太多！

② **钱**：从精细分析到精准表述，学生的语文素养在这样的“训练”中得以提升。

③ **张**：“老女人”看似不甚重要，实则关联全局。

钱：我们不妨思考一下钱老师为何要在此处讨论“老女人”这一人物形象。

在路旁，突然冲到车前来的，制造假的交通事故。（众笑）其二，“车夫已经让开道，但伊的破棉背心没有上扣，微风吹着，向外展开，所以终于兜着车把”，在兜着车把前用了“终于”一词，说明她可能是故意在兜车把，“终于”兜着了。

师：噢，她可能一直要去兜，兜了几次，“终于”兜着了车把。①（众笑）

生：其三，老女人摔倒后说她摔坏了，可“我眼见你慢慢倒地，怎么会摔坏呢，装腔作势罢了”。从这几个方面来看，我认为老女人是装腔作势，可能为了得到一点赔偿。

师：坐下。讲得很有根据。他能从文章中抓住一些词语来阐明自己的观点，文章读得很仔细，这就很好。不管是对是错，这样读书，方向是正确的。好，这是他的观点。×××，你也要谈一谈？②

生：我认为不能那么肯定地说她摔坏了或者没有摔坏。因为这老女人很老了，可能还没吃早饭，让车子撞了一下摔坏了，也是完全可能的。

师：噢，可能是摔坏了。

生：不过，也可能是没钱了，装腔作势。（众笑）但文章中的“我”这样料定，只不过是为了自己能够早点走。

师：这联系到文章的中心了，“我”这样“料定”是出于什么心理？③

生：“我”担心老女人误了“我”的路，这就是“我”看不起劳动人民的心理。有了这种心理，“我”想：“我眼见你慢慢倒地，怎么会

① **沈**：与其轻易否定，不如“幽他一默”，让学生容易接受和反思。

② **钱**：伏尔泰说：“我不同意你的观点，但我誓死捍卫你说话的权利。”此言极是！

沈：充分尊重学生观点，对学生的阅读方法、思维方式作出恰如其分的评价。

张：提供话题，淡化答案，激发思维。

③ **沈**：钱老师善于捕捉课堂上生成的有价值的信息，让学生的思维火花在他的巧妙点拨下熊熊燃烧起来。

钱：“这联系到文章的中心了”“和作者的写作意图联系起来了”“这又联系作者的写作目的来说了”（见下文），看似不经意的点评，实则不断启示学生掌握分析问题的方法。

张：引导学生了解次要人物的辅助性作用。

摔坏呢，装腔作势罢了，这真可憎恶。”“我”还怨车夫自讨苦吃，承担这些责任。后来，“我”看见车夫走进了巡警分驻所大门，于是才觉得车夫的行为要榨出“我”皮袍下藏着的“小”来。这说明车夫的正直无私使“我”那自私的心受到很大的震动。因此，我认为，那老女人很可能是摔坏了。

师：好，坐下。她是说，老女人究竟摔坏不摔坏还不能完全肯定。她在分析的时候，和作者的写作意图联系起来了，这样联系很好。其他同学的意见呢？

生3：我认为“装腔作势”这个词语是“我”心里想的。当时他还怀着自私的心理，并不能够说明老女人是在敲诈，文章中也没有能够说明她赖钱的语句，这是其一。其二，从课文中可以知道，老女人生活非常贫穷，冬天北风刮得正猛，她独自出来奔波，跌倒以后，说一句“我摔坏了”，也是很正常的。即使是想赖钱，也是穷得迫不得已。（众笑）

师：（笑）还是想赖钱？[①]

生3：不，是想得到车夫的帮助，而且也是迫不得已的。

师：噢，不是赖钱，是想得到车夫的帮助。但用这种方式取得别人的帮助，不是有点像耍赖吗？

（部分男生小声附和：就是，就是。）

师：你还没说完吧？说下去。

生：课文正是通过“我”和车夫对待老女人的不同态度来表现车夫的正直无私，并无贬

[①] **沈**：水本无华，相荡而生涟漪。不把学生的思路往既定的框子和结论上靠，而是鼓励多种观点的碰撞。

张：唯其如此，学生的思维空间才能拓展，主体意识才能增强。

钱：给点阳光就灿烂。课堂上学生获得了充足的机会，他们的表现可圈可点。我们每个语文老师都该深思与反省：我的语文课给了学生这么多机会吗？

低老女人的意思。

师：好。这又联系作者的写作目的来说了。这里有三种意见，请同学们讨论一下。①

生：我同意第一种意见，老女人是故意的。

生：我不同意！因为老女人摔倒之前，车夫早有点停步，否则她可能真会跌得头破血流，弄不好还会有生命危险。她不可能去冒这个险。

生：我认为，老女人是否装腔作势与文章的中心关系不大。我觉得，这里主要是为了写出“我”和车夫的形象对比。也有可能这个老女人并没有摔坏，“我”的理由是比较充足的。但是这个车夫就想得更高一层了，即使没摔坏，也要去看看。（众笑）

生：我认为她“终于兜着车把”，不一定是要几次兜车把，是因为风大，衣服飘了起来，“终于”兜着了车把。②

师：噢，这个“终于”说明不一定是要几次去兜，当时也没有这个时间，车子已经过来了，一次一次地去兜，不大可能吧？（众笑）我看了同学们的自读笔记，我发现一个规律，男同学几乎都认为老女人是装腔作势，而多数女同学则认为老女人不是装腔作势，这是什么原因呵？③

生：女同学心肠软呗。（小声地笑起来）

生：（笑）男同学经得起摔！

师：老女人经得起摔吗？

生：（笑而齐答）经不起。

师：从哪些地方可以看出她是经不起摔的？

生：文章中好几个地方都可说明这一点。一是花白的头发，这说明她年纪大了；二是衣

① **钱：**适时总结三种意见，明确讨论方向。

沈：三种观点，钱老师都给学生畅所欲言的时间，充分阐述的空间，自由辩论的权利，让学生说个通透，辩个明白，加深学生对文本的理解。

张：把话语权还给学生，能使学生开窍，目的就达到了。

② **钱：**回应前面关于“终于”一词的解读，方才明白，有些“破绽”并非漏洞。

沈：课堂因为学生不同的声音而汇成美妙的交响乐。

③ **沈：**从语言文字入手沿波探源，从生活经验出发理解形象。

张：分析人性善恶，折射社会生活。钱老师要的就是这个效果。

钱：语文课既要有思想，又要有情趣。只要问得巧，二者可兼得。

服很破烂，说明她很穷，衣服都穿不暖，可能肚子还饿着，没有力气了；三是当时是冬天，西北风很猛，可能老女人摔在地上，一下子就摔坏了。

师：本来这个问题不是文章的讨论中心，但我们为什么要提出来讨论呢？这也是一个读书方法的问题。我非常赞成 ××× 刚才讲的话，就是从多个角度去理解它，并且要仔细地、完整地、准确地去理解，这就是一个读书方法问题。作者为什么要写老女人？为什么要说她是装腔作势？正像刚才 ×××（指生3）说的，“装腔作势”这句话是谁说的？①

生：（脱口而出）作者。

师：（疑问地）哎——？

生：（一点即知，齐）“我”。

师：对，“我”说的。“我”为什么要说这个话？这里就是要写出对待同一件事“我”和车夫的不同态度，写出对比。×××（指认为老女人装腔作势的同学），我虽然不同意你的观点，但我认为你能够从文章中找出一些词语阐述自己的观点，你的读书方法是对的，虽然从这些词语引出的结论不太正确。

另外，我们有一位同学在自读笔记中，对鲁迅的文章提出了不同意见，主要在语言表达上，我觉得不管讲得对不对，我们小人物也应该敢于向名家——

生：（齐）挑战！②

师：对，敢于向名家挑战，向大文豪提出不同意见。这种胆量、这种精神，我们首先要

① **沈**：让学生认识到好的阅读方法不是摘字择句，断章取义，而要建立在整体感知的基础上，结合作者的思想感情和上下文多角度、完整、准确地品评和理解。

张：对文章难点的理解，是必须要有老师指点门径的，这样学生才能学有所得。

钱：再次强调读书方法，从根本上避免了语文课容易出现的学生只是埋头寻找答案的现象。

② **沈**：培养质疑精神，培养学生敢于向权威挑战的勇气和信心。

赞赏！现在我们听听他的意见。[①]

生4：课文中有这样一句话："几年来的文治武力，在我早如幼小时候所读过的'子曰诗云'一般，背不上半句了。"我认为这句话好像有点毛病。如果把中间的比喻去掉，原文就变为"文治武力就背不上半句了"，"文治武力"怎么能与"半句"搭配呢？所以我认为，可把"背不上半句"改为"想不起多少了"，这样就能在意思不变的情况下，表达得更准确了。

师：（笑）我认为他讲的不是完全没有道理，尤其是他的勇气是非常可嘉的。[②]

生5：我认为鲁迅先生这句话是想说明：几年来的文治武力，在我早如幼小时候读过的"子曰诗云"现在已经背不上半句一般，在我心里没有留下什么痕迹了。

师：他（指生5）理解得很对，这个句子表达上有些简略，因此给人有语病的感觉。×××（指生4）改的句子也有点道理，不过原文中的"背不上半句"对"文治武力"的否定，语气更强一些，而"想不起多少了"，好像语气——

生：（齐）弱了一点。

师：不过他敢于向大文豪挑战的勇气仍然应该受到赞扬。另外，我们在语文课本中还读到过另一对黄包车夫和坐车人的形象，是谁？[③]

生：《在烈日和暴雨下》的祥子和坐车人。

师：下次我们来比较一下两个拉车人和两个坐车人的形象，那也许是很有趣味的。

（下课）

① **张**：鲁迅文章的语言是最值得咀嚼的。学生没有放过，老师更应重视。

钱：初中生具有强烈的求知欲和探索精神，教师应小心保护这种学习的动力源。

② **张**：学生最殷切的需求实际上是渴望被肯定。钱老师是教育家，也是心理学家。

沈：正因如此，学生总能大胆参与讨论，这对他们终身发展、终身学习有着不可估量的作用。

钱：学生或许尚不能确切地了解自己的智力潜能，教师的恰当评价至关重要。

③ **沈**：指导学生运用比较阅读的方法，感受不同课文中两个拉车人和两个坐车人的形象，使课堂余音袅袅，曲终意未尽。

张：结尾似钟鸣，清音有余。

钱：确是如此。"操千曲而后晓声，观千剑而后识器。"老师提示学生要善于对不同文学作品中相同身份的人物形象加以鉴赏，一堂课结束了，留给学生的则是更多的念想。

【研读感悟】

钱梦龙老师对鲁迅小说《一件小事》的教学是一次自读和教读过程的展现，它不仅促成了语文导读法的诞生，也对后来的样本说、语境教学的提出与完善产生了一定的影响。静观钱老师的课堂，细品导读艺术之美，如行云流水，质朴无痕；又处处意态生动，内蕴法度。钱老师开合自如的大家风范令人击节叹赏，在此粗列一二。

1. 导之无痕

《一件小事》的课堂是朴素的课堂，如清水出芙蓉，天然去雕饰。两堂课讨论了四个问题：(1) 怎样理解课文以“一件小事”为题的作用？(2) 怎样结合文章的写作背景理解这件小事的重大意义？(3) 怎样理解“我”这个形象？(4) 怎样看待老女人“装腔作势”的问题？学生围绕问题自读自悟，自解自答，师生、文本之间的对话层次分明、精彩纷呈。

钱老师把课堂还给学生，营造了宽松民主的课堂氛围。学生如沐春风，在课堂这个狭小而又广阔的王国里自由驰骋，或自主地阐述，或大胆地质疑，或激烈地辩论……进入了文本的深层世界。课堂成了学生品味、感受、理解、思考的实践场。当然，把自主权交给学生并不意味着教师淡出课堂，其间钱老师点之，拨之，导之，引之，学生思维的星星之火渐成燎原之势。钱老师的引导有心无痕，更多地关注着学生，实实在在地引领着学生的发展。

2. 导之有法

如果学生的“自主学习”只是“放任自流”，那么，表面上的热热闹闹必会带来实质上的两手空空。但在钱老师的课堂上，我们看到了他睿智的点拨，自有法度在胸。

学生提出了很多问题，钱老师匠心独运地选择了“怎样理解‘我’这个形象”这牵一发而动全身的突破口，点上掘井，鼓励学生“以文为据”，联系上下文进行品评，体会课文中关键词句在表情达意方面的作用。学生据言知意，有理解吸收，有叩问商榷，有参与表达，经历了求真、求异的思维过程。

在体会课文以“一件小事”为题的作用时，钱老师引导学生有意识地联系写作背景，从整体上把握文章的中心，使学生的阅读体验从晦暗直至敞亮。

钱老师将“如何看待老女人‘装腔作势’”的问题提出来讨论，启发学生从不同角度理解这种“装腔作势”，让学生感知到合理的阅读方法是完整、准确地理解文章重点的关键。

3. 导之有情

钱老师的课，总让人深深地感动，那是因为整个教学过程洋溢着钱老师对学生的关爱之情。他认真倾听每一个学生的每一次发言，有百密而无一疏。这是很难做到的，但是钱老师做到了。他关心孩子的成长，他总能捕捉到学生发言中闪现的灵光，并给予由衷的赞赏。学生回答:“这个问题要从当时的历史背景来说。”他的赞扬脱口而出:“开门见山，出语不凡!”学生提出文中有句子不够妥当时，他赞许说“这种胆量、这种精神，我们首先要赞赏”“勇气……可嘉”。当学生的回答有偏差时，他总会及时地引导他们自己予以纠正。学生从开始说袁世凯、张勋霸权主义，到“反动派”，再到“反动军阀”，让我们真真切切地感受到了钱老师对学生的尊重、呵护之深情。

钱老师的导读艺术有情、有法而无痕，他把学生看作一个个有思想的个体，又把思维的种子、阅读的方法播撒到每个学生的心里。曲终意未尽，书韵最动人，这样的课堂才是真正的语文课堂。

（沈春媚）

《一件小事》（2）

执教：钱梦龙

品读：钱建江（主持人）、张　卫、沈春媚

（以下依次简称“钱”“张”“沈”）

经典回放

第一课时

（随着上课的铃声，钱老师面带笑容地走进教室。）

师：昨天，我布置大家自读鲁迅先生的《一件小事》。有些同学看了课文后动了许多脑筋，提了不少问题，所以我对上好这堂课充满了信心。现在我们就一起来学习这篇课文。①

（先由学生给课文分段。当明确本文分三段后，钱老师从举手要求朗读的学生中指定三人依次朗读全文，结合正音。学生着重指出了几个容易读错的字：“几乎”的“几”、“憎恶”的“恶”、“刹时”的“刹”、“凝滞”的“滞”。）②

师：看来大家读音问题基本上解决了。下面我们来找容易混淆的字。（学生找出了下列这些字：睹——赌，忘——妄，脾——痹，愧——槐。）为什么“愧”是竖心旁？（许多学生回答说：“因为表示心理活动。”）对，

品读沙龙

① **钱**：亲切的微笑，坦诚的话语，把信心建立在对学生的尊重与理解上。

张：之所以有信心，是因为有了同学们的积极思考，尊重和认可是学生前进的动力。

② **钱**：在第一个步骤“认读”环节，重点还是放在正音识字、读通文章、理清文脉这些最基本的语文素养与能力上，积跬步，以至千里。

张：重视基础，积土成山，积水成渊，就能“神明自得”。

沈：真是这样，磨刀不误砍柴工。

很好，还有吗？（学生又找出了这些字：惭——渐，熬——煞，裁——栽，幼——幻，亳——毫，坐——座，苦——若，馋——搀，日——曰。）“日”和“曰”这两个字差别在什么地方？（一学生起来回答：“一个扁，一个长。”）你们观察很仔细，还有吗？（一学生找出“冶——治”）你能各组一个词吗？（学生立即组了两个词：冶炼，治理。这时候，一学生在下面说：“还有这个字。”）

师：什么字？请你把它念出来。（学生愣在那儿）

师：你不认识这个字，是不是？（走到学生面前，低头看他出示的课本）噢，这个字。（板书“亳”字）你们认识吗？（许多同学同时读出“bó”这个音）你们都认得？（学生一齐回答：“历史书上学过。”）这个字很容易跟“毫”搞混，经常这样比较，就不会写错，现在请你们来解词。（先后有三位同学解释了文中的词，如：“姑且”是“暂且”的意思。）①

师：同学们找出了不少字词，大家找得准，理解得也很好，说明你们的自读是有成绩的，这使我很高兴。

师：现在我们来看看，文章读懂了没有，是真懂了，还是假懂？②

（有的学生说“懂了”，有的说“不太懂”，还有的说“基本上懂了”。）

师：好，不管是“不太懂”，还是“基本上懂了”，我们先从题目谈起吧。这篇文章的题目叫“一件小事”，既然是小事，干吗

① **钱**：现今不少公开课上，字词教学早已被打入冷宫。回顾钱老师的语文课堂，字词教学扎实有效地展开，平稳中见灵巧，“导”的艺术原来也可以体现得如此朴素。

沈：汉字本身有一定的规律可循。钱老师授之以渔，引导学生进行比较观察、意义识记，掌握识字的方法和规律，培养学生分析字形、自主识字的能力。

张：这样的字词教学，不是蜻蜓点水，作秀一下，而是下马看花，深研细磨。

② **张**：问“懂不懂”，实际上是引导学生注意字词背后的信息。课堂开始转向。

写它？[①]

生：因为它意义不小。

师：有什么意义？

生：因为这件小事给“我”留下了很深的印象，而且给了“我”教育。

生：因为它“将我从坏脾气里拖开，使我至今忘记不得”。

师：好，这位同学引用了课文中的原话。既然很有意义，为什么叫“一件小事”，而不叫“一件大事”呢？[②]

生：因为这件事跟所谓的国家大事比起来还是小的，这样就形成了一种对比。

师：回答得很不错。

师：这件小事的意义究竟深刻在什么地方，我们先放一放，等学到后面就清楚了。[③]昨天，我布置了三道思考题，还记得吧？（教师在布置学生自读时出示了三道思考题：（1）老女人是真“摔坏”，还是“装腔作势”？（2）车夫搀扶老女人进巡警分驻所，是“自己惹出是非”“自讨苦吃”吗？（3）有人说“我”是一个十足的自私自利者，“我”后来的转变太快了，是缺乏思想基础的，你同意这些观点吗？理由是什么？）[④]说说看，我为什么布置三个问题，而不是两个或四个？（部分学生一起说：“因为课文中写了三个人。”）

师：（高兴地）你们真聪明。我再问你们，这篇文章的体裁是什么？

生：（齐）小说。

师：读小说，首先要抓住什么？

① **钱：**钱老师引导学生自读课文的第二步是“审题”：要求学生找准题眼，理解题目含义，搞清命题意图。

张：此问从易处着手，却又关涉文章难点。钱老师确是善问者。

② **钱：**既然很有意义，为什么叫“一件小事”，而不叫“一件大事”呢？这个问题问得巧妙。

张：不错。提问就如敲钟，小扣则小鸣，大扣则大鸣。

沈：抓住文本语言的矛盾处、逆情悖理处生疑，留下的是悬念，唤起的是阅读期待。

③ **钱：**优秀的语文课和文学创作一样，是讲究构思的。此处先卖个关子，课堂教学的节奏感便出来了。

张：“放一放”，是放“难”抓“易”，教学的层次感也出来了。

④ **钱：**钱老师布置的三个思考题，涉及语文教学中的问题设计。这三个问题对阅读教学过程能起主导支撑作用，是能从整体上引发学生思考、讨论、理解、品析、创造的重要问题。

沈：思源于疑，三个问题如阶梯状层层推进，串联起了教学的全过程。

生：(齐)人物形象。

师：很对。因为小说的主题常常是通过人物形象来体现的，所以我针对课文中的三个人物提了三个问题。①

师：请大家再想想，我这三个问题的次序为什么要这么安排？为什么要把"我"排在最后？

生：因为"我"是课文中的主要人物，所以排在最后。

师："我"是不是主要人物，我们暂且不谈。我之所以把"我"排在最后，是因为"我"这个人物比较复杂。我们先来讨论第一个人物，谈谈老女人吧。在"我"看来，老女人是装腔作势，还是真受伤了？②你们回答问题、说明理由的时候别忘了讲"因为……"。

(学生争着发言，有的说老女人是"装腔作势"，有的说老女人是"真受伤了"，还说她"吃不饱，穿不暖"。)

师：你们自读时我要求你们回答问题要遵守一条规则，这规则是什么？

生：(齐)言必有据。

师：对。"据"在哪里？

生：(齐)在课文里。

师：课文中有"吃不饱，穿不暖"这些话吗？③

生：(齐)没有。

师：那就请大家还是按课文提供的情况来讲吧。

生(男)：我看她是装腔作势，……因为她是"慢慢倒地"，……她是想赚些钱……

师：是想赚些钱？(众笑)

① **钱**：这是钱老师引导学生自读课文的第三个步骤：辨体。也就是辨明文章体裁，从而确定文章的读法。

张：是的，不同的体裁有不同的读法，这也是阅读方法的指导。

② **张**：当学生思维出现"翻墙"时，钱老师总能及时将其拉回，使学生和文本的对话有效进行。

钱：一个巧妙的问题，可以使学生"学"与"思"的兴趣被最大限度地激发出来，也可以让每一个学生在课堂上都有所疑。

③ **沈**：当学生在文本之外徘徊时，钱老师便是引路人，适时指导阅读方法，为学生指点迷津。

钱：是的，适时引导，避免回答问题漫无边际。发现学生回答中的问题及时纠正，培养严谨的阅读作风。

生（女）：她是真的受伤了，因为她“花白头发”“衣服都很破烂”，这说明她年纪大，又很穷，经不住跌。……还有，还有后面，巡警对“我”说“你自己雇车罢”，说明老女人是受伤了，车夫不能再拉“我”了。

（接着又有几个男同学和女同学发表了类似的意见）

师：看来女同学都说老女人真是受伤了，而男同学都说她是装腔作势，这是什么道理？（众笑）[①]

生（男）：因为男同学不像女同学心那么软。（众大笑）

师：他的话也有一点道理。女同学比较细心，会体贴人，所以想得比较细。你看，老女人头发都花白了，衣服又破烂，说明生活很苦，年老体弱，经不住跌。而男同学呢，因为身体比较棒……（众笑）那位男同学，你现在还认为老女人是装腔作势吗？（那个男同学仍坚持原来的看法）我欣赏他这种性格，自己怎么想就怎么说。[②]（众笑）

师：这个问题我们不准备再讨论了，因为大多数同学都认为老女人是真的受伤了。那么我们来看看“我”当时为什么会有老女人“装腔作势”的想法。

生：因为“我”非常自私。

师：不仅自私，还有点冷漠，是不是？“冷漠”两个字会写吗？（该生把“冷漠”二字写在黑板上）写得对吗？（众：对！）因为“我”自私冷漠，所以认为老女人是装腔作势。[③]我再问你们，老女人在摔下去的

[①] **沈：**当学生的理解比较肤浅或不够全面时，老师不焦不躁的等待为学生提供了广阔的空间，促使学生进行深入周密的思考，揭示问题的实质。

张：适当的点拨，使学生阅读文本的质量一下子提高了。巧妙的提问，使课堂的气氛越来越活跃了。

[②] **钱：**在阅读教学中，教师一方面要尊重学生的阅读体验，引导学生敢于发表自己的见解，另一方面又要尊重文本，引导学生联系具体语境，对文本细心揣摩、整体把握、全面理解，并不断对自己的发现、体悟进行反思、辨正和提升。

[③] **沈：**从辨析“我”的心理角度理解老女人的“装腔作势”，引发下一个讨论的契机，营造对话的高潮，避免了对话流于形式，陷于平庸。

时候，车夫有没有停步？

生:（众）没有停步，但已将要停步。

师：老女人有没有摔个大跟头？

生:（众）没有。

师：何以见得？

生：因为文章里这样写:“幸而车夫早有点停步，否则……”①

师:“否则”是什么意思？

生：不然的话。

师：很好，大家读得很细心。现在我们来讨论一下，老女人摔倒的责任主要应由谁来负？

（有的说，主要应由老女人自己负责；有的说是“我”，因为“我”要车夫跑快些。）

师：这在书里有根据吗？

生:（众）没有。

师：那么，责任主要应由谁来负呢？

生：责任应由老女人负，因为她是“向车前横截过来”的（老师插话：对，还有，风很大），而且车夫已经给她让开道。

师：有哪几个词能说明应由老女人负责呢？

（一女生找出了“突然”“横截”“展开”“兜”等词）②

师：找得很对。看来老女人的反应是很不灵敏了。既然主要责任不在车夫，那么车夫为什么要把老女人送到巡警分驻所去呢？这不是自讨苦吃吗？

生：因为他品质高尚。

生：他不计较个人得失。

师：讲得都有道理。车夫很贫苦，他也是为了

① **张**：一个个关键词句被学生点出，他们正在学会与文本对话。

② **钱**：真正的文本细读，要立足于文本，从文本出发，让学生“披文入情”，而不是“披情入文”。这一教学环节钱老师给我们作了极好的示范。

张：这就叫授文者“引而不发”，观文者“披文入情”。

生计才拉车的，但他还是送老女人去了巡警分驻所。[①]这种不计个人得失的品质跟“我”的想法正好形成了对照，更显出了“我”的自私，找找看，哪一句？

（先后有两个学生发言，找出的话是：“便很怪他多事，要自己惹出是非，也误了我的路。”）

师：对的，但还差一句“又没有别人看见”。因为没有人看见，所以可以不管，如果去管，就误了“我”的路。你们看，多么自私！这跟车夫是多么鲜明的对比！让我们再看看车夫的态度。课文中怎样描写车夫对老女人的关心？

生：放下—扶—搀。

生：还有“毫不理会”“我”的话，听了老女人的话，“毫不踌躇”地搀老女人到巡警分驻所去。

师：对，这两个“毫不”找得好。现在我们能用几个词把车夫的品质归纳一下吗？（下课铃声响）噢，下课了。看来这堂课大家解决问题的能力怎么样？

生：（齐）很强。[②]（众笑）

师：（也大笑）这话要我来讲，你们只能说“还可以”，要谦虚一点嘛！（众笑）我想，我们下堂课一定能把这个问题解决好。有没有信心？（众：有！）好，下课。[③]

第二课时

师：下课的时候，周云同学纠正我一个错误。（指着周云）请你起来讲给大家听。

[①] **沈**：知其人，方能解其深意。钱老师引导学生结合上下文语境，细致入微地揣摩人物内心，做到了因境定学，因学定教。

[②] **钱**：夏丏尊先生提出“学习语文，就要引发一种对语言的敏感”。从学生找到的两个“毫不”，可见钱老师引发学生对语言的敏感所取得的成效。

张：古人说：涵泳工夫兴味长。钱老师指导得法。

沈：一句“很强”，显示出学生阅读过程中精神愉悦，并充满了自信。

[③] **钱**：如同写文章时的神来之笔，钱老师顺水推舟，以风趣之语既肯定了学生的阅读能力，也指明了学生的努力方向。

生：书上讲“微风吹着”，而你说“风很大”。

师：好！老师为什么会犯这个错误？我只注意开头“大北风刮得正猛”，没注意到下面的“北风小了”和“微风吹着”。这说明读文章必须细心。我对自己班里的学生有个规定，凡纠正老师错误的，要在他的记分卡上打个五角星。周云同学看书很细心，纠正了老师一个错误，也应该给她打个五角星。[①]

师：现在我们来总结车夫的品质。哪个先讲？

生：他助人为乐，勇于负责。

生：他能为他人着想，不计个人得失。

师：讲得都很好。可见车夫跟“我”的态度正好相反。那么，“我”是怎样一个人呢？是一个自私自利者吗？“我”的转变有思想基础吗？[②]我前面讲过，这个问题比较复杂。但我相信你们一定也能自己解决。现在，我们先分组议论一下，然后派代表来发言，好不好？

（学生议论，老师巡视，共6分钟。）

师：现在请大家随便起来讲。[③]

生：“我”不完全是一个自私自利者。从课文的开头和结尾可以看出“我”对当时的社会是蔑视的。

师：到底对什么蔑视？

生：对“国家大事”，主要是指政治上的反动势力。

师：你从什么词上可以看出“我”蔑视的态度？

生：从“国家大事”前面所用的“所谓”这个词上。

① **钱**：钱老师曾说：“我欢迎学生指出我的毛病。”或许，这正是钱老师拥有崇高威望的原因之一。

沈：是啊，敢于直面自己的错误，丝毫没有损害教师的形象，反而显现了钱老师的人格魅力。

② **沈**：抓重点问题提挈全篇，披沙拣金，有效提高对话的质量。

③ **钱**：阅读教学的主体是学生，钱老师运用激励、期待等多种手段调动学生主动阅读的热情，并采用小组交流的方式让学生与文本进行对话，主动地富有创意地构建文本意义。

张：“6分钟”“随便起来讲”——显示了引导以学生为中心之讨论的艺术和魔力。

师：很好。加上“所谓”表示什么？

生：表示讽刺。①

师：对！看来你们的脑子很灵。“我”是个什么样的人？下面谁再接着说？

生：“我”的思想有一个转变的过程，这个转变是很有层次的。

师：这句话讲得好！

生：开始，“我”感到车夫是自讨苦吃，后来感到这件事“教我惭愧，催我自新”，这说明车夫的行动对“我”教育很大，促使了“我”的转变。

师：讲得真好！的确，车夫的行动是促成“我”转变的条件。现在，有几个问题我们要搞清：第一，“我”自私不自私？（众：自私）是的，“我”是个有自私心理的知识分子。但还要想一想，第二，自私是不是“我”思想的主要方面？（部分学生：不是！）他除了自私的一面，还有另一面，这另一方面是什么？②

生：他同情车夫，后来他还摸出一大把铜元要交给车夫。

师：“我”对自己的这个行动满意吗？

生：（齐）不满意。

师：“我”对车夫仅仅是同情吗？还有没有别的？

生：他被感动了，觉得车夫“满身灰尘的后影，刹时高大了，而且愈走愈大，须仰视才见”。③

师：“仰视”是什么意思？

生：就是抬头看。

① **钱**：抓住文章关键点细细品味，落实下来，就是对语言最小的有意义的单位——词语作深入细致的揣摩，领悟其中的微言大义。此处对“所谓”的分析即如此。

张：挑战性问题的出现缘自学生讨论的真实参与，问题的解决缘自老师有技巧的切入。

② **沈**：探讨“我”的形象复杂性之时，钱老师将文路、学路、教路三者融通，引导学生沉潜文本，从不同方位观察“我”之形象，避免了看问题平面单一，使教学更有力度，更丰富厚重。

张：而且，钱老师不断改善以学生为中心的讨论，使课堂成效显著。

③ **钱**：微言大义，都应该是文本中蕴藏着的，而不是读者的臆想。你们看，学生已经会自己从文中找出例证来了。

沈：是的，学生从语言中品悟，在阅读中思考，久而久之，便会形成自觉的习惯。

师：为什么用这个词？

生：衬托出车夫形象高大。

师：很好。为什么说“愈走愈大”，这不是违反科学原理吗？

生：这不是指他的身体，而是指他的形象。

师：对！这是指一种形象，一种精神。“我”确实被感动了，“我”感到了一种威压，“甚而至于要榨出皮袍下面藏着的‘小’来”。这个“小”跟“一件小事”的“小”，含义一样吗？①

生：不一样。这里的“小”是渺小的意思。

师：对的。而题目中的“小”，意义却很“大”，小中见大。我再问你们：“我”抓出一大把铜元，说明“我”是被感动了。那么，“我”当时有没有想过什么？

生：他当时想：“这一大把铜元又是什么意思？奖他么？……”

师：他抓出铜元的当时就这么想的吗？

生：噢，是后来，当时什么也没想。

师：（笑）对了，他当时没有思索，下面有同学在讲，当时是无意识的，说得很对！那么，“我”事后想到了什么呢？

生：他想：“这一大把铜元又是什么意思？奖他么？我还能裁判车夫么？我不能回答自己。”②

师：找的是对的，不过，这几个问题你都弄懂了吗？依我看，“我”给车夫一大把铜元也不错，物质奖励嘛！③（众笑）问题不在于把钱给车夫，而在于这个行动本身就暴露了“我”自以为比劳动人民高一等的心理，

① **钱**：叶圣陶先生提出“一字未宜忽，语语悟其神”，此处对“仰视”“愈走愈大”“小”等词语的分析，可见其视角之独特，阅读之细致。

张：入乎其内，方能出乎其外。

沈：品一“小”字，境界全出。

② **沈**：引导学生弄懂“我”的三个问题，从看似平凡不经意之处，发现奥妙、奇崛，领悟语言深层次的含义，可谓绝妙。

③ **钱**：借一戏言，调节一下课堂气氛，使学生集中注意力聆听老师对这个疑难问题的讲解。

你们说是不是？所以“我”用三个问题来层层深入地进行自我解剖。“这一大把铜元又是什么意思？”这句比较浅显，是对自己的这个行动提出疑问；“是奖他么？”进一步责问自己；“我还能裁判车夫么？”这种自责又深了一步。“我不能回答”，其实，“我”究竟能不能回答？

生：能。可以回答：“我不能裁判车夫。”

师：那他为什么说“我不能回答”呢？

生：这样比较含蓄，可以让读者自己去想。[①]

师：讲得真好，她很会读书。现在我们可以来小结一下：“我”确实被车夫的行为感动了，步步深入地责问自己，说明“我”在劳动人民面前看到了自己的弱点和病根。这是什么精神？

生：自我批评精神。

师：对，这是一种严于责己、严于解剖自己的精神。课文中还有哪些地方可以看出“我”的这种精神？

生：“我因此也时时熬了苦痛，努力的要想到我自己。”

师：既然“苦痛”，还想它干吗？而且还要“熬”，这说明了什么？

生：他感到自己太渺小了。

生：看到车夫那么高尚，而自己这么渺小，对比之下，心情很沉重，所以会“苦痛”。

师：对，看到了自己的弱点。但“我”尽管苦痛，还是要“努力”想到自身的弱点，这正是自求进步的表现，也是严于责己精神的表现。你们说对不对？

[①] **钱**：文本中有很多生动传神的词语、人物个性化的语言、画龙点睛的句子等，对这些关键地方的揣摩、理解、品味往往可以成为解读文本、展开教学的突破口。此处对明明可以回答却要说“我不能回答”的揣摩辨析，加深了学生对“我”的严于责己精神的理解。

沈：给学生留有余地，方能“一生二，二生三，三生万物”。

张：说得好！钱老师善于抓住契机，诱导学生的学习兴趣。

生：(齐)对！[①]

师：文章最后为什么说这件小事“教我惭愧，催我自新”？“自新”是什么意思？

生：就是自己改掉不好的，重新做人。

师：很好，简要地说，“自新”就是自求进步。为什么“我”要自求进步呢？

生：因为“我”是个进步的知识分子。

师：对，“我”既有弱点，但又要求进步。还有一句话，比较难理解，那就是“增长我的勇气和希望”。这是什么意思？(稍停)我曾对你们说过，分析问题的时候要瞻前顾后。要弄懂上面这个问题，还得再看看课文的开头。[②]

师：课文开头说，“我”有个坏脾气，就是“看不起人”。这个“人”是指什么人？大家好好想想。(稍停)我看到过一篇文章，说这个“坏脾气”其实是好脾气，这个“人”是指军阀，看不起军阀，这不是很好吗？你们同意不同意这个看法？[③]

生：(齐)不同意！

师：嗬，意见这么一致，好！你们的观点很鲜明。现在请你们谈谈为什么不同意。

生：这个“人”是指劳动人民。

生：因为“我”认为“我”比劳动人民高明，所以看不起他们。

师：那么，这个“人”究竟指的是什么人呢？

生：(齐)指所有的人。

师：好，你们的见解很高明。是的，这里的“人”是指所有的人。这说明“我”当时对国家命运失去了信心，所以说，这是个坏

① **张**：看似老师在归纳，实际上关键之点多由学生点明。

② **钱**：如果说“言必有据”是一个原则，那么，“瞻前顾后”则是一种方法。

张：就如下棋，胸有全局，才能取得先手。

沈：在钱老师的带领下，学生不断地层进式地叩问语意，紧扣文本，逐步还原作者的写作意图。

③ **钱**：老师故意竖起一个靶子，吸引火力，引发学生有针对性地发表见解。

张：是啊！错综见意，曲折生姿。

脾气。我们从中可以看出军阀统治时期一个有正义感的知识分子的苦闷和彷徨。那么，开头这些话跟课文最后有没有照应？

生：（众）有。

师：哪一句？

生：（众）“增长我的勇气和希望”。

师：对，这就是我上面提到的那句要你们认真理解的话。现在请你们回答，增长了“我”什么勇气，使“我”看到了什么希望？①

生：增长了跟反动势力斗争的勇气，看到了国家的希望。

师：好。那么，这“希望”是从哪里看到的？

生：从劳动人民身上看到的。

师：很好！“我”是个什么人，现在可以总结了。谁讲？

生1：“我”开始是个自私落后的人，后来从车夫身上看到了希望，成了关心国家命运的人。（好几个学生同时说：他本来就关心嘛。）

师：（问生1）你同意大家的话吗？

生1：同意。

师：谁还有补充意见？

生：“我”从劳动人民身上看到了希望，因此增长了勇气，决心去争取光明的前途。②

师：说得很有道理。看来，这件小事对“我”确实很有意义，恐怕意义不仅仅在于看到了劳动人民的优秀品质，那么意义还在哪里呢？

生：意义在于对国家的命运重新产生了希望。

生：意义在于使“我”不断克服自私的缺点。

① **沈**：文须字字作，亦要字字读。从“勇气”和“希望”入手，勾连本课重要话题“‘我’是个什么人”，趋近文本主旨，与文本相知、相通、相融。

张：钱老师想“方”设“法”，彻底“唤醒”了学生的探究欲，问题也就迎刃而解了。

② **钱**：引导学生自读课文的第四个步骤是定向问答。老师通过巧设疑问，步步深入地引导学生分析讨论了老女人、车夫和“我”这三个人物形象。主问题中穿插小问题，学生在不断的思考中弄清了三个问题：文章写了什么？是怎么写的？为什么要这样写？

师：我们谈它的意义，不能脱离当时的时代背景。在军阀统治、政治腐败的年代，作者使人们从一个普通车夫的身上看到了国家的未来和希望，车夫的高贵品质教育了像“我”这样一个要求进步、关心国家命运的知识分子，使“我”在看清自身弱点的同时能重新振作起来，所以，这件事虽小，但意义却很大、很不平凡。你们看，是不是？[①]

师：我再请你们思考一个问题：有人说把开头、结尾拿掉，就是一篇很好的记叙文，你们觉得这个意见怎么样？（许多学生在下面说：不行，不行。）

生：如果去掉了，就不能强调这件小事的意义了，所以不能去掉。

师：对。加上了现在这样的头、尾，就把“国家大事”与“小事”联系了起来，对照了起来，就更衬托了这件小事的意义重大，使人感到小事不小，意义不凡。[②]

师：这两堂课上下来，我感到同学们思维很活跃。很多问题解决得很顺利。你们自我感觉怎么样？

生：（齐）还可以。（众大笑）

师：（也大笑）这告诉我们一个道理：有些问题尽管是复杂的，但经过自己的思考是能够逐步解决的。这两堂课的实践说明，你们完全能自学。

师：课文学完了，请你们写篇文章：《谈谈〈一件小事〉中的“我”》。怎么个谈法，动动脑筋。谈的时候可不要忘记一条，想想，不要忘记什么？[③]

① **沈**：在教学的各个细节中，都能看到钱老师在阅读方法指导上的良苦用心。如抓文章关键字、词、句，或从写作背景、作者的写作意图出发谈“一件小事的意义”等，学生从整体上“还原”作品，很好地把握了文本意蕴。

② **钱**：呼应导读第二个步骤“审题”部分，使学生既加深了对题意的理解，又领会了文章结构安排之妙。

张：这就是钱老师所强调的瞻前顾后，勾连上下。

③ **钱**：读写结合，这是钱老师常用的教学方法。布置一次练笔，钱老师仍然扣住课文中的难点，要求学生通过作文，继续思考“我”是个什么人。

张：思“我”又是思我，既深化文本，又训练作文，兼思想教育，可谓一石三鸟。

沈：读写结合，回归阅读教学本真。“谈的时候可不要忘记一条”，不是随口之言，而是训练的重要抓手。

生：（齐）课文。

师：对！要以课文为依据，做到言必有据。这堂课我们上得很愉快，就到这里，同学们再见！

生：（齐）老师再见！

【研读感悟】

这是钱老师1984年7月5日应邀在南京市三中初一（4）班上示范课的实录。

如果你要说，这两堂课很平常，没有太多引人入胜之处，那我会说，你还没有领会钱老师“导读教学法”的精髓。

的确，这样的课是朴素的。正如钱老师不会用华丽的语言去诠释什么是“语文素养”，而只用几个关键词便阐明了什么是真正的“语文素养”：对母语的情感态度；语文读写听说能力；语文知识；文学审美趣味和能力；文化视野。这两堂“如话家常”一般的课，恰恰将上述语文素养融于其间，这正是母语课的魂魄所在。

传统的汉语文教育，具有其他语言文字无法比拟的优势，基于这种语言优势的积累、感悟、涵泳，是汉语学习的特点。文本的阅读，永远是语文教学的本质和主流，因此，字斟句酌，细嚼慢咽，在反复吟咏中求得理解的深入，这对于构建一个人的语文素养，提高审美能力，无疑具有重要作用。数十年来，钱老师正是在不遗余力地捍卫着汉语学习的优良传统。在《一件小事》第一课时的教学中，看起来只重点讨论了一个问题：老女人是真“摔坏”，还是“装腔作势”？第二个关于车夫的问题没有讨论结束，课堂容量似乎并不大；而且某些“新生代语文人”或许又会指责其“深钻巧挖，缝缝补补式的教学技巧”。然而，细细品味钱老师引导学生探讨上述问题的过程，我们更深切地感受到，语文学习的价值，不仅仅是知识与文化的传承，还体现于学生在学习过程中思维成果的创新与分享。例如，在老师的启发引导下，一位女生找出了“突然”“横截”“展开”“兜”等词，分析了“老女人”摔倒究竟是谁的责任。这种“深钻巧挖”不正是语文学习的魅力所在吗？我以为，这也正是我们要弘扬的语文教学的优良传统，用钱老师的话来说，就是“语文教学，魂兮归来！”

本书收录了钱老师在不同地方执教《一件小事》的两篇实录。前面一篇是钱老师在自己班级上课的实录。当时，这个班级的学生经过一年多的自读训练，他们的自读能力已进入了由“入格”到“出格”的临界期。学生根据自己的阅读体会，发现问题，设计问题，并自问自答。这两堂课钱老师组织学生讨论了四个问题：(1) 怎样理解课文以“一件小事”为题的作用？(2) 怎样结合文章的写作背景理解这件小事的重大意义？(3) 怎样理解“我”这个形象？(4) 怎样看待老女人“装腔作势”的问题？教师在整个教学过程中的作用是营造宽松的环境，随机进行必要的指点。学生的阅读自主性明显增强了。

而在本篇实录中，钱老师在学生自读课文的基础上，引导学生探究了三个主要问题：(1) 老女人是真“摔坏”，还是“装腔作势”？(2) 车夫搀扶老女人进巡警分驻所，是“自己惹出是非”“自讨苦吃”吗？(3) 有人说“我”是一个十足的自私自利者，“我”后来的转变太快了，是缺乏思想基础的，你同意这些观点吗？理由是什么？由于这是钱老师在南京借班上课，面对的是陌生的学生，因此教学过程中钱老师“导”的作用表现得更加明显一点，而学生思维的深度和流畅性与前一篇相比有所不及，这也是对教师教学智慧的更大考验。

对比钱老师两次执教《一件小事》的课堂实录，我们可以看到其教学中的“导读”，并非是“固守成规”的，而是依据学生阅读文本的具体情况不断作出调控。教师所确定的教学内容也有所不同，例如前一篇还附带讨论了鲁迅作品的语言表达问题，而后一篇则补充了《谈谈〈一件小事〉中的“我”》的课外练笔。整体而言，两篇实录可谓“殊途同归”，都取得了较好的教学效果。这也启示我们：教师的引导最终要落实到调动学生的学习积极性，帮助学生掌握读写规律和养成良好的读写习惯上，而导读的具体方法和策略则是灵活多变的。

（钱建江）

《睡美人》

执教：钱梦龙

品读：周志强（主持人）、刘志军、周　浩

（以下依次简称"周""刘""浩"）

经典回放

师：今天我们准备上一堂课外阅读指导课，这篇文章是我从课外选来的。我先问问同学们，你们课外看不看小说？看过小说的同学请举手。（看学生的反应）看来很多同学都看过小说。（问一个学生）你看的什么小说？长篇小说、中篇小说还是短篇小说？①

生：长篇。

师：短篇的呢？

生：不看。

师：（问另一学生）你看什么小说？

生：我看的是短篇小说。

师：你们听说过微型小说吗？（部分学生：听说过）今天我选的是一篇微型小说，它又称小小说。这种小说在现在的杂志上，比方说《知音》啊，《读者》啊，几乎每期都有。还有些微型小说的选本，同学们都可以找来看。微型小说篇幅短小，千字左右，两三分钟就看完了，同学们课外作业多，看微型小说不像看长篇巨著那样费时。所以我建议大家课外多读一些这种微型小说。今天我们就来看看微型小说有什么特

品读沙龙

① **周：**导入亲切，如拉家常。这就是钱老师倡导的师生平等的"交谈"方式。

浩：是啊，家常式的对话既拉近师生距离，又渗透阅读方法的指导，激发学生的学习兴趣。

点，应该怎样读微型小说。希望能引起同学们阅读的兴趣。现在请大家先为每个自然段编一个序号，这样比较方便讨论。总共多少自然段？①

生：（众）12 段。

师：对，12 个自然段。我再要问问同学们，你们在课外阅读的时候，碰到不认识的字或不了解的意思是不是就查字典？有没有这个习惯？有这个习惯的请举手。（无人举手）没这个习惯的请举手。（大部分同学都举手）看来大家都没有这个习惯，不过没关系，习惯可以慢慢养成嘛。我再问问大家，你们有没有上网去搜索一些资料，或者碰到什么疑问到网上去求得解答的习惯？有这个习惯的请举手。（大部分同学都举手）很高兴大部分同学都有这个习惯。（指一学生）你是怎样上网搜集资料的？②

生：上百度敲入一些需要查找的资料的关键词，然后一搜，上面能显示出一些我需要的资料。

师：有一个“百度常用搜索”，你用过吗？

生：好像没用过。

师：它跟百度是两个系统。这是一个很有用的搜索引擎，它有百科辞典，有汉语字典、成语词典、英语词典等，还有很多其他实用的搜索工具。我建议大家回去试试看。③看来电脑在你们的手中，已经不是一台游戏机，而是一种重要的学习工具了，我很高兴！④现在我们就来看看这篇《睡美人》，首先要了解“睡美人”是什么意思。

① **周：**以“短”诱之，学生学习的欲望由此产生。
浩：课堂教学遵循由浅入深、由易入难、逐步深入的规律。

② **周：**细细地询问，正体现了钱老师“教会学生读书”的指导思想。
浩：细小的教学环节体现了对学生学法的切实指导。

③ **周：**年近八旬而能紧随时代。教师的这种“时髦”，消弭代沟，搭建起亲切平等的交流“桥梁”，贴切地进行着自读方法的指导。

④ **周：**不失时机地鼓励，给贪玩的孩子一个提醒。这种正面的强化容易奏效。

这会儿你们当然不可能上网搜索，下面我把我的搜索结果跟大家共享一下。① (课件展示，让一学生站起来读。)

生：《睡美人》取材于法国作家贝洛的童话，是柴可夫斯基继《天鹅湖》之后创作的第二部经典作品。故事梗概：美丽的奥罗拉公主受到邪恶的巫婆卡拉沃斯的诅咒，在16岁时被纺锭刺伤手指而死，代表智慧和善良的仙女里拉用魔杖赶走了巫婆，并救活了奥罗拉公主，但必须以公主和她的王国沉睡100年为代价。100年以后英俊的王子菲利浦打猎经过城堡，受到里拉的指引，来到了安睡在卧榻上的公主前面，又受到里拉的指示，轻轻一吻，唤醒了沉睡100年的奥罗拉公主。

师：你们看，《睡美人》是一个很美丽的童话故事，柴可夫斯基根据这个故事创作的这部芭蕾舞剧，是一部经典的芭蕾舞剧。同学们如果要进一步追究的话，还可以查一查芭蕾舞剧是一个什么样的剧种，柴可夫斯基是怎样的一位作曲家，这在百度的百科辞典里都可以找到的。网络真是一个无所不有的丰富的世界！我还搜索了几张《睡美人》的漂亮的剧照，请大家欣赏一下演员们优美的舞姿。② (课件展示)

师：这三张剧照，记得好像都是乌克兰芭蕾舞剧团到中国演出时拍摄的。第一张是菲利浦王子吻醒奥罗拉公主，第二张是奥罗拉公主的独舞，第三张是奥罗拉公主和菲利浦王子的双人舞，你们看奥罗拉公主的舞

① **周**：老师的“共享”，是最好的示范。

刘：一个酷爱学习、热爱新事物的老师，怎么会不受学生的欢迎呢？

② **周**：把握好课外延展的“度”很重要。如老师此时再来介绍柴可夫斯基和芭蕾舞，则大煞风景了！

刘：是啊，点到为止，引而不发，反倒激发了学生课后学习的兴趣。

浩：如何把握教学收与放的“度”，钱老师给我们作了很好的示范。

姿多么优美，这篇小说里用“典雅雍容”“飘洒翩跹”来描写她的舞姿，是很准确的。[①]现在先请同学们各自把小说读一遍。读小说一般从两方面入手（板书：理清故事情节，感知人物形象）。首先是了解它讲了一个什么故事；其次，看看它描写了什么人物，这些人物具有什么样的个性特征，作者是怎么来描写的。我们读小说一般从这两方面入手。现在就请同学们自己读，先看看它写了个什么故事。[②]（学生自读）

师：看好的同学请把头抬起来，让我知道大家都看好了。（稍停）我们来说说看，小说讲了一个什么故事？要用简单的话把它说清楚。我们来作一个课堂调查：凡是说不清这篇小说讲了什么故事的同学，请举手。（看了学生的情况）没有啊。那好，凡是能够说清楚的同学请举手。（学生大多举手）有几位同学两次都没有举手，是一个什么状态呢？（笑）其实说对也好，说错也好，重要的是大家都必须有信心说。我们再来一次，现在为止还说不清什么故事的请举手。（看学生反应，有几个学生举手）噢，还有五位同学缺乏自信。这不要紧，现在说不清，我们学了以后自然会说得清的。现在我想测试一下同学们对故事的理解程度。先看小说第1自然段，我们请一位同学先读一遍。[③]（一学生读第1自然段）

师：正是在音乐响起，演出马上就要开始的关键时刻，突然怎么了（课件展示）？A角“失踪”了！注意，“失踪”有一个引号，

[①] **周：**多媒体技术的辅助作用恰到好处。
刘：是的，和钱老师的描述互为补充，相得益彰。

[②] **周：**提纲挈领。不是着眼于这一篇，而是着眼于这一类。这体现了钱老师的语文教学思想。
刘：不同的文体有不同的读法，授之以渔，让学生举一后能反三。

[③] **周：**老师能时刻关注学情，并相应提出明确的要求。
浩：幽默是课堂上师生进行有效互动的润滑剂。
刘：课堂主体是学生，而非“唱独角戏”的老师。

为什么要加引号？知道的请举手。（看同学举手的不多）那我要问问（指一个没举手的学生），你怎么不知道呢？

生1：因为她没有真正地失踪。

师：原来你还是知道的。（笑）你怎么知道她没有真正地失踪？

生1：因为“失踪”加了引号，所以是没有失踪。

师：你得从文本的其他地方找到根据，不能用这个问题本身来回答这个问题。

生1：不知道。

师：谁来帮助她一下？（指另一学生）

生：第11到12自然段：“忽然，她的目光在某一观众席上凝滞了——A角正微笑着坐在那儿鼓着掌……”最后两句话，前面如果A角“失踪”是个谜的话，那么谜底就在这儿揭晓。

师：（向生1）请你把这个句子也读一遍。

生1：（读）“忽然，她的目光在某一观众席上凝滞了——A角正微笑着坐在那儿鼓着掌……”

师：对了，现在知道了吗？

生1：知道了。①

师：刚才你自读的时候怎么没看到这句话呢？

生1：看到了，只是没有前后联系起来想。

师：读文章要“思前想后”，这是一种很重要的阅读方法，以后可要注意哦！②（生1点头）请大家再进一步思考，A角为什么要这么干？③

生：A角要给B角一个展示的机会。

师：理解得很好啊，前有“失踪”，后有A角在

① **刘**：关注全体学生，让每位学生发现自己的价值。

② **周**：这一环节循循善诱。老师善于从细节处入手，教给学生读书的方法。

浩：紧扣文本，抓住细节，正是“最语文”的教学方法。

刘：一个貌似不起眼的点拨，衍生了无限精彩。

③ **周**：这一问高明！学生容易有不同的答案。唯其不同，才有思维的碰撞。

浩：教师恰当抓住作品中的“留白”，为学生插上了想象的翅膀。

观众席上鼓掌，前后照应。从A角的“失踪”到“鼓掌”（板书：失踪—鼓掌），这里面包含着很多的故事啊。请回忆一下，当你们读到最后一句话，看到A角在那里鼓掌的时候，你们有什么感觉？

生：我觉得那个A角挺伟大的，能够把这次重要演出的机会让给B角。

师：说得很好。他看出了A角伟大的地方，A角把这次难得的机会让给了B角。还有什么故事吗？大家再想想看。①

生：我觉得是A角想要让导演发现B角的才能。

生：我觉得A角非常善良，她放弃自己成功的机会，把它让给B角，她是一个非常伟大而善良的人。

师：哦，伟大而善良的A角！

生：我认为是为了打破导演对B角的偏见。

师：说得好极了！②导演有偏见，遮蔽了他的眼睛，使他没有发现B角的艺术才华。谁还能说出一点道理来？

生：我觉得可能是A角看出了B角对男A角的爱情。

师：这位同学的想象力是够丰富的。他们之间有没有爱情？小说里写了他们有爱情吗？

生：写了，但“相爱”也是加了引号的。

师：噢，也是加了引号的爱情。剧中奥罗拉公主和菲利浦王子是有爱情的，但是演员之间有没有爱情，那是他们的隐私，我们可不知道！③（笑）同学们，这个故事从“失踪”到“鼓掌”，它的背后却隐藏着一个关于A角的动人的故事。它不在文字的表面，

① **周**：始终抓住“有很多故事”这个话题来展开讨论，课堂因之而趣味无穷。
刘：用想象来再造作品，从而更好地理解作品。

② **周**：请注意老师的评价方式和语气的变化。这对调节课堂气氛的作用不可小觑。

③ **周**：精彩的钱氏幽默！
浩：幽默的人总受欢迎。适时幽他一默，助推教学妙境的出现！

而在文字的背面。这就告诉我们读文章要注意两个方面，一个是文字的表面信息，还有一个是隐藏在文字后面的东西。想想看，叫它什么好？

生：内含信息。

师：好，就称它为内含信息吧。[①] 有人读文章只注意文字的表面信息，而不往深处想一想。没有注意在表面信息的后面还有很多丰富的内容。我们读到最后两句话有种什么感觉？

生：（七嘴八舌）恍然大悟。出乎意料……

师：对，有一种出乎意料的感觉，但是又在情理之中。有一句话叫作“出乎意料，又在情理之中”。你们听说过没有？

生：（部分）听说过。

师：这里就可以看出微型小说的一个重要特点，什么特点？谁能说？

生：结尾“出乎意料，又在情理之中”。

师：说得对，微型小说大多有出乎意料的结局，往往用巧妙的构思，引人入胜，到结尾时造成一种使读者感动、震撼的效果。根据同学们刚才的讨论，我们可以总结一下了。（课件展示，请一学生朗读。）

生：优秀的微型小说都能以精巧的构思、出人意料的结局给读者留下想象的空间和回味的余地，从而产生以少胜多的艺术效果。美国著名评论家罗伯特·奥弗法斯特认为，微型小说应当具备这三个要素：1. 新颖奇特的构思；2. 相对完整的情节；3. 出人意料的结尾。[②]

[①] **周：**相信钱老师有自己的定义，但他不强加给学生，这是对学生主体地位的充分尊重。

浩：课堂教学不是为了让学生简单地记住某个结论，而是在师生共同探讨中培养学生思与悟的意识和习惯。

刘：不轻易否定学生的结论，是对孩子学习兴趣的保护。

[②] **周：**让学生读幻灯片给出的结论。这何尝不是书面表达的一次示范呢！

刘：多媒体再次登场，简洁明快。

师：微型小说篇幅短小，往往通过巧妙的构思，做到“以少胜多”。这篇小说做得很成功，充分体现了微型小说的特点。看来同学们对微型小说已经产生了兴趣。现在我们再来作一个调查：对这篇小说的故事还有说不清楚的同学请举手。（没有人举手）那我们反过来，能够说清楚的请举手。（全班举手）很高兴，百分之百的同学都能说清楚了。① 那我们下一步做什么工作？

生 2：讨论这篇课文。

师：刚才就在讨论这篇课文呀！谁来帮助他说准确？（指另一学生）

生：感知人物形象。

师：对了，两件事嘛。刚才我已经交待了读小说要做两件事。你（指生 2）怎么忘了？② 好，我们来看看这篇小说写了几个人？A 角、B 角、男 A 角和导演。主要人物是谁？（众：B 角）为什么说 B 角是主要人物呢？A 角很重要啊，导演也很重要啊。你们是根据什么来判断的？③

生：因为描写她的笔墨比较多。

师：描写导演的笔墨也不少啊！

生：主要描写的是 B 角的事。

师：不要光看描写的多少，还要找出更有说服力的理由。

生：因为 B 角的形象是贯穿全文的，在每一个细节都可以找到 B 角。

师：说得好，但 A 角虽然着墨不多，其实从她“失踪”到最后“鼓掌”，她的故事也是贯

① **周**：用检查教学效果来结束这一环节。课堂，是共同进步的舞台。

浩：课堂教学需要这种巧妙的“前后呼应”，使教学思路更加清晰，教学目标更加明确。

② **周**：及时提醒，点出学生的逻辑问题，培养其听课的好习惯。

刘：不错，钱老师无时无刻不在关注学生的表现。学生有收获，教学才成功。

③ **刘**：期待钱老师如何来突破教学的难点。

穿全文的。大家再看看能否从文章中找出更有力的根据来支撑你的观点，那么就更有说服力了。①

生：因为文章中有一句话："而B角，这位现实生活中的'睡美人'，恰似许多沉睡着的美；她，春花怒放了！"B角正是一位"睡美人"，小说的题目也是"睡美人"，体现出她是小说的主人公。

师：这位同学真是会读书！②B角就是生活中的"睡美人"啊！有的同学也知道，但只是模模糊糊地知道，不能从文本中找出根据。过去我教我的学生，要求做到两句话，一句是"言必有据"，就是发表意见一定要有根据；另一句是"手不离书"，就是要在文本中找根据。刚才那位同学就从文本中找到了根据。现在请同学们手里拿支笔，把文中描写B角的句子画出来。看B角是一个什么样的演员，然后归纳一下。③

（学生看书）

生：B角是一个倔强和执着的人。

师：你怎么知道她倔强和执着的？

生：文中第7段写道，"由于她的倔强"，后面还有"由于她的执着"，从她的表演也可以看出来她把美丽隐藏在最后。所以我觉得她是一个倔强和执着的人。

师：好，"她把美丽隐藏在最后"，这句话说得好。④

生：我认为她是一个自信、坚强、懂得把握机会的人。

师：根据呢？

① **周：**质疑、点拨，是钱老师最擅长的激趣手段。
刘：同时，还教给学生科学的阅读方法。

② **周：**把热情的赞赏给有自己发现的学生，这将会产生良好的激励效果。

③ **周：**过渡极自然。下面紧扣人物特征来讨论。
浩：教学不仅是师生互动讨论的过程，更是学生潜心读书、独立思考的过程。

④ **刘：**善于倾听学生的教师，表扬起来才能入耳入心。

生：因为她第一次和男A角搭档，并没有怯场，对自己的才能很自信。

生：我认为她是一个只要去做就一定要做好的人。

师：你从哪里看出来？

生：透过对她舞姿的大量描写。（朗读课文中描写她舞姿的段落）

师：对，舞姿非常优美，她第一次和男A角搭档就配合得天衣无缝。看看谁还能讲出些什么来，不要重复别人的。

生：她很爱自己的职业。

师：那这叫什么精神？[①]

生：敬业精神。她虽然没有和男A角配合过，但是只要能让她在舞台上演出，她就能把自己的美丽绽放出来。就像第5自然段写的那样："她巧妙地把音乐的颤动和光影融汇在一套芭蕾舞的语言里了……"她能把自己的美呈献给观众。

师：你说得很好，"敬业"这个词用得很准。除了她举的演出的例子以外，还能不能从别的细节看出她的敬业来？也许只有仔细读书的人才能发现。[②]

生：第2段里说："突然，他（导演）的手指向了端坐在一边的B角：'你上！'"这里有一个"端坐"。

师：啊！找得非常正确！请说出你的理由来。

生：我就是觉得一般演出的时候B角很少有机会上台，而她却认认真真地坐在那里，充分表现出她非常敬业。

师：是呀，如果不是一个敬业的人，那么在不

[①] **周**：使学生的表达更精准。
浩：指导学生规范表达自己的观点。这就是有效的语文训练。

[②] **周**：钱老师这招，就叫"请将不如激将"，妙！
刘：也给我们解释了为什么钱老师的课堂上学生的思维总是那样活跃。

是她演出的时候很可能就随随便便地走来走去，但她却端端正正地坐在那儿，作着随时都可以上场的准备。这位同学能从这很普通的、往往被人忽略的词，看出它后面隐含的信息，书就该这样读。① 好，这堂课的时间差不多了，最后我们再来看一段名言。（课件展示）哪位同学给大家读一下？

生：美到处都有，对于我们的眼睛，不是缺少美，而是缺少发现。——罗丹

师：我们就用罗丹的这句名言作为我们这堂课的总结，我们要练就一双善于发现美的眼睛，要像小说中的A角那样能够发现身边的美；我们读书也是这样，要善于发现文字的美。最后让我们有感情地齐声把这篇小说再读一遍。（生齐读）

师：同学们如果对微型小说已经产生了兴趣的话，建议课外去找一本书来读读，书名叫"心灵的颤音：感动中学生的100篇微型小说"，还有一种月刊叫"微型小说选刊"，也可以读读。这堂课就上到这儿，谢谢同学们的合作！②

（下课）

① **周**：结束前的这个亮点，难道不是老师的点化之功？这位学生的发现，对其他同学学会读书，有积极的借鉴意义！

浩：是啊，"端坐"一词的讨论把本堂课推向高潮。

刘：这样的引导，实在是妙绝！

② **周**：得法课内，得益课外。语文之道也！

刘：钱老师的课，总是言有尽而意无穷。课堂的韵味，源于他对语文的理解。

浩：激发学生的阅读兴趣，使其养成终身学习的好习惯，正是语文教学的真谛所在！

【研读感悟】

这是一堂普普通通却又精彩纷呈的阅读指导课，它给我们的启示很多很多。

钱老师常说，自己只是初中学历，但能够成为一名算是合格的中学语文老师，全得益于自学。因此，让学生自己学会读书，就成了他一生不懈的追求。

课外资料的查阅是自学的一般要求，从学生的反应来看，他们还没有查阅

字典的习惯，这里的引导就显得十分必要。剧情的概述，剧照的展现，知识的延伸和拓展开阔了学生的视野，有关百度操作的介绍也会在学生的脑海里留下深深的印象。

这堂课，钱老师紧紧抓住微型小说的特点进行指导，教学围绕情节和人物展开。如何了解情节，怎样分析人物，要从小说的语言品读入手。不仅是某一个词语，还要瞻前顾后；不仅要看到词语的表面信息，还要探究其隐含信息。词语的选择更是十分精妙，简直是震撼！只“失踪”和“鼓掌”两个词的细细品味，就让微型小说“新颖奇特的构思、相对完整的情节、出人意料的结尾”的特点充分地、准确无误地显现在人们眼前。这是艺术，它给人以愉悦的享受。

课堂的生成很精彩。特别是结尾处的“端坐”的发现，尤令人称赏。就像微型小说的结尾常常出人意料一样，这堂课的结尾水到渠成地出现了这样令人击节赞赏的高潮。阅读指导在于点拨，绝不面面俱到，条分缕析；点拨必须精要，不能蜻蜓点水，浅尝辄止。一个“端坐”让人物形象尽显。粗疏中有细密，细密中见深意。这当然得归功于老师深厚的教学素养。

这堂课，老师对学情的关注是特别注重的。老师多次课堂调查，面对实际情况，老师或提建议，或谈看法；或期待，或赞赏……循循善诱，既结合具体的问题，又着眼培养习惯。钱老师的特点，就在于他善于让学生暴露出问题，也善于让学生展现出才华。

因材施教，因势利导，而能游刃有余，这是最高的教学智慧。

我们有些老师上公开课，最苦恼的就是确定要教什么，总希望要教出新意。但新意怎么可能一直挖掘得出呢？看看这堂课，老师对教学内容的重构是常态化的。一篇微型小说该怎么读，它的特点是什么，这是很基本、常识性的内容。但是老师认为的常识，并不一定是学生已经掌握的常识。教什么，当然是重要的，但似乎不必苛求老是求新。

其实怎么教，很多时候显得尤为重要。你看钱老师的教学过程，通过老师的“导”，实现了学生自主的“学”；通过实实在在的思维训练，实现学生语文习惯的养成。这恰恰给我们一个很好的启示：过程，或许才是真正的课堂教学的意义所在。

启示还有很多……

随心所欲不逾矩，看似无招胜有招。以此感悟钱老师的这堂课，或许是恰当的。

（周志强）

【原版课文】

睡美人[1]

佚　名

清丽、优美的芭蕾舞剧《睡美人》的序曲奏响了。可是扮演公主奥罗拉的A角却“失踪”了。

砰！化妆间的小门开了，一名女演员朝回过头来的导演一耸肩：“找遍了，哪儿也没有。”导演阴沉着脸，心中紧扣着的一线希望也随着这声响给绷断了。突然，他的手指向了端坐在一边的B角：“你上！”

B角激动地站起身，双手抚摸着短裙，眼里闪着倔强和自信的光。只见她，踮起脚尖，一个优雅的旋转，轻盈地提着舞裙，飘然来到台上……

导演余怒未息。A角有丰富的舞台经验，和扮演王子菲利浦的男A角又是老搭档，今天的汇报演出正是胜败定局的关键，万一B角腿一软……他不禁打了个冷战。

……B角在追光下独舞。多么典雅雍容的舞步！多么飘洒翩跹的舞姿！她巧妙地把音乐的颤动和光影融汇在一套芭蕾舞的语言里了……

英俊的王子出现了。两人在月光如水的舞台上跳起了双人舞。导演紧张地眯起了眼。这是最令人担心的，B角和男A角是第一次同台演出。奇怪，导演的眼前，B角分明已被爱情拥托而起，漂浮在浪花之上，展开着白色的双翼；她手臂的姿势犹如玫瑰花瓣的开放；她的双脚和着音乐的踩踏，宛如树叶飘然落地。她和男A角的搭档堪称天衣无缝！

---

[1] 钱梦龙老师执教的这篇课文选自《心灵的颤音——感动中学生的100篇微型小说》，九州出版社2004年9月第1版。选用时略有改动。

导演的拳头松开了，他暗暗惊讶，我平时怎么会没有发现呢？是由于她的倔强和顶撞？是由于她的执着、自信大于技巧？是我对女A角的偏爱所形成的偏见？还是……

……B角弯曲着双腿，柔软的身体在向地面倾倒。

……哀怨、激昂的主题乐如泣如诉轻扣观众心扉。一个个音符，飘坠在导演的心湖上，泛起圈圈涟漪。B角不是曾经要求和男A角搭档吗？而我却用“A”“B”角这道坚固的厚墙将一对“相爱”的人隔开，导演了一出“悲剧”！

……醒了，奥罗拉醒了！安睡了一百年后，由于菲利浦纯真的爱情，她，死而复苏了！而B角，这位现实生活中的“睡美人”，恰似许多沉睡着的美；她，春花怒放了！

“哗……”，忽然，剧场里响起了热烈的掌声。B角噙着泪，微笑着向观众躬身回礼；忽然，她的目光在某一观众席上凝滞了——

A角正微笑着坐在那儿鼓着掌……

《驿路梨花》

执教：钱梦龙

品读：居文进（主持人）、汤丽萍、陈汝虹

（以下依次简称“居”“汤”“陈”）

经典回放

第一课时

师：今天我们学习《驿路梨花》（板书课题）。我已经布置同学们自读了，自读的第一个要求是找词语，现在我们就来交流一下。请大家把词语提出来。①

生：陡峭——形容山势直上直下。

生：迷茫——迷迷糊糊，看不清楚。

师：你说说看，这两个词可以用来描写什么？

生：描写山，描写暮色……

师：回答得好。还找了哪些词语？

生：简陋——简单、粗陋。

师：在课文里，这个词是形容什么的？

生：是形容大竹床的，其实也可以描写小茅屋。（学生又陆续找出了一些词语，接着老师也提出了“篾”“撵”“挨”“菌”等字，检查学生掌握字词的情况，学生都作了圆满的回答。）

师：同学们，你们自读的第一步走得很好。大家找了很多词，这些词本来是老师准备要给你们讲的，现在你们都自己找出来解决

品读沙龙

① **居**：自读有明确的要求，且从词语入手，这是进行严而有“格”训练的良好开端。

陈：阅读训练首先须引导学生“入格”。词语这个“格”抓得好！

了，而且解决得挺好。我相信同学们一定能学好这篇文章。[①]

师：下面，我们怎么来学习这篇课文呢？我想先请几位同学来朗读一下课文，然后请你们回答我：你们喜欢这篇课文吗？无论喜欢不喜欢，都要讲出道理来。[②] 听清楚了吗？好，就请几位同学来读。

（分别请学生起来朗读课文）

师：现在请大家回答我的问题：你们喜欢这篇课文吗？为什么？大家可以随便谈，我是没有什么标准答案的。[③]

生1：我喜欢这篇文章，这篇文章能引人入胜。

师："引人入胜"——好！大家听，他（指生1）的语言挺丰富的。你能不能具体说一说，为什么这篇文章引人入胜呢？

生1：这篇文章先写了"我"和老余投宿，无意中发现了小茅屋，又在无意中遇到了瑶族老人。从瑶族老人那里知道了茅屋的主人是梨花姑娘，在第二天早晨，无意中又把梨花姑娘的妹妹——哈尼姑娘——当作梨花姑娘……

师：等一等，你们知不知道哈尼姑娘的名字叫什么？

（学生一时语塞）

师：是不是叫"哈尼"？

生：哈尼是个民族的名称。

师：对了，哈尼不是小姑娘的名字。我看见有的同学在自读时编写的提纲中，写成"小姑娘哈尼"，这样的写法对不对？[④]

生：（齐）不对。

① **居：**自读交流环节充分凸显学生的主体作用，找词语，说词意，教师随机点拨，强化感知，词语教学扎实有效。

汤：对！这样既提高了学生对词语的敏感度，也增强了学生独立掌握词语、猎取知识的自信心。

陈：借此也了解了学情。

② **汤：**问题看似宽泛，却正好可对学情继续来个"火力侦察"，设计大胆开放，好！

居：且要求学生言之有据，这是良好学习习惯的培养！

陈：读与说结合，让学生有自己的阅读发现。

③ **居：**"没有标准答案"，闲话不闲。

陈：对。充分相信学生，营造民主平等宽松的对话氛围。

④ **居：**见缝插针，及时纠错，这一"点"很必要。

汤：是啊，钱老师早已胸有成竹。

师：好，你接着讲。

生1：后来才知道这小茅屋是十年前过路的解放军造的。我在读的时候就一直想往下看，这小茅屋究竟是谁造的，所以我说这篇文章很引人入胜。①

师："引人入胜"，讲得很好，这四个字用得非常恰当。还有谁发表意见？

生：我也喜欢这篇文章。这篇文章自始至终都是围绕"梨花"来写的，中心非常突出。

师：讲得非常好！还有人要说吗？好！你也想说……

生：我认为这篇文章很有特色……

师：好哇，他的语言也挺有特色的……（笑）

生：这篇文章很有特色，主人公梨花姑娘并没有出场，但我读完文章后，梨花姑娘的形象就像在我的面前一样。

师：（笑着连连点头）你看到这位小姑娘了？

（学生点头，笑。）

师：喔，看到了！想象力很丰富。我们读文章就是要这样，读到写景的，眼前就要出现相应的景象；看到写人的，我们就好像看到这个人，听到他的声音，这就叫作想象力。有时要闭眼想一想。你们闭过眼吗？（众笑）我们读文章，这个很重要。②还有谁说？

生：我也喜欢这篇文章。这篇文章，含意很深，表面上写"驿路梨花处处开"，实际上是写雷锋精神之花处处开放。③

师：这位同学讲得好，讲得好极了！——文章含意确实很深。有没有不喜欢的？（环顾

① **居**：指点的"火候"掌握得好，学生的"倾吐"欲望被激活，整体感知了课文内容，概括能力得到了锤炼。
汤：学生的表达几近一气呵成，老师只作精要的点拨，"主体"和"主导"相得益彰。
陈：教师善于抓住良好的教学契机，让学生生成课堂的精彩。

② **汤**：阅读，不仅要让学生读懂，更要让学生会读，这里顺势而点，恰是画龙点睛。
陈：阅读呼唤想象力！钱老师深谙语文教学的规律。

③ **居**：师生、生生对话有效展开，在思维的碰撞中不经意间"触摸"到了课文的中心。

一下）没有。告诉大家，老师也很喜欢这篇文章。刚才这位同学说“引人入胜”，讲出了大家共同的想法。的确引人入胜，看了前面的就想看后面的。这小屋究竟是谁造的？故事一环扣一环，最后才知道这小茅屋原来是路过的解放军造的。梨花有没有出场？始终没有出场。但我们眼前就好像活动着这一位热心为大家服务的、天真可爱的哈尼族小姑娘。①

文章确实写得很好。不知道你们有没有这样的习惯：看到了一篇好文章，总希望把它介绍给别人，让别人也爱上这篇文章。比如这篇文章，就很值得介绍，你们知道为什么吗？

生：让大家都来学习这位哈尼族的小姑娘，发扬雷锋精神。

师：说得很对。如果我们把这篇文章讲给别人听，让大家也爱上这篇文章，从中受到教育，为之感动，那我们做了一件什么工作呢？

生：宣传了雷锋精神。

师：对，这就不仅教育了我们自己，而且教育了别人。你们看，那一篇文章的作用就大了。不过要介绍得好，还得有点能力。今天，我们就来培养这种能力。②

师：要介绍一个故事，首先要了解这个故事的基本精神。你们看，这个故事的基本精神可以用文章中的哪一句话来概括？（大部分同学都举了手）喔，同学们都找到了，是哪一句？

生：“驿路梨花处处开”。③

① **陈**：简要梳理归纳，及时巩固，自读的检查到此告一段落。学生基本把握了课文的内容、主旨。

居：教师引导得法，学生学得轻松。

汤：课堂教学布局精细，层次井然。

② **居**：唤起阅读体验，激起复述欲望，暗含训练，巧妙！

汤：同样是“说”，方法、要求、意图却不同，这才是真正的训练有方。

陈：在训练的过程中潜移默化地进行了情感的熏染，这正是“语文的方式”。

③ **居**：抓住“教眼”，直捣黄龙，这是在了解学生基础上的大手笔。

师：（板书：在课题“驿路梨花”后加上“处处开”三个字）我们看看“梨花”在这篇文章里包含哪些意思？文章开头说的“梨花”是指什么？中间出现的“梨花”是指什么？课文最后说的“梨花”又指什么？①

生：开头写的“梨花”，是指自然界的一种花。

师：你看到过梨花吗？什么颜色的？②

生：看到过，是白色的。

师：白色的梨花，给我们一种怎样的感觉？

生：洁白。

师：对，洁白、纯净、美丽……（有同学打断老师的话，举手表示有话补充）噢，你说。

生：洁白无瑕。

师：好，洁白无瑕！同学们掌握的词汇很丰富。那么中间的“梨花”是指的什么呢？

生：是指哈尼族的小姑娘。

师：对，是指老猎人介绍的那位哈尼族小姑娘梨花。最后“驿路梨花处处开”，这个“梨花”是指什么？

生：象征雷锋精神。

师：理解得很好。（亲切地）坐下，坐下。那么为什么说“处处开”呢？从文章里找根据。

生：因为解放军造这小茅屋是为了照顾过路的人。后来解放军走了，梨花姑娘就来照料这小茅屋。她出嫁以后，她妹妹继续照看。还有过路的瑶族老人，“我”和老余都学习雷锋，为小茅屋做了不少加草修葺的好事，所以说驿路梨花是“处处开”的。

师：对，说明大家都在学习梨花姑娘，学习解放军，学习雷锋精神。那么这句话可以说

① **陈**：由句到词，转换自然。聚焦探究，层层剥笋，显得有章有法。
居：“梨花”是全文的主线，扣题导读，一唱三叹！

② **汤**：调用生活积累，为下面的教学巧设伏笔。

成“雷锋精神大发扬”，是吗？[①]

生：是可以的。

师：那我们就把最后一句“驿路梨花处处开”改成“雷锋精神大发扬”，好不好？为什么？

生：当然是书上的这一句好。“驿路梨花处处开”比“雷锋精神大发扬”这句话意思更深。

师：为什么更“深”呢？讲讲道理看。

生：（开始有点支吾）……这两句话看来意思差不多，但“驿路梨花处处开”富有诗意，可以让读文章的人进一步去想。

师：嗯，有道理，因为深，我们就去思考了。请说下去！

生：这篇文章题目是“驿路梨花”，以花喻人，以人比花，用“驿路梨花处处开”富有诗意，比直接说“雷锋精神大发扬”更好。[②]

师：（赞赏地）很好，很好！你说的中间有四个字，我非常欣赏，你再说一遍给大家听听。

生：以花喻人。

师：你看，讲得多好啊，“以花喻人”（板书），我们看到了花，就想到了梨花姑娘，就如看到了眼前怎样的梨花啊？

生：（齐）洁白无暇的梨花。

师：梨花美不美啊？

生：（齐）美！

师：梨花姑娘呢？

生：（齐）更美！

师：更美！你们比我想得好！我想的是“也美”，你们想的是“更美”，你们比老师强！（众笑）梨花姑娘更美，是她长得漂亮吗？

① **居：**看似故意示错，引生入彀，却为学生自悟自得创设了良好的学习情境。

汤：让学生从比较中领悟文章的妙处，这一问题提得好！

陈：梨花的特点一一揭示，但教师没有将“以花喻人”的抽象概念灌输给学生，“当行则行，当止则止”，让学生在适当的时机自己说出来。

② **汤：**学生的思维深入了一层，捕捉到了人和花的内在联系，领悟到了文本主要的表达特色。这是有效对话的充分体现。

生：不是。

师：那是什么呢？

生：（齐）心灵美！

师：好极了！写了梨花姑娘的心灵美。“驿路梨花处处开”，这一句诗使我们想得深，想得多，想到了一片洁白无瑕的梨花，想到了梨花姑娘，想到了人们的心灵美。同学们对这篇文章的精神理解得非常好，比老师预料的要好得多。这就是对中心思想的理解。①

师：下面我们来讨论一下怎样把这个故事讲给别人听。这篇文章一个故事引出一个故事，故事中又有故事，我们用什么方法来帮助自己记住呢？②

生：分段。

生：列提纲。

师：我讲故事有一个习惯，那就是抓住故事发展中的几个要点来列出提纲。现在时间到了，下一堂课再请大家发表意见。

第二课时

师：要列出情节提纲，就要准确地抓住故事发展中的一些要点，我相信这一堂课一定能上得更好。③先看故事开头，我们可以抓哪一点？

生：深山发现茅屋。

生：发现茅屋，准备投宿。

生：急于投宿，发现茅屋。

师：你的表达更准确。现在把大家说的编一编，编成了这样七个字“深山投宿见茅屋”。（板

① **居**：对叙事情节相对繁复的文本，先抓“精神”，用以串起相关的人与事，有利于学生对文本的整体把握。

汤：紧扣中心句进行比较品味，学生“咀嚼”出了词句背后的“个中三昧”，智慧得到生长。

陈：同时，我觉得教师真诚的鼓励、充分的肯定也助推了学生灵动表达的热情。

② **陈**：先悟后讲，重视复述方法的渗透，教学思路有条不紊。

③ **居**：当讲则讲，要言不烦，为全课定调。

陈：训练“抓要点”，目标交待清晰。

汤：对学生的信任激发学生无限的可能。

书：深山投宿见茅屋）[①] 如果分段的话，该分到哪里？

生：我认为该分到“这是什么人的房子呢？”

师：下面讲的什么？

生：“我”和老余进去了。

师：那第二个要点该怎样编？

生：走进茅屋，看见陈设。

师：还用“看见”吗？编提纲要讲究用词。[②] 这个问题暂时放一放，大家先想一想，要讲好这个故事，这一部分要不要讲得详细点儿，讲得好一点儿？[③]

生：要。

师：为什么？

（学生思索，一时答不上来。）

师：（进一步启发）是谁叫“我”和老余进去的？

生：小屋门上写的字——请进。

师：这字是谁写的？

生：是梨花姑娘写的。

师：他们进去了又怎么样呢？（有两位同学举手）这两位同学思维很敏捷。（又有几位同学举手）啊，你们都很聪明。好，就你说。

生：小茅屋里安排得井井有条……

师：“井井有条”这个词用得十分确切[④]，再说下去。

生：梨花姑娘为过路人想得挺周到的，所以要说得详细一点，说得好一点。

师：说得对！这一部分正可以表现出这位哈尼族小姑娘的一种高贵品质，她为过路人想得多周到啊。我们讲这个故事的时候对有些词要特别注意，大家说说看这一段里哪

[①] **居：**因势而导，“扶翼”及时，帮助学生整合文本关键信息，训练概括能力。

[②] **陈：**语文教学不离语言锤炼。

[③] **居：**这一“曲问”问得好，把学习的主动权始终交给学生。

陈：的确不错。引导学生从能概括到善概括，这一问成为开启学生智慧的锁钥。

汤：教师对“复述”故事不仅有用语要求，还有详略要求，训练严格。

[④] **居：**教师点评准确到位，自然承接下面词语的品读，很佩服钱老师随机点拨中的敏锐感觉。

些词最能写出这位哈尼族小姑娘处处为过路人着想。

生：屋里有干柴，有米，有盐巴，有辣子。

师：你看，想得多周到啊！柴是“干”的[①]，有米，有盐巴，连辣子也准备好了，辣子可以下饭啊。还有没有？

生：有厚厚的草，“厚厚”这个词重要。

生：还有水是满的，“满”字重要。

师：对，草是“厚厚”的，水是“满”的，这“满”字说明了梨花姑娘经常来添水。

生：这水还是“清凉可口”的。

师：“清凉可口”，对，对。还有没有？

生：“温暖”的火、“喷香”的米饭、“滚热”的洗脚水。

师：对，对！你看走路走得累极了，能享受到这些东西，那种幸福就没得说了。

生：还有“软软”的干草铺。

师：噢！“软软”的，补充得好。你们看，我们在讲故事的时候要不要突出这些词语？这些词最能体现出梨花姑娘的一片心啊。现在我们再来概括一下，这故事的第二个要点该怎样编？我们能不能把这些内容概括在一句话里？[②]（学生沉默，思考。）

师：（点拨）饭是怎样的？水是怎样的？……

生：（纷纷地）饭香……水热……暖人心！

师：啊，说得真好！“饭香水热暖人心”（板书：饭香水热暖人心）[③]——这些安排，可以看出梨花姑娘对过路人的一片心——又是热心，又是细心。

师：现在，我们再看看第二个要点在课文里该

[①] **居**：一个“干”字，恰似投下一颗石子，一下子激荡起学生言语的涟漪。

汤：是啊，这个“干”字，让学生发现了“厚厚”“满”“清凉”“温暖”“喷香”“滚热”等一连串具有丰富表现力的修饰语。引导自然巧妙！

[②] **陈**：由博返约，以简驭繁，适时的回归。

[③] **居**：层层铺设台阶，让学生“沉入”语言，潜心会文，先具体，后抽象，不断突破难点，思维拾级而上，训练之扎实可见一斑。

汤：学生如何从“不会”到“会”，这一环节清晰地展现了训练的过程，很有说服力。

陈：必要的适时适度的“扶”，正是教师主导作用的发挥。

划到哪里?

生：到“可能是一位守山护林的老人”为止。

师：对了，请坐。下面我们来抓第三个要点，先看文章写了什么内容。

生：遇见了老人……

生：应是“巧遇老人”。

师：好，说下去。

生：（有人插嘴）巧遇老人知实情。①

师：说得好！（板书：巧遇老人知实情）这情实不实?

生：不实。

师：（笑）不实，怎么办?

生：（齐）“实”字上加引号。

师：同学们概括得很好——巧遇老人知“实”情，这“实”字要加引号，很有道理。你们看，你们解决问题的能力是挺强的。我早知道你们聪明嘛！②（众笑）好，这一个要点划到哪儿为止?

生：到“还看见一个……哈尼小姑娘在梨花丛中歌唱……”

师：嗯，对的。接下来该抓什么要点?

生：见到了梨花的妹妹。

师：这很重要。这故事里有几次误会啊?

生：有两次。

师：对，有两次。一再出现误会，就使故事增添了波澜，有吸引力，使人有兴趣看下去。③这是第二次误会，我们是不是抓住这次误会来编写这个要点?

生：欲见梨花……

师：这四个字开头开得好，我马上采纳。（板书：

① **汤**：学生迁移运用，抓要点的方法正在积极内化。
居：“追问”，催生又一精妙的生成——巧用标点符号。

② **居**：实情不实，一个引号凸显钱老师的细节处理缜密灵巧。
汤：学生学得聪明，实乃教师“导”得聪明！

③ **陈**：随文学习必要的行文知识，这正是新课标所倡导的啊，钱老师有先见之明。

欲见梨花）要有自信心！你再说下去。

生：（接说）见梨妹……

师：见“梨妹”，什么叫“梨妹”呢？恐怕人家不懂吧。（笑）

生：见妹妹。

师：这样，暂时写作“欲见梨花见妹妹”吧。反正列一个提纲，帮助我们记住这一段故事情节就行了。[①]（板书：见妹妹）

师：这是第四个要点，该划到哪里呢？

生：到“常来照管这小茅屋”。

师：最后一段，请大家也用七个字来概括。

生：（齐）驿路梨花处处开。

师：（板书：驿路梨花处处开）好！我们讲故事的时候就抓这五个要点来说。[②]

师：这个故事大家都很喜欢。现在我们请几位同学复述，看他们能不能讲得别人也都喜欢它。请同学们好好听，留意他们讲得好不好，有没有重要的内容遗漏了。[③]什么叫“重要”知道吗？

生：能表现中心思想的内容。

师：对，能表现中心思想的内容，一些关键性的情节，如果漏掉了，那我们就要提出来。注意，不要背书，要讲故事，大家稍准备一下。（学生稍作准备，开始复述。）[④]

生：第一部分：深山投宿见茅屋。（复述略）。

师：他讲得挺好。有没有需要补充的？有哪些地方说得好？请大家说说自己的意见。

生：梨花的白色花瓣落下来，这一点很重要，他给遗漏了。

师：为什么这句话重要？请你说说看。

[①] **汤：**“暂时”说得好，既尊重学生的意见，又留给大家继续思考的余地，处理得灵活自然。

居：这也是一处机智的教学留白。

[②] **居：**复述方法的引导既帮助学生理清了文路，又明晰了复述思路，同时训练了概括能力。开合有度，轻重适宜，一举多得！

汤：以五句话概括文本所叙故事，提纲挈领，是将文本读“薄”的有效策略。

陈：说得好。阅读训练这样“严而有格”，“破格”之日终可期。

[③] **居：**“听”和“讲”构成一个交际场，“听”“讲”两不误，以“好”为指向。

[④] **陈：**讲故事，而非简单的复述，训练有趣有度。

汤：讲得精彩，补充得更精彩。学生的“说”是对教师“导”的最好检验。

生：两个人赶路，前不着村，后不挨寨，这时两个人自然心里焦急。后来看到梨花，知道附近一定有房子，心里就轻松了，这句话，有轻松的味道。

师：这一点补充得很好，要突出他们前是焦急，后是轻松的心情。文章里还有哪些地方可以看出他们轻松的心情？

生：……一弯新月升起来了……

师：喔，心情轻松了，欣赏起一弯新月来了。还有风……

生：风微微的。

生：吹在人脸上凉凉的。

师：对！同学们在复述的时候要注意，要把人物的心情通过各种手段表达出来。

生：还有一句话漏掉了——“这是什么人的房子呢？”

师：嗯，这句话很重要，你能说出理由吗？

生：这句话是整篇文章所要解决的中心问题，故事就这样发展下去，追根究底，一个个故事就引出来了。

师：说得好！①

师：根据第二个要点，我们也请一位同学来讲一讲。

生：第二部分：饭香水热暖人心。（复述略）

师：讲得很好，同学们有补充吗？

生：当讲到“躺在软软的干草铺上”时，漏掉了一句很重要的话——“对小茅屋的主人有说不尽的感激”。这句话正是说明“暖人心”的一个“暖”字。②

生：还有他说“梁上有米，有盐巴，有辣子”，

① **居**：分步复述，文本语言逐步转化为学生的个性化语言，提升了学生的语用能力。师生的评议对话又加深了对文本的感悟。言意兼得！

汤：“融情入景”这一写法的体会不是由教师口中讲出，而是由学生自己悟出，教师的“导”功不可没。

陈：“导”看似“漫不经心”，却又适时巧妙，这与钱老师对学生认知活动的仔细体察密不可分。

② **陈**：学生何以这样敢说，能说？

汤：师生配合也如此默契。

居：我看主要是因为钱老师的“三主”思想正确，平时训练有素，学生读书开了“窍”。

梁上怎么会有这些东西呢？应该说“梁上竹筒里有米，有盐巴，有辣子”。

师：他听得多仔细啊！[①]对的，应该是“梁上竹筒里有米，有盐巴，有辣子”。还有别的意见吗？这位同学把主要内容都讲清楚了。刚才两位同学补充得很好，尤其是那一句“对小茅屋主人有说不尽的感激”，这正是从侧面说明梨花姑娘助人为乐的精神感人之深。[②]下面我们来讲下一部分。

生：第三部分：巧遇老人知“实”情。（复述略）

师：同学们有什么补充的？

生：老人把用过的柴米补上，这一点不能漏。

师：这句话特别重要，为什么？

生：因为这句话能体现出文章的中心“驿路梨花处处开”，老人也发扬了雷锋精神。

师：对了，这关系到哪三个字啊？

生：（齐）处——处——开！[③]

师：你看，他听得多仔细！“梨花精神”也感动了过路的人，“我”和老余受不受影响？

生：受到感染了。

师：从哪里可以看出来？

生：他们把小茅屋修葺一下，把屋前房后……

生：（打断前一生的发言，举手插嘴）老师，你说的是下一层情节了，不是这一层的。

师：喔，我搞错了（笑），让你给抓住了（大笑）。他能听出老师讲错了，这是老师特别高兴的。[④]我搞到下面一层意思去了，那我们就来说说下一层的情节好不好？

生：我对这第四个提纲有意见。“欲见梨花见妹妹”，这句话意思不明确。这个“妹妹”，

[①] **居：**是全身心投入才能听得那么仔细。
汤：是教师艺术的引导，使学生那么投入。

[②] **居：**对前一回合的小结，表扬激励，巩固学生所得。钱老师始终有鲜明的整体意识。

[③] **汤：**顺水推舟，引向深入。学生听得仔细，教师导之有方。

[④] **居：**忘情的大笑成了师生平等对话的润滑剂。
陈：有人说“教师就是带着微笑的知识”，以钱老师观之，足以证矣。

可以是梨花的妹妹，也可以是“我”的或者是老余的妹妹。（全场点头赞许）我以为应改为“欲见梨花见其妹”，这样才明确是梨花的妹妹。（全场惊喜）①

师：好！（大笑）我们班上有不少同学比我行，这个“其”字改得好，接受你的意见改过来（把前一个“妹”字擦掉，改为“其”字）现在我们来讲这一段。

生：第四部分：欲见梨花见其妹。（复述略）

生：（前一同学刚复述完，立即举手要求发言）他讲得很好，许多重要的词都用进去了。但“做梦”一段他没有讲。

生：“做梦”应该是上面一层的。

生：不对，“做梦”一段正说明一个“欲”字，想见，连做梦也想见……应该是这一层。

师：有道理。两位同学在分段上有了不同意见，一位同学说，因为是“欲见梨花”，做梦就是“欲见”，因此应该分在第四层。另一位同学说，因为这是发生在第一天夜里的事，所以应该是第三层的，我觉得都有道理。他们是从不同的角度提出问题的，一个从“欲”字上考虑，一个从时间上来划分。我刚才讲过，我们不是划分段落，而是列几个要点帮助自己记忆来讲好故事。你觉得怎样方便，怎样容易记住，就怎样讲，反正你不要把主要情节遗漏就行了。前面一个同学改了一个“其”字，现在这位同学抓住了一个“欲”字——你们很会咬文嚼字，我都佩服了。②（众笑）最后一节，比较简单，谁来讲呢？

① **居：**学生的一“改”，改出了课堂的小高潮。宽松的氛围为学生思维的活跃创设了条件。

汤：学生瞬间的“悟”仿佛是电路的突然接通，光辉照耀课堂。教学期盼这样的顿悟，多多益善啊！

陈：先前暂时的“留白”，因此时学生的顿悟而为课堂抹上绚丽的一笔。教课如行文，时见前呼后应之妙。

② **居：**针对学生的不同意见，教师及时“出手”。充分尊重学生，对学生的阅读积极性、主动性细心呵护，评价具体切实。

汤：是啊！钱老师就是这样目中有生，手中有法。

陈：他在课堂上的即时反应之快，教学智慧的展现是那么灿烂，让我惊叹。

生：第五部分：驿路梨花处处开。（复述略）

生：这一段文字，尽管很短，但有些词语还是不能省去的。“洁白”这个词不能漏……

师：为什么？你说说理由看。

生：“洁白”更突出梨花的精神是非常纯洁、非常美丽的。

生：因为这洁白的梨花正好和梨花姑娘相衬托。[①]

师：“相衬托”，你看，讲得多好，洁白的梨花更衬托出了梨花姑娘的心灵美。请同学们注意，当作者想到这句诗的时候，他的眼睛看着什么？

生：望着这一群哈尼族的小姑娘。

师：嗯，作者的眼睛望着这一群哈尼族的小姑娘，这，又有什么意义呢？想想看。[②]

生：说明这些小姑娘人小志气高。

生：有志不在年高。

师：（笑）喔！“有志不在年高。”好！我再补充一点，小姑娘是我们的什么啊？

生：是祖国的花朵。

生：是接班人。

师：对了！是我们祖国的下一代，说明雷锋精神怎么样？

生：（齐）代代相传。

师：说得好！望着这一群哈尼族小姑娘，就想到上一代人的好传统已被下一代接过去了，这就很自然地想起了大诗人陆游的诗——“驿路梨花处处开”了。正如我望着在座的“红领巾”，不禁也会想：你们将怎样呢？[③]

生：（齐）我们也要做梨花丛中的一朵小梨花。

生：（插）一朵洁白无瑕的小梨花。

① **居**：“洁白”关注得好，学生很会“咬文嚼字”。老师之前不着痕迹的铺垫起作用了。

② **汤**：把学生容易忽略的地方点出来，“教读”最要在这些地方下功夫。

③ **居**：一个“望”字，“望”出了一片新境界，巧妙升华了学生的精神认知。

汤：语言和精神同构共生，课堂弥漫着浓郁的诗意。

师：是啊，我们也要做一朵洁白无瑕的小梨花。也许你们还会在今天晚上做一个梦呢，梦见自己真的变成那梨花丛中一朵洁白无瑕的小梨花了。[①]（众笑）这个故事确实引人入胜，你们把故事的妙处讲出来了，说明你们领会得很好。

[①] **陈**：就地取材的话题和幽默睿智的语言交织共融，如同春雨润物，潜移默化。

师：下面我们再来看一看，这篇小说总共写了多长的一段时间呢？

生：10年……

生：两天！

师：从什么时候到什么时候？

生：从第一天傍晚到第二天早晨。

师：那么解放军造小茅屋的事发生在什么时候？

生：10多年前。

师：10多年前的事，通过什么手法把它引出来的呢？

生：用插叙的方法。

师：对。请大家再想一想，如果故事直接从十多年前解放军造小茅屋那会儿说起，一直说到现在，行不行？[②]

[②] **居**：提出假设，转换复述方式，再起波澜，推动学生的思维不断深入。
陈：是的，这是典型的钱氏风格，他总能适时地抛出具有挑战性的问题。
汤：这样的教学设想，不能不令人击节赞叹。

生：（齐）行！

师：好，就请刘瑛同学来说，要求大家一面听，一面思考，这两种说法哪一种好？
（学生按时间顺序口述故事，略。）

师：我们不说别的意见，只考虑一个问题，她在时间顺序上有没有搞错的地方？有没有？

生：没有。

师：是的。她讲得很顺。特别是后面，一点也没有搞错，我很高兴。现在请大家回答：

两种叙事的顺序哪一种好？

生：按作者说的那样好，这样一环扣一环，引人深思。

师：好，“引人深思”，说得有道理。（指一生）胡伟，你发表一下你的意见。

生：我想如果从10年前开始写，那小茅屋的“主人”是谁就直接告诉了读者，我们也就不必往下看了，就是看下去也没味道了。像作者这样写，就会出现两次误会。

师：你们听，说得多好，“两次误会”！

生：（接着说）通过两次误会，可以让读者去想，这小茅屋的主人究竟是谁呢？这样就使读者越读越想读，最后才说出茅屋的主人原来是十多年前过路的解放军……因此，我认为像作者那样写好。

生：我补充一点，作者的写法一环扣一环，起伏很大，刘瑛说的就显得平淡了。

师：喔，“起伏很大”！这叫什么？这叫作“波澜迭起”（板书）。古人有句话，叫作“文似看山不喜平”（板书）。写文章就像看山一般，要有高有低，主体部分犹如奇峰突起才好。这样写文章，给读者的印象特别深。[①]还有，像作者这样写，梨花有没有出场？

生：没有出场，可以让读者去想象那位美丽的哈尼族小姑娘……

生：在梨花丛中的梨花姑娘。

师：是啊！让读者去想象梨花丛中的这位哈尼族小姑娘，作者这样写，确实比直接描写梨花姑娘怎样美丽高明得多，这对我们写文章启发很大。就要下课了，现在布置一

[①] **居：**学生各抒己见，气氛热烈，学习上的主人所见非虚；教师巧引善导，语言精当，平等中的首席恰如其分。

汤：学生对叙事类文本结构特色及其效果的品悟令人叹服。

个作业：请你们用顺叙法把《驿路梨花》改写成一篇500字左右的短文，然后同课文比较一下，哪一种写法好？归纳出几点来。能不能？

生：能。[①]

师：上课前，我跟同学说过，上课谁做主角？

生：我们。[②]

师：（指一生）你做了主角没有？

生：做了！

师：你呢？（又指一生）

生：（摇头）我没有发言。

师：没有发言不要紧，脑筋动了没有？

生：动了，我懂的。

师：这样说，你做了半个主角（笑），胡伟、刘瑛呢？

生：（二生齐答）我做了。

师：你们两个确实做了主角了。今天我们好多同学都做了学习的主人，非常主动，老师特别高兴。可能因为听课的人多，有些同学只做了半个主角，希望大家今后努力！[③]

（下课）

[①] **汤**：由说拓展延伸至写，能力训练一脉相承。此作业设计水到渠成。

[②] **陈**：“我的课堂我做主”，原来钱老师早已实践了！

[③] **汤**：哪怕是“半个主角”，也要热情鼓励，予以肯定，千方百计让学生意识到自己是学习的主人。

陈：只有当学生有了这种强烈的自我意识，才能真正学得主动。

居：最后的互动再次强化了学生的主体意识，为本课的教学画上一个“圆满的逗号”，是结束，更是开端。

【研读感悟】

这是钱老师上世纪80年代在上海打浦中学执教的一个公开课的实录。学生原有基础较差，而学习习惯良好。在他的启发引导下，课堂呈现出一派生动活泼的景象，学生思维敏捷，能言善辩，妙语连珠，个性张扬，达到了叶澜教授所言“让课堂充满生命活力”的理想境界。课堂何以如此？究其根本，是钱老师那独树一帜、严谨智慧、深得语文教学真谛的导读艺术使然。笔者细细揣摩本课实录，认为至少在以下三个方面对当前新课标指引下的语文教学依然深富启示。

1. 有效对话，深入激活学生积累

阅读教学是教师、学生、文本、编者之间的对话，钱老师的课堂体现着鲜明的对话意识。首先，他十分注意营造民主平等的对话氛围。课上他始终做到目中有生，充分尊重学生，相信学生，不断激励学生。“我相信同学们”“讲得好极了”“理解得很好”“你们比我想得好”“你们都很聪明”“我马上采纳”，课中类似这样的话语俯拾皆是。它们有效地激起了学生积极参与对话的欲望。因此，当教师无意间出错，一学生即大胆指出“老师，你说的是下一层情节了，不是这一层的”。课堂对话的氛围宽松和谐，其乐融融，学生真正成为了学习的主人。其次，钱老师注意建构阅读对话的话题。如第一课时中，在让学生整体感知课文内容时，他重点设计了一个整合性很强的话题：“你们喜欢这篇课文吗？为什么？”这给了学生极大的思维空间，既从多个角度检测了学生的自读情况，又强化了学生的阅读初感，这是培养语感的有效途径。再次，教师注意组织好多维多向的课堂对话。实录中师生对话顺畅，生生对话踊跃，必要的追问又把师生与文本的对话不断引向深入。如第二课时围绕提纲“深山投宿见茅屋”，学生复述后师生进行评议对话，有声有色，精彩纷呈。学生在对话过程中已有的知识积累、生活积累、情感积累得到充分有效的激活。

2. 扎实训练，鲜活发展学生能力

《语文课程标准》(2011版)指出：语文课程是学习语言文字运用的综合性、实践性课程。因此，突出语用能力的培养是其核心目标。钱老师实乃开风气之先者，本课实录即对此作出了有力的诠释。而他的法宝之一便是紧扣文本和学生的实际展开实实在在的科学合理的语言训练。首先，教师极其讲究训练的策略性。如他一贯主张训练要“严而有格”，本课中有生动的体现。课始的词语教学看似不起眼，但学生的交流可以看出他们理解字词已经初步“入格”，具备一定的自读自悟能力。又如本课钱老师重点引导学生进行复述训练，也很有方法。他把复述课文始终称作讲故事，突出了教学的趣味；注意点拨复述方法，不时要求学生“把人物的心情通过各种手段表达出来”“把主要内容都讲清楚”“把故事的妙处讲出来”；同时注意处理好细节，如在指导学生编列复述提纲时他强调“要讲究用词”，体现了对语言锤炼的重视。其次，他讲究训练的层次性。围绕复述训练，他先是引导学生了解故事的基本精神，接着抓住要点编列情节提纲，然后逐点进行复述，最后组织评议，这样层层铺垫，步步深入，训练思路十分清晰，课堂因而高潮迭起。再次，他还注重训练的实效性。课上他重点进行了复述训练，这指向学生语言表达能力的培养，同时他还兼顾到了阅读想象能力、概括能力、鉴赏能力、倾听能力的培养。在复述的过程中，又巧妙地融入思想情感教育，实现了语言与精神的同构共生。整堂课的扎实训练，促进了学生语文能力和综合素养的提升。

3. 精选内容，灵活把握学生学情

教学内容的合宜选择体现了教者对教材独到的处理，其根本在于教者对学情的准确把握。钱老师总能很好地在两者之间找到平衡，并在充分预设的基础上努力求得“不曾预约的精彩”，让主体和主导高度统一起来。本课的教学内容取舍得当，重点突出。钱老师抛弃了传统的繁琐分析的做法，大胆删繁就简。第一课时侧重“读”的训练，以读带说，注重整体感悟；第二课时侧重“说”的训练，以说促读，突出能力发展。同时内容的选择注意凸显语文的特点，让学生得“意”得“言”。当学生围绕“驿路梨花处处开”一句体悟文本主旨时，通过比较，教师相机引导学生对表达特色和表达效果细细品味。课末回归整体，引导学生再次比较两种不同叙述顺序的表达效果，体会“波澜迭起”的表达特点。实录中学生在文本的“读薄”与“读厚”间从容转换，教师则又能根据学生的学情因势利导，灵活生成。如编列复述提纲，学生将“欲见梨花见妹妹”改为“欲见梨花见其妹”，一字之差，恰似神来之笔，堪称经典，教师的“导”功不可没。

（居文进）

《荔枝蜜》

执教：钱梦龙

品读：周　浩（主持人）、刘志军、周志强

（以下依次简称“浩”“刘”“周”）

经典回放

第一课时

师：昨天布置同学们自读哪篇课文？

生：（齐）《荔枝蜜》。

师：这三个字谁会写？（一学生上台板书）什么是“荔枝蜜”？①

生：是一种乔木的果实。它的果肉是白色的，多汁，比较甜，甜香里带股清气。

生：这是荔枝！

生：是用荔枝提炼出来的蜜。（哄笑）

师：大家别笑，让他再想想。

生：就是蜜蜂采了荔枝的蜜，做成的蜂蜜，叫荔枝蜜。

师：你一步比一步前进了，现在说得比较正确了。荔枝蜜是蜜蜂采了荔枝花的花蜜，然后酿成的蜜。你们大概都喝过蜜，蜜的味道怎样？②

生：（齐）甜！香！

师：一般的蜜都有一股香味，荔枝蜜就更香了。我们有时描写非常幸福愉快的心情，常常说“好像——”

生：（齐）喝了蜜一样甜！

品读沙龙

① **浩：**轻松随意的师生问答，最是自然亲切。

刘：多媒体时代，学生板书成了一种奢侈。汉字书写，既是基本功，也是文化的传承。

② **周：**多么贴心的呵护！多么可爱的学生！老师用“酿”字来纠正了学生的“做”字。钱老师上课，真有“一字不肯放松的谨严”。

刘：是啊，课堂的目的不是把备的课讲完，而是促进学生的发展进步。

师：这篇文章写得很有味儿，它用“荔枝蜜”为题，其实它本身就是一杯香甜的荔枝蜜。今天我们就一起来细细品尝。现在我先提一些问题，你们要用课文里的词句回答我。不能看书，我要看看大家是不是掌握了一些重要的词语。[①] 作者写他本来不大喜欢蜜蜂，是因为什么？

生：因为作者小时候上树掐海棠花，被蜜蜂蜇了一下。

师：“掐”“蜇”谁会写？（两学生上黑板默写）

师：蜇了一下后，他痛得差点从树上掉下来，因此对蜜蜂没有什么好感。后来怎么又原谅了蜜蜂？

生：因为知道蜜蜂蜇了人以后，它自己也活不久了。

师：作者虽然原谅了蜜蜂，但对蜜蜂多少还有点怨。这种感情很微妙，作者是用什么词语来表达的？

生：疙疙瘩瘩。

师：会写吗？（一学生上黑板默写）这是一种怎样的感情？

生：不愉快，不舒服，有点别扭。

师：是这样，看到蜜蜂有点不舒服，但也不是恨，就这么疙疙瘩瘩、别别扭扭的。作者后来写自己刚到从化的当天晚上，他倚着楼窗看到了什么？

生：看到了前面好像有许多山，但是他又觉得本来看到的不是山。

师：文章怎么描写这些“山”的颜色？

生：（齐）黑黝黝。（一学生上黑板默写）

[①] **浩：**始终立足文本，注重语言训练，这是“三主思想”的体现。

周：是的。你看钱老师组织课堂训练，要求具体，且又贴合学生实际。

刘：词语教学离不开语境，死记硬背非但无法使学生牢固掌握，反而会使其产生厌倦之情。

师：作者看到的真是山吗？

生：是幻景。

师：这样描写幻景，作用是什么？

生：为了写出荔枝树多而且长得茂盛。

师：作者为了写出荔枝味美，引用了苏轼的哪两句诗？

生："日啖荔枝三百颗，不辞长作岭南人。"

师："岭南"是什么地方？

生：五岭南面，广东一带。

师：你们看，苏东坡只要每天能吃到荔枝300颗，他宁可一辈子客居岭南。诗当然写得很夸张，但也足见荔枝的甜美。而本文写荔枝是为了进一步写荔枝蜜，你们说荔枝蜜有什么特点？

生：成色纯。

师：什么叫"成色纯"？查过字典了吗？①

生："成色"就是质量。"成色纯"就是质量纯正，没有杂质。

师：文章又由荔枝蜜而写到蜜蜂，从哪些词语可以看出蜜蜂数量多以及热闹繁忙的情景？

生：（齐）嘤嘤嗡嗡，沸沸扬扬。

师：能写吗？（两学生上黑板默写）当作者听了老梁介绍了蜜蜂的情况以后，深深为这些可爱的小生灵感动了，作者用一个什么动词表达了他内心的激动？

生：颤。

师：会写吗？（一学生上黑板默写）文章里这句话是怎么说的？

生：（齐）"我不禁一颤"。

师：看来，大家自读得都很好。② 现在我们来

① **浩：**钱老师注重的就是教会学生读书。

周：说得好！你看，查字典，是钱老师最重视的自学手段。学会读书，首先得养成查字典的好习惯。

② **浩：**一连串即兴式的对答，看似随意，实则匠心独运。

周：是啊，钱老师将检查难写易错的字词和课文内容的梳理结合起来，可谓一石二鸟。

刘：对。结合语境的词语教学效果最好，内容的梳理也很清晰，为下面的讨论奠定了基础。

分段朗读课文。

（经过讨论，把课文划分为三个部分，分别由三名学生朗读。读得很流畅，个别字普通话读音不准，都得到了纠正。）

师：这篇文章是什么文体？

生：（齐）散文。

师：记得上学期我们读杨朔的另一篇散文《香山红叶》的时候，我曾经介绍过杨朔谈他散文创作的几句话，看谁还记得。

生：他说写散文时，不认为是在写散文就放纵笔墨。要像写诗一样，再三剪裁，安排布局，推敲字句，然后写成文章。

师：想不到你还记得这么完整，的确，杨朔写散文从不放纵笔墨，本文又是一个例子。现在就来看看作者是怎样剪裁和安排材料的。阅读散文，我们首先要做什么事？①

生：理思路。

师：对，看本文的材料是按怎样的思路组织的。谁能说说？

生：就是按照对蜜蜂感情的变化……（师插：能不能讲得具体些？）他开始看到蜜蜂，感情是疙疙瘩瘩的，后来品尝了荔枝蜜，了解到蜜蜂忙忙碌碌酿造蜂蜜的情景，又去看了蜜蜂，看到蜜蜂辛勤工作，而要求于人的却很少，于是对蜜蜂产生了好感。②

师：嗯，讲得不错，思路基本上理出来了。现在让我们来把作者这一条感情变化的线索简明地写出来。他先是怎么样？

生：疙疙瘩瘩。（板书）

师：这时他对蜜蜂的这种感情能不能用一个字

① **浩**：从作家的写作风格来引导学生深入体会作品的佳处。

周：联系后面实录，我们看到“理思路”等环节都是学生自己说出来的。这是钱老师长期训练的结果。读书的方法，需要不断地反复印证，加以历练。

刘：知识迁移，是学以致用的体现。学生记得老师上学期讲的内容，还得归功于老师平时扎实有效的训练。

② **浩**：学生条理清晰的表达正是建立在“记词语”环节的基础之上的。教学就像教孩子走路，怎样搀扶，何时放手，大有讲究。钱老师的处理，可谓妙哉！

概括？

生：（齐）怨。

师：好，那我们就这样写。[①]（在“疙疙瘩瘩”下板书：怨蜂）后来呢？

生：尝到荔枝蜜动了情。

师：能不能用四个字概括？

生：喝蜜动情。（板书）

师：好！再用一个字来表达这种感情。

生：（七嘴八舌）念。……爱。

师：“念”“爱”是可以的，但最好从课文里找个词。[②]

生：想蜂。

师：“想蜂”，好。（在“喝蜜动情”下板书：想蜂）后来听了老梁的介绍，他觉得蜜蜂精神可嘉：它是渺小的，又是高尚的；它对人无所求，给人的却是极好的东西。也用四个字把这种感情表达出来。

生：见蜂心颤。

师：非常恰当！（板书：见蜂心颤）下面怎么写？

生：赞蜂。

师：很好！（在“见蜂心颤”下板书：赞蜂）最后怎样？

生：（七嘴八舌）以蜂喻人。梦中见蜂。梦中变蜂。愿己变蜂。梦中成蜂……

师：大家说了不少。这样吧，我们先从同学们说的中间挑两个字，写下面的两个字。

生：变蜂。（老师板书）

师：上面的四字句用什么？

生：我认为可以用“由蜂及人”。

师：好，就用“由蜂及人”，因这里从蜜蜂写到

① **刘**：钱老师充分尊重学生，大大激发了他们学习的兴趣，也使教学过程更为流畅。这是艺术，是令人击节的艺术。

② **周**：七嘴八舌，是孩子们的可爱处，也正是课堂佳境。

了劳动人民和作者自己。（在“变蜂”上方板书：由蜂及人）

［至此完成板书：

疙疙瘩瘩→喝蜜动情→
（怨蜂）　（想蜂）
见蜂心颤→由蜂及人
（赞蜂）　（变蜂）］[①]

师：你们看，这条思路，反映了作者对蜜蜂感情的变化过程，非常清晰。接下来请大家考虑一个问题：本文的中心是“赞蜂”，为什么不从“想蜂”写起，却先要写对蜜蜂疙疙瘩瘩的感情？

生：这样写更能突出蜜蜂高尚的精神。

师：写对蜜蜂疙疙瘩瘩，怎么能突出它的高尚精神？我看不出这里有什么联系。[②]

生：这样写，先说蜜蜂不好，再写蜜蜂好，能引人入胜。

师：对，这样写是可以引起一点悬念：不喜欢蜜蜂，后来怎样呢？不过要注意，文章开头有没有说蜜蜂不好？[③]（生齐：没有）作者只是说对蜜蜂有点怎样？

生：（七嘴八舌）疙疙瘩瘩。不大喜欢。

师：不大喜欢，而不是不喜欢，对不对？作者表达得很有分寸。从不大喜欢到后面喜欢蜜蜂，甚至希望自己变成蜜蜂，前后对照，更突出了蜜蜂精神的感人。这种写法叫“欲扬先抑”（板书）。你的理解是对的。[④]

第二课时

师：经过上一课的讨论，作者的思路理出来

[①] **浩：**在学生理解文意的基础上，培养学生规范表达的能力，训练有序。

周：对。口头语和书面语都需要训练，尤其是书面语言，更要求其精确。

刘：师生合作完成板书，体现了教师的教学理念。教师是主导，不是越俎代庖；学生是主体，不能只是口号。

[②] **浩：**老师的质疑，激活了学生的思维，促使他们深入思考，提高了他们思维的品质。

[③] **刘：**字斟句酌，极细微处也不放过，十分严谨。

[④] **周：**若是直接解释“欲扬先抑”，效果会如何？

刘：是啊，这种用问题激发其求知欲，使其在辨析中产生直接的认识的方式很有效。

了。有个问题跟思路有关系，我觉得也应该讨论一下。那是 ××× 同学提出来的。你说说吧。①

生1：课文着重写的是作者对蜜蜂感情的变化，可是作者前面用不少笔墨写了荔枝树和荔枝，没有写到蜜蜂，好像思路有些乱。

师：你是说第 2、3、4 自然段游离到中心外面去了？（生点头）大家说，作者的思路是不是有些乱？

生：（七嘴八舌）乱。不乱。

师：说理由，说理由。

生：我以为一点不乱。先写荔枝树，再写荔枝果，最后写荔枝蜜。

师：她讲得很好。不过她讲的是这三小段本身的思路，而把挺关键的一样东西遗漏了。

生：花。

师：为什么花是关键？②

生：有花才有蜜嘛。

师：说得对！这三段的思路是"树—果—花—蜜"，一步不乱，然后是由蜜写到酿蜜的蜂。他（指生 1）提出的问题是这三段有没有必要写。③

生：我认为这三段跟作者对蜜蜂的感情变化有关系，没有离开中心。

师：大家同意他的看法吗？（生齐：同意！）谁能把他的意思再发挥一下？④

生：作者由树、果、花写到喝蜜，对蜜蜂动了情，产生了好感，才会去参观养蜂场。

生：本文的标题是"荔枝蜜"，这样写是紧扣题目的。

① **浩：** 学生自读中困惑的呈现，恰到好处，钱老师全面掌控着教学过程，自如而潇洒，真令人佩服。

刘： 问题来自学生，学生真正成为了课堂的主人。

② **浩：** 追问，以引其深入文本。

③ **周：** 老师善于转换问题的提法，以揭示问题的实质。

④ **浩：** 结论尽可能让学生说，而且要求说得好，让能力向纵深发展。这一点充分体现了"训练为主线"的思想，值得我们学习。

师：两位同学的意见非常好。我们再来看一看，作者写荔枝树时有没有伏线——暗中照应蜜蜂的句子？①

生：“从化的荔枝树多得像汪洋大海，开花时节，那蜜蜂满野嘤嘤嗡嗡，忙得忘记早晚。”这和后面“继续酿蜜，整日整月不辞辛苦”是照应的。还有“嘤嘤嗡嗡”也写出蜜蜂多，和后面“箱里隔着一排板，板上满是蜜蜂”也照应。

生：我认为有一个地方照应得更好。就是“温泉公社的养蜂场，却起了个有趣的名儿，叫‘养蜂大厦’”，叫它“大厦”，也说明了蜜蜂多；蜜蜂多，才适合到那么大的密林里去采蜜。

师：你说这里和前面哪些描写照应？

生：就是第2自然段的“原来是满野的荔枝树，一棵连一棵，每棵的叶子都密得不透缝，黑夜看去，可不就像小山似的！”

师：嗯，就是说作者在描写繁密的荔枝树的时候，已经暗中设下了蜜蜂多的伏线。

生：还有一处，就是“一开瓶塞儿，就是那么一股甜香；调上半杯一喝，甜香里带着股清气，很有点鲜荔枝的味儿。喝着这样的好蜜，你会觉得生活都是甜的呢”。这和后面“蜜蜂是在酿蜜，又是在酿造生活；不是为自己，而是为人类酿造最甜的生活”是在对照。（一学生纠正：应该说“照应”。）

师：对，是照应。同学们讨论得真好。这三段，作者笔下写的是荔枝树，但心中想的是蜜蜂，所以处处有伏线，时时有照应。作者

① **周：**“导读”的关键是老师能适时提出学生感兴趣的话题，而不是问题。下面学生的一个个发现，正体现了这一点。

的确做到了他自己说的从不放纵笔墨。他的文心很细，同学们读得也很细心，能够瞻前顾后，细细揣摩。这说明大家正在学会读文章。①

师：下一步我们做什么？

生：（齐）识文眼。

师：那我们来看看，本文的文眼在什么地方。

生2：“他们正用劳力建设自己的生活，实际也是在酿蜜——为自己，为别人，也为后世子孙酿造生活的蜜。”因为这篇文章的中心是借蜜蜂酿蜜，来赞颂劳动人民用劳力建设自己的生活。这——这——（师插：你想想，有时说话打顿了，就换一种说法试试。）② 所以，我认为，文眼就在这里。

生：我认为“这天夜里，我做了个奇怪的梦，梦见自己变成一只小蜜蜂”也是文眼。

生：我认为“我不禁一颤：……蜜蜂是渺小的，蜜蜂却又多么高尚啊！”是文眼。蜜蜂虽然小，但是心灵是高尚的，为人们酿蜜，滋养人们的身体，所以是文眼。

生：我同意 ×××（生2）的意见，“为自己，为别人，也为后世子孙酿造生活的蜜”是文眼。这句赞颂了劳动人民，而且富有诗意，所以是文眼。

师：现在有三处可能是文眼。同学们思考一个问题：什么样的句子才能成为文眼？③

生：要能够表达中心，还要有深刻的含义。

生3：我认为，是文章最后一句话。因为这句话写作者受到蜜蜂精神的感染，希望自己也变成一只小蜜蜂，像它那样不辞辛苦，

① **浩：**循循善诱下，学生的解读细心、深入，非常得法。

刘：是的。老师的总结恰到好处。时机选择在学生充分探讨、已得出初步结论之时，可谓水到渠成。内容的表述，简洁而精到，这样的示范，有利于提升学生的思维水平和表达能力。

② **浩：**适时提醒，导而勿牵。

周：嗯。细微之处，却让我们感受到钱老师的贴心。

刘：钱老师深谙学生的学习心理，他的指点既化解了课堂上的尴尬，又能让学生的口头表达能力得到切实的提高。

③ **周：**这里，老师在暗示大家：作出任何判断，总得先有标准。

刘：如果直接告诉学生什么叫文眼，就剥夺了学生思考的权利。

为人们酿造生活的蜜，给读者留下了无穷的想象和咀嚼的韵味……

师：啊，讲得真不错，她（指生3）的话也很有诗意啊！看来她嚼出一点味道来了！对不起，我打断你了，请继续说。①（笑）

生3：使读者想到，蜜蜂像工人，像农民，像教师，像解放军等，这就使文章有了更深的含义。所以我认为这句是文眼。

生4：我要推翻她的观点。（笑）这里只说出了作者的愿望，并不是文章的中心所在。我认为还是“为自己，为别人，也为后世子孙酿造生活的蜜”。因为他并没有写谁，既不是说蜜蜂，也不是说人，这样范围就广了。（师插：那么是谁在酿造生活的蜜？）其实……当然，这是在说人。（大笑）因为蜜蜂勤劳，只不过是它的生活习性，而人的劳动是为了创造建设世界，为子孙后代造福。

师：我很欣赏他（指生4）的一个观点，那就是蜜蜂的劳动只是一种习性，而人的劳动是有明确目的的，是一种有意识的行为。②同学们还有意见要发表吗？

（接着又有四名学生发表看法，其中三人主张文眼在“为自己，为别人……”一句，一人主张是结尾一句，并且申述了各自的理由。）

师：好！大家都言之成理，说得很好，说明对文章的理解正在逐步深入。那么，文眼究竟在哪里？同学们指出了三处，其中有一处，是不是可以先排除？哪一处？③

① **浩**：钱氏幽默总能为课堂教学增色。
周：情不自禁地称赞以致打断了学生的回答，钱老师的忘情之举，对学生而言是莫大的鼓励。

② **周**：这位学生真聪明！难怪钱老师要明言“很欣赏”了！重复他的话，对他是一种鼓励，对其他人也是一种示范。

③ **刘**：还是依靠学生的智慧来解决问题，不要小看学生的能力。

生："我不禁一颤……"（师插：为什么？）因为这一段完全是赞颂蜜蜂，但文章的中心不仅仅在赞颂蜜蜂。

师：对了。下面两处，我看两种意见都有道理。文章的文眼不一定只在一个句子上。你们看，这最后两节都是由蜂——（生应：及人），由歌颂蜜蜂进而歌颂劳动人民，而作者变蜂的愿望其实也正是向劳动人民学习的愿望。所以这两处都可以是文眼。我还有一个与此相关的问题，要请同学们讨论一下：杨朔希望自己变成一只小蜜蜂，他有没有实现自己的愿望？①

生：（七嘴八舌）实现了。没有。

生4：作者酿造了精神财富。

师：哦，有点道理，不过精神财富不能说"酿造"（生4接：创造），作者创造了什么精神财富？能不能具体说？

生4：他写了很多文学作品。

师：对，他写了大量散文，也写长篇小说，上学期向你们介绍过，还记得吗？

生：（齐）《三千里江山》。

师：作者写得最好，最有成就的是什么？

生：（齐）散文。

师：对，作者的散文也正是他酿造的香甜而且带着一股清气的"荔枝蜜"。你们知道我为什么这样说吗？

生：他的散文语言很美。

生：给人以美的享受。

师：他为什么能把散文写得这样美？想想他自己说的话。

① **刘**：这一笔宕开得很巧妙，看似无解且与课文无关，但却是文章绝好的总结。同时，能更好地了解作者的写作特点，为下一环节"品语言"做铺垫。

生：他是把散文当作诗来写的。

师：你们真聪明！杨朔散文很美，的确有点像诗。那是一杯荔枝蜜，香甜，但不是甜得发腻，而是甜中带有一股清气。那你们说，他变成小蜜蜂了吗？①

生：（齐）变成了！

师：上面，我们理清了思路，也找出了文眼，接下来我们做什么？

生：品语言。

师：散文的语言都很美，而杨朔尤其讲究语言的锤炼。刚才同学们都说了杨朔散文的语言给人美的享受。下面就来细细品尝。先请同学们各自有感情地读一遍，边读边品味，然后说说，除了上面已经找出的一些文眼所在的句子以外，你还对哪些句子特别欣赏。

（学生各自轻声朗读课文）

师：同学们朗读的时候，我观察了一下，表情最好的是 ××× 同学，她真的已经动情了。（笑）有的同学读得太快，来不及产生表情。（笑）读书要动情，动了情，自然而然会有表情，也就能进入文章的意境中去，领略文章的美了。现在就请说说自己欣赏哪些句子。②

生：文章第 1 段最后一句："可是从此以后，每逢看见蜜蜂，感情上疙疙瘩瘩的，总不怎么舒服。"还有，"奇怪啊，怎么楼前凭空涌起那么多黑黝黝的小山，一重一重的，起伏不断？记得楼前是一片园林，不是

① **浩：**"他变成了小蜜蜂了吗？"这个提法多么可爱！多么贴近孩子的心啊！

② **浩：**钱老师观察得真细致，师生的心更贴近了。

周：表扬，是热情洋溢的；批评，是委婉而容易接受的。谈笑之间，就完成了朗读的指导。

刘：简洁的语言，到位的点拨，教师的主导，尽显功力。

山”。还有……

师：你暂时就找这些吧。能不能讲一点道理？[①]

生：疙疙瘩瘩的那种感情是不容易表达的，作者却表达得恰如其分。还有，被蜜蜂蜇了一下，本来是恨蜜蜂的，但是后来知道，蜜蜂蜇了人以后自己也活不长久了，便“觉得那蜜蜂可怜，原谅它了”。这是很普通的句子，但表达的感情很复杂。

生：“蜜蜂是画家的爱物，我却总不大喜欢。”先说画家喜欢蜜蜂，蜜蜂应该是可爱的，用“却”字一转，写出了“我”疙疙瘩瘩的感情。到最后，“我”不仅喜欢，还梦见自己变成了蜜蜂，这就使文章波澜起伏了。

师：你说得很好，但文章“波澜起伏”不属于语言的问题。

生：第2段中说“那里四围是山，环抱着一潭春水。那又浓又翠的景色，简直是一幅青绿山水画”。这里用“环抱”，还有“浓”“翠”，写出了从化温泉美丽的景色。还用了“青绿山水画”来比喻，使人想象到风景的美。

生：下面写道：“赶到天明一看，忍不住笑了。原来是满野的荔枝树，一棵连一棵，每棵的叶子都密得不透缝，黑夜看去，可不就像小山似的！”这些描写使读者身临其境，好像看到了一大片茂密的荔枝树。

师：哦，同学们很会欣赏。现在时间到了，让大家充分找的话，一定还可以找出不少好句子，那这个工作就请大家在课外做吧。

[①] **刘**：好一个“四两拨千斤”！“讲一点道理”，让学生的思维更深入一层。从欣赏语言的外在美（音韵之美）引向内在美（思想之美、手法之美、意境之美）。

刚才你们找的时候，有没有圈点？（生齐：圈点了！）好，回去再加加工，明天把书交给我评分。还有，书上最后一道练习题规定要背诵的部分，大家都要背出来。[1]

（下课）

[1] **浩：**时刻提醒学生重视语文习惯的养成，这是语文学习成功的保证。

周：培养良好的习惯，老师的督促可少不得。

【研读感悟】

如果说杨朔的《荔枝蜜》像诗一样精巧，那么钱老师的这堂课就像散文一样灵动。

这种灵动，不仅体现在课堂训练的扎实、有序且有效，更体现在师生交流的自然生成、充满灵趣。

且看钱老师如何组织训练。

“记词语”“理思路”“识文眼”“品语言”，四个教学环节环环相扣，各种训练活动的安排符合由浅入深、由易而难的认知规律。“记词语”这个环节钱老师的处理别出心裁，结合语境掌握词语的同时，顺便也完成了文章内容的初步梳理。这样，不仅让学生掌握了个别词语，更是一种学习方法的指导：掌握词语，查字典是一种方法，但更重要的是结合语境的推断。我们要看到，这样处理的背后，是钱老师对语文的理解。这是我们在学习钱老师教学实录的过程中必须时刻提醒自己的。“记词语”之后，师生自然而然地开始“理思路”。字斟句酌的方式，最显语文本色，这个环节，钱老师着重训练学生书面语言的精准表达。在此基础上，展开了“识文眼”和“品语言”两个环节。这两个环节，一个着眼整体，围绕“表达了什么”来展开讨论，课堂氛围热烈，见仁见智；一个深入局部，围绕“如何来表达”来讨论，旨在培养学生审美的能力。教学环节之间，可谓前后呼应，相得益彰。

这堂课，师生关系非常和谐，对答相当流畅。看得出，这是钱老师自己的班级，课堂之所以能充满灵动之趣，缘于钱老师平时的科学指导和严格、扎实、有效的训练。这一点可以从老师问学生下一步我们做什么，学生都能正确地回答中看出。

师生的熟悉，使课堂组织更有利于发挥学生的主动性，而教师的主导，也显得从容不迫，游刃有余。教师放手，是因为有底气；学生忘情，是因为投入。而课堂中不时响起的笑声，正是对“学生为主体，教师为主导”这一理念最形象、最直观的诠释。

我一直认为，钱氏课堂的灵动还有一个很重要的原因，那就是钱梦龙先生是一个高明的“心理专家”。课堂上，他不仅善导，更加善听；善听促成了善导。这种善听，体现在他能够时刻关注学生整体的心理变化，也能够敏锐地觉察个别学生的心理状态。这一点，我们可以从他呵护答错的学生的环节中感受到，也可以从他忘情地插话并道歉中感受到。钱老师的高明，使得他的一言一行、一颦一笑都左右着学生的情绪。

一名成熟的教师，是课堂调控能力出众的教师；一位善于调控的老师，一定能让他的课堂充满灵气和生机。

（周 浩）

《论雷峰塔的倒掉》

执教：钱梦龙

品读：钱建江（主持人）、沈春媚、张　卫

（以下依此简称“钱”“沈”“张”）

经典回放

品读沙龙

第一课时

（在上课之前，同学们已自读了这篇文章，并提出了不少疑问。）

师：今天和同学们一起学习鲁迅的文章：《论雷峰塔的倒掉》，先请一位同学把课题写在黑板上。

（学生板书时把“雷峰塔”的“峰”误写成“锋”）

师：这位同学字写得很好，不过有一个小小的错误。（许多同学举手）啊，看来大家都发现了。好，你来说。

生：他把“山”旁的“峰”写成了“金”旁。

师：想想看，这个错误怎么造成的？

生：受了雷锋同志名字的影响。

生：太粗心，没有仔细观察。

师：他们两人讲得都对，但是还有一个重要的原因没有讲出来。大家再想想。

生：他没有弄清楚这座塔为什么叫雷峰塔。

师：那就请你告诉他，行吗？

生：注解里有说明的，这座塔建造在叫“雷峰”

的小山上，所以叫雷峰塔。它跟雷锋同志没有关系的。那是山名，所以“峰”字是山旁。①

师：你读书很细心，还用上了形声字的知识。他（指写错的学生）大概没有好好看这条注解。有一位同学还提出了一个比较滑稽的问题：雷锋是全国人民学习的榜样，鲁迅干吗希望纪念雷锋同志的塔倒掉？（笑）我想，如果他好好看了注解，就不会这么犯傻了。（笑）其实这位同学文章也没有看。你们说，鲁迅希望雷峰塔倒掉跟一个什么故事有关系？②

生：跟《白蛇传》的故事有关系。因为白蛇娘娘就被法海和尚压在雷峰塔底下，所以作者希望它倒掉。

师：这就对啦！希望雷峰塔倒掉的，不仅是鲁迅，当时凡是知道白蛇娘娘故事的人，没有一个不希望它倒掉的。你们知道为什么吗？

生：因为人们同情白蛇娘娘。

生1：白蛇娘娘是蛇妖，法海除妖，我认为没有什么不好。

师：好！你敢于和大文豪鲁迅唱对台戏（笑），我钦佩你的勇气。请大家一起发表意见。③

生：我不同意他的意见。白蛇娘娘是个好的妖怪。（笑）

师：你怎么知道的？

生：文章里说的，白蛇的故事出自《义妖传》，“义妖”当然是好的。

师：有说服力！文章第2段里就有这个句子你

① **钱**：抓住即时的生成，解题方式别出心裁，且包含丰富的语文知识。

张：从易错字入手析题，进而审视文意，举重若轻，不露痕迹。

沈：是的，围绕一个“峰”字，做足文章，有助于培养学生良好的阅读习惯。

② **钱**：这篇文章初中生读起来会有隔膜，从故事入手，的确是化难为易的好方法。

张：是的，故事切入，上下关联，学生更容易进入语境。

沈：“傻”问题成“活”资源，课堂导入妙趣横生。

③ **钱**：钱老师的课堂上，经常会有出人意料的场景产生。这样的“异议”对老师而言，既是莫大的考验，又是极好的契机。

张：由鼓励“异议”而引入深意，一举两得。

注意到了，说明你很细心。既然说到了第 2 段，我们就先来看看这一段。你们能不能从这一段里找出根据，证明白蛇娘娘是个好妖怪，是义妖？①

（学生默读第 2 段）

生：白蛇嫁给许仙是为了报恩。

师：你说的是对的，但最好不要这样笼统地说。这一段一共写了几件事，要一件一件地说，最后证明白蛇娘娘到底是好还是坏，是值得同情的还是应该被镇压的。如果你能用一些四字词把主要的情节概括地表达出来，简洁明了，那就更好了。你试试看。

生：许仙救蛇……白蛇报恩……法海藏……夫（笑）……白蛇寻夫……水满金山……白蛇中计……造塔镇压。

师：嗯，概括得很好。刚才大家为什么笑？

生：他说法海藏“夫”，人家会误以为是法海的丈夫。（笑）最好改成法海藏“人”。

师：“人”又好像太笼统。（学生七嘴八舌：藏“许”）好，就用“法海藏‘许’”。现在大家看看，这样的故事情节说明了什么？不要用一句话回答，最好能作一点分析。

生：白蛇嫁给许仙是为了报答他的救命之恩，结婚以后过着幸福的生活……

师：你怎么知道的？

生：电视里看到的。（笑）可是法海总想破坏，最后终于把白蛇娘娘收到一个钵盂里，压在雷峰塔底下。白蛇娘娘一心要报恩，当然是“义妖”。她有情有义……（笑）

师：说得好！既然白蛇娘娘有“义”，那么法海

① **张**：言必有据，教学必须遵循的原则。

就是有“义”的反面，是怎么样的人呢？

生：不义之人。

师：你们同情白蛇娘娘，还是法海？

生：（齐）白蛇娘娘！

师：同情法海的请举手。（无人举手，对生1）怎么，你也不举手？你是赞成法海除妖的啊。（笑）

生1：我只是提个问题请大家讨论，其实我心里也同情白蛇娘娘。（笑）①

师：噢，原来如此！你对活跃我们的思维作出了贡献！（笑）的确，凡知道这个故事的人，几乎没有不同情白蛇娘娘的。从课文里看，只有一种人是不同情白蛇娘娘的，不知道你们看到那句话没有。是谁啊？

生2：脑髓里有点贵恙的人。（师插：能解释一下吗？）就是头脑里有毛病的人。

师：是精神病吗？（笑）

生2：是指有封建思想。作者这样说，是为了嘲笑这种人。

师：我很高兴，刚才大家都表示同情白蛇娘娘，证明全班同学的脑髓都是正常的。②（众笑）大家别笑，这种爱憎分明的态度对体会文章的思想感情是很重要的。不过，这篇文章比较难学，要真正读懂，还有很多难题要解决。同学们在自读中提出了不少问题，我看了大家做的问题卡片，发现你们很会提问，有不少问题很有思考的价值。接下来我们就来讨论大家提的问题。由于问题多，时间有限，我只能挑选一部分，给卡片编了号，请拿到有编号的问题卡的同学，

① **钱：**富有成效的对话，营造出一种愉快、活泼的学习氛围，有利于学生智力的发展。
张：学生思维的放与收是有机统一、指向明确的。

② **钱：**心理学研究表明：儿童在感到安全和愉快的环境中，有可能自我激发。钱老师深谙此道。
张：学生主体地位的体现，是提高教学质量的关键。

按序号提出问题[1]，现在开始。

生：（读1号卡）鲁迅在雷峰塔倒掉以后写这篇文章，仅仅是为了表示对白蛇娘娘的同情吗？

师：这个问题提得好。读文章必须了解作者写作的意图。[2]他能提出这样的问题，说明他很懂得怎样读文章。大家想想，要回答这个问题，必须联系什么来考虑？（生齐：时代背景）不错，时代背景，尤其是读鲁迅的文章。因为他的文章大多针砭时弊（板书“针砭时弊”并稍作解释），如果不了解当时社会上发生了什么事，就不知道他写作的意图。现在我就来简单地介绍一下当时的情况。刚才大家都表示同情白蛇娘娘，希望镇压白蛇娘娘的雷峰塔倒掉。有趣的是，这座塔在1924年9月果真倒掉了。当然，不是像故事里说的被“白状元祭塔”祭倒的，也不是“小青姑娘”修炼成仙后用法术把它击倒的，而是因为当地的人迷信，以为拿一块塔上的砖放在家里可以消灾避难，于是你拿我拿，塔的根基被挖空，就倒塌了。[3]一座古塔倒掉，当然有些可惜。而从整个社会生活的角度看，是不是一件了不起的大事？（生齐：不是）但鲁迅却为此事写了两篇文章：《论雷峰塔的倒掉》和《再论雷峰塔的倒掉》，这究竟是为什么呢？原来当时有一些满脑袋封建思想的文人，也就是鲁迅文章里说的什么样的人？（生齐：脑髓里有点贵恙的）借雷峰塔的倒掉，大唱哀歌，散布很多维护封建礼教、

[1] **沈**：鼓励学生提问，见教师胸襟；处理学生问题，见教师功力。此处按卡片序号提出问题，实谓巧妙。

[2] **钱**：针对文本特点，指导自读方法。
张：有序梳理，引向系统，这是极有效的训练。

[3] **钱**：教师用必要的讲解来帮助学生了解写作背景，为后面的讨论作好准备。
张：是的，教学鲁迅作品，不能缺此环节。

封建统治的言论，总之，他们希望恢复人压迫人的封建旧秩序。这种借一件事做题目，来表示自己真正的意思的手法，叫什么？有个成语，知道吗？

生：借题发挥。

师：对。这就使鲁迅不能沉默了。于是，他针锋相对，也来一个借题发挥，写下了这篇文章。请大家联系课文想一想：鲁迅借的什么题？发挥了什么意思？①

生2：他也是借雷峰塔倒掉这个题，抨击了那些希望恢复封建社会的文人。

师：说得好极了！他还用了一个很高级的动词（笑），听出了没有？（生齐：抨击）你会写吗？

生2：提手旁一个“平”。

师：这个字很容易读成“píng”，他不仅会写而且没读错，真不容易。不错，鲁迅的这篇文章抨击了那些妄图恢复人压迫人的封建统治的人。鲁迅针锋相对地指出，人压迫人的封建统治是不可能恢复的，封建势力的垮台是历史发展的必然，是谁也阻挡不了的。课文里有一个句子非常深刻地表达了这个思想，看谁能把它找出来。这可是个“高级难题”，读书傻乎乎的人肯定是找不到的。（笑）

（学生看书后不少人举手）

师：啊，看来大家都不傻。②（笑）好，你说。

生3：“莫非他造塔的时候，竟没有想到塔是终究要倒的么？”

师：好极了！完全正确。但是我还不满足，你

① **沈**：巧用“借题发挥”，从言语实践中习得语感。

② **钱**：钱老师善于运用夸张手法，在诙谐的气氛中调动学生的学习积极性。

张：学生“入彀”又能“出套”，表明文意把握基本到位，导与学达到平衡。

能不能再说一说为什么找了这句?

生3:"塔是终究要倒的"说明封建势力是终究要垮台的。

师:这句话里有一个关键词,如果你能找出来,我算佩服你了。

生3:"终究"。(师插:为什么是关键?)说明塔的倒掉是"必然"的。

师:啊,佩服,佩服! [1] (笑)他找出的这个句子是文章的中心句,我们叫它"文眼"。读这样含意深刻的文章,只要找到了文眼,就抓到了中心思想,也就基本上读懂了文章。同学们很会读文章。同你们讨论问题,我感到很愉快。现在讨论2号卡片。

生:(读2号卡片)从本文的标题看,是议论文,但跟过去学过的议论文不同,写得有些杂乱,究竟是什么文体?

师:他说鲁迅的文章有些杂乱,你们说呢?

生:(议论纷纷)杂乱。不杂乱。

师:请起来说。

生:是写得有些乱。先说雷峰塔倒掉,后来却东拉西扯,还写到吃螃蟹,让人理不出线索来。

师:(对另一名学生)我刚才好像听到你说"不杂乱",也能起来讲讲吗?

生4:我……我想,鲁迅写文章是不会乱来的。(笑)

师:当然,鲁迅如果乱写的话,那就不是鲁迅,而是一名中学生了。(笑)不能把这个作为理由,也要用文章本身来说明。[2]

生4:文章写的都是雷峰塔倒掉的事。(师插:

[1] **钱:** 学生受到这样的激励,学习兴致被完全激发起来,师生互动,其乐融融,似乎是杏坛讲学的场景再现。

沈: 抓文眼,提领而顿,百毛皆顺。

张: 钱老师就是这样了无痕迹地指导着、训练着读文章的方法。

[2] **钱:** 友善的玩笑话,增进了师生情感,激活了学生思维。

张: 教师又能适时引导,由浅入深,理清思路。

沈: "杂乱"还是"不杂乱",钱老师总能找准切入点,"争"出深度,"辩"出灵动。

能说得具体些吗？）写《白蛇传》的故事，写吃螃蟹这些事，都和雷峰塔倒掉的问题有关。

师：两位同学的意见都正确。这篇文章看起来是有些“杂”，但是“杂”而不“乱”。这种文体就叫“杂文”（板书）。杂文里常常要发表议论，但是跟议论文不同。关于这种文体的特点，到我们读完了文章以后，再一起讨论。刚才他（指生4）虽然话说得不太漂亮，但道理是对的。文章看起来似乎“东拉西扯”，可是都跟雷峰塔的倒掉有关。本文的标题是“论雷峰塔的倒掉”，这就提示我们，塔的“倒掉”是贯穿全文的一条线索。现在我们就来理一理这条线索。这件事并不难做，只要把文章里有关“倒掉”的词语找出来就行了。例如，第1段主要写了什么？

生：听说杭州西湖上的雷峰塔倒掉了。（师插：能不能简化到最少的字数呢？）①听说……倒掉。

师：好，就用“听说倒掉”。大家就以此为例，一路找下去，最后就可以把线索理出来。

（学生看书，找线索，教师边听边写，最后完成板书：听说倒掉——希望倒掉——仍然希望倒掉——居然倒掉——终究要倒掉）

师：你们看，作者就按这条线索，有时叙述，有时议论，一路写下去。如果说这像是在画“龙”的话，那么在哪里“点睛”？

生：最后点睛。（师插：为什么说“睛”在最后？）因为“终究要倒掉”是文章的中

① **钱**：用最精练的语言概括，钱老师很重视这样的训练，这是语文教学的根本任务之一。

张：引导又在最简洁、最明白的节点上，真是举重若轻。

心所在。[①]

师：你们看，把文章的线索理一下，就可以看出作者的思路一步不乱。这可以说是杂文的一个特点：杂而不乱。下面讨论第三个问题。

生：（读3号卡片）“听说，杭州西湖上的雷峰塔倒掉了，听说而已，我没有亲见。”这句用了两个“听说”，显得啰唆，“没有亲见”和“听说”的意思也是重复的，作者为什么要这样写？

师：大家想想，这个问题该怎么解决？

生5：为了强调“听说”。

师：有点道理。但为什么要强调“听说”，而不是一听说，立即坐火车到杭州去看个究竟？你再往深处想想，揣摩一下作者对雷峰塔的态度。[②]

生5：作者对雷峰塔没有好感，因为塔下压着白蛇娘娘。“听说而已”，就是说知道有这回事就算了，是一种无所谓的态度。

生6：作者写这篇文章的时候已经知道塔下没有白蛇娘娘，他对塔没有好感是因为雷峰塔是封建势力的象征。

师：你们两人都说得很好，你（指生6）的纠正尤其好。不过，说作者的态度是“无所谓”，恐怕还不够[③]，我给大家一个字，请组成一个词，这个字是“冷”字。

生：冷漠。

生：冷淡。

师：请从两个词中选一个，并说明选择的理由。

生：用“冷漠”好，因为它不但是冷淡，还有

[①] **钱**：一纲举而万目张。理清这一线索，再找到“点睛”之处，气脉贯通，大大降低了理解文本的难度。

张：对于杂文风格这一难点，不在课前机械介绍，而在细读深思过程中顺势归纳。老到又精彩啊！

[②] **沈**：扣“听说”往深处追问，揣摩言语之精妙，把握言语之理趣。

[③] **张**：相信学生，及时肯定；继续点拨，引导学生深入思辨，准确把握。

一点漠不关心的意思，表明作者对雷峰塔倒不倒抱着无所谓的态度，当然更没有兴趣到杭州去看。

师：这个问题挺难，想不到会解决得这样好。现在讨论下一题。[①]

生：（读4号卡片）“雷峰夕照”是西湖十景之一，是西湖胜迹中的一个名目。“胜迹”就是风景优美的古迹，但作者却说它“并不见佳”。“雷峰夕照”究竟美不美？

师：上一个问题解决了，我估计这个问题是容易解决的。谁来说？

生：我想“雷峰夕照”的景色大概还是比较好的，可是作者对它没有好感，所以要说它不美。

师：大家同意吗？（生齐：同意）我早知道这个问题对你们来说太容易了。不过我觉得讨论这个问题，重要的不是得到这个结论，而是要细细体会作者的语言表达。请大家把第1段朗读一遍，说说作者在对雷峰塔的具体描写中是怎样流露出自己的感情的。（学生各自朗读课文）

生：用“破破烂烂”描写雷峰塔，给人一种破落的感觉，“落山的太阳照着这些四近的地方”，使人感到很荒凉。

师：你的感觉很准确。这些词语的确带有荒凉、破落的色彩，表现了作者对雷峰塔的厌恶感情。这里用词很有讲究。雷峰塔是一座古塔，如果你带着欣赏的态度，也许会说它“古色古香”“古朴苍劲”。但作者却说它“破破烂烂”，给人的感觉就完全不一样

① **钱：**一个难题，想不到能解决得这样好，仔细揣摩钱老师引导讨论时的两次点拨，便可知道意外中有必然。

张：钱老师在“时”和“度”的把握上，妙至毫巅。

沈：师生、生生之间的对话一直在相互尊重、相互倾听的氛围中展开。

了。再如“落山的太阳”，如果改为“夕阳的余晖”，感情色彩也截然不同。这对我们怎样选用恰当的词语来表达感情是很有启发的。[①] 好，下一题。

生：（读5号卡片）“并不见佳，我以为”是不是就是“我以为并不见佳”？作者为什么要这样倒过来说？

师：这个问题也有点难度。（有学生举手）请等一下，暂时不忙发表意见，先把这个句子再朗读几遍，细细体会，哪些字要读得重一些，强调一些，然后再说作者为什么要用这种倒装的句式。[②]（学生各自朗读、体会）

生7：把“并不见佳”移到前面，起了强调的作用，读的时候，要把这四个字读得重一些。

师：还有意见要发表吗？

生8：我觉得“我以为”三字要重读。（师插：为什么？）这是作者在表明自己和别人的态度不一样。

师：你说的“别人”指哪些人？

生8：头脑里有点贵恙的人。

师：为什么作者要强调自己和他们的态度不一样呢？

生8：针锋相对呀。

师：你的体会好极了，我完全赞同。不过，他（指生7）的意见也是值得考虑的。一般说，把句子的某一个成分移到前面，总是为了突出这个移前的成分，读得要重些。这个句子显然突出了作者对“雷峰夕照”的评价：并不见佳。还有，“我以为”三字，不

[①] **钱**：老师举例比较，分析语言表达的不同效果，使学生获得感性认知。

沈：一切景语皆情语，学生在感受中思考，在思考中品味，领悟语言之妙。

[②] **钱**：不急于求成，而是指导反复朗读，用心体会，体现了钱老师“求其自得”的导读艺术。

张：而关键语句的“自得”，恰是理解文本的突破口。

必全部重读，只要强调一个字就可以了。（生插："我"）对！这样，这个句子既突出了"并不见佳"，又强调了这是"我"的态度，跟那些为雷峰塔大唱哀歌的文人针锋相对。语气肯定，旗帜鲜明，毫不含糊。[①]顺便还告诉大家一件有趣的事：鲁迅这篇文章发表以后，人们除了为鲁迅深刻的思想所折服外，对这个句子新颖的形式也发生了兴趣，纷纷仿效，说话、写文章都要来一个"并不见佳，我以为"，一时成为流行的句式。从这里也可以看出鲁迅锤炼语言的功夫。最后，请大家把第1段完整读一遍，再好好体会一下作者的感情，尤其是最后一个倒序句，两处重音都要读出来。（学生朗读）

①**钱：**老师时时让自己置身于同学的讨论中，或称赞，或追问，或补充，将"导读"演绎得如此自然巧妙，可谓"羚羊挂角，无迹可求"。

张：老师"目中有人"，使学生"有动于衷"。

沈：是的，钱老师不但起好组织、指导的作用，还适时、适度地参与研讨，引入新知。

第二课时

师：上一课我们讨论了关于"憎塔"方面的三个问题。现在我们继续讨论这方面的问题。

生：（读6号卡片）作者小时候以为雷峰塔底下压着白蛇娘娘，所以希望它倒掉，是可以理解的。可是后来看看书，知道塔下并没有白蛇娘娘，为什么"心里仍然不舒服，仍然希望他倒掉"？

师：我知道，这个问题对你们来说，也是并不太难的。你们想，作者小时候希望塔倒掉，是出于一种什么心理？[②]

生：小孩子的同情心。

师：那么长大以后呢？又是出于一种什么心理？[③]

②**沈：**充分相信学生，把课堂还给学生，让学生唱主角。

③**钱：**对比小时候与长大后的不同心理，通过这个点使一个颇难回答的问题迎刃而解。

生：希望封建势力垮台。

师：是呀。你们想，这时候的雷峰塔在作者的心目中，仅仅是一座普通的塔吗？是不是还有一些别的含义？

生：雷峰塔是封建势力的象征。

师：为什么雷峰塔能够象征封建势力呢？所有的塔都会有这种象征意义吗？

生：雷峰塔本来是一座"镇压的塔"，而封建势力就是压迫人民的，所以能够象征。

生：老师，我认为你的问题提得不够确切，鲁迅用雷峰塔象征封建势力，也不过是借题发挥，因此没有必要问别的塔有没有这种象征意义。

师：（惊喜）太好了！太好了！谢谢你的指正，我提这个问题是有些多余，现在我声明取消。[①]（笑）的确，作者用雷峰塔象征封建势力，是借题发挥，未必是作者真的跟一座塔有什么过不去。再进一步说，雷峰塔的象征意义还可以扩大到一切压迫人的反动势力，这样理解，文章的意义就更深广了。这个问题讨论得好极了，从同学们的发言中，我也受了启发。[②]下面讨论7号卡片。

生：（读7号卡片）课文第4段说"现在，它居然倒了"，我认为应该把"居然"改为"果然"。因为作者是一直希望雷峰塔倒掉的，现在"果然"倒掉，语气好像顺一点。

师：你"居然"敢于为鲁迅改文章，真是勇气过人。（笑）这问题也是挺"高级"的，请大家发表意见。[③]

[①] **张**：质疑、商榷，这是师生平等对话的基础。

沈：老师发自内心的惊喜与赞扬是对学生的由衷的鼓励。对那位学生来说，无疑将会产生深远的影响。

[②] **钱**：学生的"指正"与教师的肯定，是精彩一笔！所谓"教学相长"，这不正是绝好的范例吗？

张：老师"受了启发"，更是"做了启发"，这就是"导"的艺术。

沈：这是真正的平等思考、平等对话。

[③] **沈**：广开言路，鼓励学生的求异思维。

生：我同意改为“果然”。“果然”表示塔倒在意料之中，因为塔是终究要倒的嘛！作者是早就料定它要倒的。“居然”表示出乎意料，用在这里是有些不合适。

师：好啊，又有一位主张为鲁迅改文章的勇敢者！（笑）到底要不要改？我想再引用一下前一堂课上一位同学的话：“鲁迅写文章是不会乱来的。”（笑）他这里用“居然”，总有他用“居然”的道理，大家是不是也站在鲁迅的角度替他想想呢？①

生1：我认为用“居然”比“果然”好。

师：好，你为鲁迅辩护，如果先生还在，我想他会高兴的。（笑）不过你要讲出理由来。

生1：“塔是终究要倒的”，这是必然的，作者又希望它倒掉，但是塔毕竟是不大会倒的，现在雷峰塔这么快就倒掉了，是出乎意料的，当然要用“居然”。

师：言之成理！我再作一点补充。大家看，紧接着“居然”这一句，下面是什么句子？

生：（齐读）“……则普天之下的人民，其欣喜为何如？”

师：“居然”表示雷峰塔倒掉这件事出乎意料地发生了，普天下的人民则为之无比欣喜，有一个成语恰好能够表达人民这种出乎意料的欣喜的感情，你能说出这个成语吗？②

生1：喜出望外。

师：你真行！我现在宣布：你为鲁迅辩护成功！（笑）现在请大家再把第3、4两段连起来朗读一遍，体会一下“我”从“希望倒掉”直到“居然倒掉”以后那种喜出

① **钱**：援引学生的话略作引导，这里的“导”，对初中生来说颇为必要。此处如果不作“明示”，学生的发言也许会散漫开去。

② **钱**：“居然”与“果然”之辨，是很考量思维品质的一个问题，结果又解决得这般干脆利落，让人喜出望外！

望外的感情。（学生朗读）

师：你们是不是感到用“居然”引出下面的“欣喜”，给人一种加倍欣喜的感觉？（生接：是的）这里我顺便问一下：作者为什么不写自己欣喜，而要写人民的欣喜？“人民”之前为什么还要加上“普天之下”这个定语？①

生2：这说明希望雷峰塔倒掉的，不仅仅是作者一个人。“人民”之前加上“普天之下”，说明全世界人民都这样。（众笑）

师：你们为什么笑？

生：他说“全世界人民”，范围太大了，外国人不会知道雷峰塔下压着白蛇娘娘。（笑）应该说是“广大人民”。

师：纠正得很好。不过他（指生2）说的道理是对的，作者所以要写到“普天之下的人民”，表明他厌恶雷峰塔，强烈地希望塔倒掉，绝不是出于个人的好恶，而是跟广大人民的感情是一致的。②这个问题解决得很好。下面谁提问？

生3：（读8号卡片）“这是有事实可证的”这句中的“这”指代什么？“事实”指哪些事？

师：这个问题虽然不一定有多少深度，但是他这种咬文嚼字读文章的认真态度我十分赞赏。谁来回答他的问题？（学生纷纷举手）大家暂时把手放下，我想请提问的同学自己先说说看，看能不能自己提出疑问，自己解决疑问。③

生3：“这”指普天之下的人民为雷峰塔倒掉而欣喜这件事。“事实”就是下面田夫野

① **沈**：此处一问，让文本细节处也充满了丰盈的张力。打开了学生敏锐的感觉，让学生获得有价值的感悟。

② **钱**：纵然是课堂花絮，也能衍生出富有趣味的教学价值，钱老师真能点石成金！
张：鲁迅先生是“嬉笑怒骂”皆成文章，钱老师是“推挪点移”招招入心。

③ **钱**：让提问题的同学自己来解决问题，真是奇峰突起。
张：钱老师推敲文本的能力出类拔萃，学生咬文嚼字的能力也大大提升。
沈：是的，不仅鼓励学生勇于质疑，更引导他们自主解疑。

老、蚕妇村氓都为白娘娘抱不平，怪法海多事。

师：看来，你解决问题的能力很强。不过，我想问你一下，你在提出问题的时候，是不是想过答案？

生3：想过，但是我不大有把握。

师：现在有把握吗？（生接：有）为什么现在有了呢？

生3：刚才你说我能力很强，我知道自己答对了。（笑）[①]

师：看来你还需要更多一点的自信。其实，你是有能力的，你完全有理由相信自己。这个问题就讨论到这里。上面我们讨论的几个问题，都是作者对雷峰塔的态度方面的问题。下面我们看看作者对这座镇压之塔的制造者——法海和尚是怎样的态度。请提出问题。

生：（读9号卡片）法海对许仙和白娘娘的结合为什么要嫉妒？“大约是怀着嫉妒罢，——那简直是一定的。”这里“大约”和“一定”是不是前后矛盾？中间的破折号有什么作用？

师：他一连提了三个问题，都是“高精尖”的，我真感到有点不大好解决。不知道我们能不能讨论出结果来。[②]（生接：能！）大家有信心，我很高兴。那就先好好想想，再发表意见。

（学生考虑，约两分钟。）

师：为了回答这三个高难度问题，先从文章里看看法海去破坏白娘娘和许仙的美满婚姻

① **钱**：学生果然自己解决了疑问。老师的高明在于问题难易和学生能力的正确把握，在于对课堂进程的理性掌握，也在于对学生的热情鼓励与由衷信任。

② **钱**：我常常感到惊讶：为什么钱老师的激将法屡试不爽呢？你们能找到答案吗？

张：把文本内容和学生认知拿捏得如此精妙，我们但感其妙却似乎无迹可寻啊！

沈：学生在宽松的赏识环境中，更能愉悦地陈述自己的观点。

有没有道理。

生4：法海是毫无道理的，文章里说："白蛇自迷许仙，许仙自娶妖怪，和别人有什么相干呢？他偏要放下经卷，横来招是搬非……"

师：你找的句子里有几个副词很重要，从它们可以看出法海毫无道理，请你把它们找出来。

生4：前面两个"自"，还有一个"偏"和一个"横"。

师：两个"自"说明了什么？"偏"和"横"又分别说明了什么？能说说吗？①

生4：两个"自"说明许仙和白娘娘是自由恋爱（笑），完全是自己愿意的，法海干涉是没有道理的。"偏"字说明——（语顿）

师：他本来不该去惹是生非，可他"偏偏"要这样做，想想看，这个"偏"说明了法海怎样？

生4：顽固。（有同学插话：固执）

师：说"顽固"也行。"顽固"的人必定"固执"。好，你再说说那个"横"字。

生4：说明法海蛮不讲理。

师：你理解得很好。这些句子表明了白娘娘和许仙的婚姻完全两厢情愿，而且他们生活幸福，既不招谁，也不惹谁，法海横加干涉，实在是毫无道理可言。所以作者只能作一个推测：大约是怀着嫉妒吧。现在就可以讨论这个问题了：法海为什么要嫉妒？

（暂时无人举手，有几名学生在掩口而笑。）

师：有什么事让你们这么开心？能说给大家听

① **钱**：吕叔湘先生提倡"从语言出发，再回到语言"，这里对"自""偏""横"的细致玩味，足见文本细读之魅力，以及钱老师巧妙引导之功。

张："入里"分析，"由表"开始，言必有据。

沈：咬文嚼字，是赏析的关键。坚持不懈，学生便会自觉养成在语言上品悟，在阅读中思考的习惯。

吗？你笑得最厉害，就你说。

生：和尚不能娶老婆。（大笑）

师：别笑！别笑！这绝对不是笑话。这里对法海是有一点调侃（板书）的味道。“调侃”，用言语戏弄，也就是用开玩笑的语言来讽刺。鲁迅的杂文“嬉笑怒骂，皆成文章”（板书），这就是一个例子。① 当然，文章这样写，是为了调侃，但假如我们对法海的本质要有个认识，那就要想得深一点了。大家想想，法海代表了一种什么社会势力？

生：（齐）封建势力。

师：对，他是封建势力的代表人物，这种人忠实地维护着封建旧礼教、旧秩序。人民把他们叫作“封建卫道士”（板书）。他们看到青年男女婚姻自由，看到人民美满幸福地生活，是绝对不甘心的，总要想方设法加以破坏。这种封建卫道士，除了法海之外，大家还能举一些出来吗？②

生：《牛郎织女》故事里的王母娘娘。

生：《天仙配》里的王母娘娘。

师：哦，看来王母娘娘尽干这类坏事。（笑）

生：还有《孟姜女》里的秦始皇。

师：秦始皇可是个暴君的形象，不过说他是封建卫道士也不能算错，因为他是封建卫道士的总头目。这个人物比较复杂，他跟王母娘娘不一样，以后有机会再讨论。③总之，这类例子很多，咱们就不举了。现在考虑一下两个问题：“大约”和“一定”前后矛盾吗？中间的破折号有什么作用？

生5：“大约”有点推测的语气，因为上面

① **钱**：生动的课堂，有时候需要这种“歪打正着”。“歪打正着”背后，有着教师对教学内容的苦心经营。

张：钱老师敏锐抓住个别学生的思维，顺势一导，本来渐趋沉闷的局面一下子又豁然开朗了。

沈：鲁迅的杂文不拘一格，钱老师的课堂语言也是时而生动诙谐，时而大气沉稳。

② **钱**：调动学生的知识积累，语文学习其实有着“举三反一”的规律。

③ **钱**：点到为止，学习也不能一蹴而就，要围绕课堂核心讨论问题。

张：适当延伸，又及时收回，收放自如，教学的真境界。

沈：是的，点到却不含糊其辞，也可见钱老师的治学严谨。

说法海干涉许仙和白娘娘的婚姻是毫无道理的——（语顿）

师：你大概是想说，既然毫无道理，为什么还偏要横加干涉呢？所以作者只能作出这样的推测，是吗？（生接：是）好，你说下去。

生5：推测之后有个破折号，我觉得好像是表示对上面的推测有个思考的过程，思考的结果是“那简直是一定的”，肯定了法海的嫉妒。

生：我认为这个破折号表示意思递进，从推测到肯定，意思进了一步。

师：两人的意见我都同意，因为你们事实上没有什么分歧，总之，这一小段对法海卑鄙的嫉妒心理，既有无情的揭露，也有近于调侃的冷嘲热讽。最后从推测到肯定，细细辨味，也带有调侃的色彩。看来，这样高难度的问题，也难不倒你们。好，继续提问。

生：（读10号卡片）玉皇大帝是天上的最高统治者，可是作者对他很满意，为什么？作者为什么要让玉皇大帝来惩罚法海？作者对玉皇大帝究竟是什么态度？

师：这里有个问题我要解释一下：他问为什么作者要让玉皇大帝来惩罚法海，这个问题的提法不对，作者绝对不可能打电话通知玉皇大帝惩罚法海。[①]（笑）玉皇大帝惩罚法海是民间传说里本来就有的情节，所以这一段用“听说”开头，这位同学读文章的时候可能没有注意。但是他提的另两个问题很好，请大家发表意见。

[①] **沈**：钱老师对学生所提问题的筛选、编序及表述的改进，经营得多么精致。

生6：作者对玉皇大帝并不完全肯定，也有否定。

师：说得很好，请继续往下想：肯定的多还是否定的多？肯定了什么？否定了什么？为什么肯定？文章里是怎样写的？想问题要步步深入地追问，这里既有阅读方法，也有思维方法。①

生6：作者对玉皇大帝总的来说是否定的，“腹诽的非常多”，就是说对玉皇大帝的不满意，不只关涉一两件事，而是“非常多”；“独于这一件却很满意”，一个“独”字，说明满意的只有这一件。②

师：好，文章就要这样读。再思考一个问题，玉皇大帝为什么非要拿办法海不可？文章是怎样写的？

生6：因为法海多事，荼毒生灵。

师：你知道“荼毒生灵”是指哪件事吗？（生接：不知道）有谁知道？（稍顿）其实这段文字里已经写明白了，大家找找看。

生7：大概是指“水满金山”一案。

师：“水满金山”怎么会“荼毒生灵”？为什么这事要由法海负责？

生7：“水满金山”大概淹死了不少人。法海如果不把许仙藏起来，就不会有“水满金山”的事，当然应该由法海负责。

师：对了。可见玉皇大帝要拿办法海，实在是因为法海荼毒生灵，不拿办不足以平民愤，才不得不这样做的。但不管怎么说，他要拿办法海总是符合大众的愿望的，所以作者对这件事还是满意的。但用了“独”字，表示对玉皇大帝的肯定是极其有限的。读

① **钱**：钱老师总能顺势而导，这一系列的追问，就是学生继续往前走的一层层台阶。**张**：导所该导，悟所该悟。每一步都走得踏踏实实。

② **沈**：作品丰富的意蕴，皆藏于字里行间。学生在一个容易忽略的“独”字中，获得了情感和思维的极大空间，丰富了阅读体验。

这一段，还要注意一个字的写法和读音，你们猜我要说的是哪个字？①

生：（齐）荼。

师：为什么猜是这个字？

生：因为容易跟“茶”字搞错。

师：你们真聪明。现在讨论下一个问题。

生8：（读11号卡片）第8自然段写吃螃蟹和怎样找到蟹和尚，是不是闲笔？如果不是，那么这一段的作用是什么？

师：你用了一个绝对高级的名词（笑），大家听出来了没有？②

生：（齐）闲笔。

师：什么叫闲笔，知道吗？（稍顿）看来都不知道。（向生8）你大概知道，你说吧。

生8：闲笔就是文章里多余的笔墨。

师：你说对了一半，这已经不错了。准确地说，应该是“看似多余，其实重要”，所以叫作“闲笔不闲”。总之，闲笔是一种写作的技巧，说来话长，现在不可能展开讨论。你这个问题可不可以改为这样的提法：作者写这一段有什么必要？它有没有离开中心？你看这样是不是容易回答一些？同意吗？③

生8：我同意。

师：好，那我们就这样讨论。谁来说？

生：我认为这一段不是多余的，它说明封建势力的代表人物必定要有这样的下场。

生：这一段对法海还有讽刺、嘲笑的作用。

师：从哪里看出讽刺、嘲笑？

生：文章前面说法海是个得道的禅师，肯定是神气活现的，可是现在成了让小孩子拿着

① **钱**：从“独”字的情味体悟，到“荼”字的音形记忆，再次体现教学的“立体化”结构。

张：既“美”又“实”的课堂呈现，后人难以企及的高度。

② **钱**：上一节课评价学生回答问题“用了一个很高级的动词”——“抨击”，此处又称赞学生“用了一个绝对高级的名词”——“闲笔”，课堂生成中很容易被忽视的一个点，被赋予了别样的教学价值。

张：随意一问，不露痕迹，学生一下子明白了一些较深的文学术语，对文本的探究又深入一层。

③ **钱**：即使要对学生的问题进行修正，也是用商量的口吻。一个简单的教学环节，学生却有了不一样的情感体验。

玩的“蟹和尚”，让人觉得可笑。

生：这一段证明了镇压人民的人不会有好下场。

师：同学们的意见我都同意。但这些意见只能说明这一段应该写，还不能说明这一段为什么要把吃螃蟹和找蟹和尚的经过写得这样详细，我们不妨先看看作者是怎样写的，然后想想为什么要这样写。谁先来说是怎样写的，注意动词。①

生：先把蟹煮熟，再揭开背壳，再把里边的黄、膏等东西吃掉，就露出一个圆锥形的薄膜，接着就写一连串的动作，切下、取出、翻转，最后就可以看到一个罗汉模样的东西，就是法海。

师：有道理。作者写得多具体，简直像一篇小小说明文，题目可以用“这样吃螃蟹”（笑），这样写究竟有什么必要呢？②

生：我认为是为了增加文章的趣味。

师：有道理。但还不完全是为了增加情趣。

生9：为了证实法海的的确确藏在螃蟹里。

师：说得好。我读了这一段，似乎听到作者在说：法海确确实实逃到了螃蟹里，如果你不信的话……（向生9）你能不能把我这句没有说完的话说下去？

生9：……那就去买个螃蟹来吃一下试试。（笑）

师：接得好！所以这一段具体描写增强了法海受惩罚这件事的可信性和真实感。（板书：可信性、真实感）关于这一段的作用，我们谈了不少，谁能小结一下？③

生10：讽刺法海的可笑下场，证明镇压人民的人不会有好下场。增加文章的趣味性，还

① **钱**：深挖一口井，终会有清泉。
张：此处有清泉，全赖老师引。

② **沈**：不仅知其然，还要知其所以然。

③ **钱**：“欲穷千里目，更上一层楼”，这是概括能力的培养，把思维的训练引向更高的层级。

增强了可信性和真实感。

师：总结得很好。最后一句有点残缺：增强了什么事的可信性和真实感？

生10：法海逃在蟹壳里这件事。

师：这样说也对。这个问题就讨论到这儿……（被一学生举手打断）

生：老师，我还有一个问题，法海荼毒生灵，死了不少人，玉皇大帝要拿办，法海逃进了蟹壳，玉皇大帝为什么就算了？①

师：那你说该怎么办？

生：把他揪出来。

师：揪出来干吗？枪毙？杀头？（笑）其实，法海躲在螃蟹里的日子也是不好受的，大家看文章里怎么写？

生："独自静坐""非到螃蟹断种的那一天为止出不来"。

师：法海什么时候能出来？

生：永远出不来。

师：为什么？

生：螃蟹不会断种。

师：就是说，法海被判了什么刑？

生：（七嘴八舌）无期徒刑。终身监禁。

师：你们看，这日子恐怕不会比枪毙更好受。（笑）这个问题就讨论到这里了。顺便说一句，鲁迅这篇文章完全是根据民间传说写的，传说中法海就躲在蟹壳里。现在讨论最后一个问题。

生：（读12号卡片）"活该"是什么意思？为什么单独列一段，把它并入上一段好不好？

师：先理解"活该"是什么意思。谁说？

① **钱**：学生的质疑，体现出他们在主动、积极、富于创造性地学习，只有将学生置于认识主体的地位，才有这种境界的产生。

张：小小的插曲，也充分体现了钱老师教学的灵活性和针对性。

沈：正是钱老师营造了心灵自由的学习氛围，学生才总能在学习过程中固守内心独特本真的阅读感受。

生：罪有应得。

师：作者为什么不用书面化的“罪有应得”，而要用这种口头语呢？

生：为了讽刺。

师：对，这个“活该”就有点嘲弄的口气。还有别的意见吗？

生11：我认为“活该”后面应该用个感叹号，读起来才有力。

师：这个问题提得很好！你怎么没制卡片呢？（生11：现在才想到的）[①] 不过这对讨论12号卡片很有帮助，我就把它插进来一起研究。到底用句号好还是用感叹号好，这关系到对作者感情的体会。现在就通过朗读来比较一下，究竟用句号还是用感叹号读起来够味儿。这要靠敏锐的感觉，仔细辨别，用心体会，我想看看大家的感觉怎么样。就读最后两小段。你（指生11）主张用感叹号，请你先按感叹号的语气读。（生11朗读，接着又一名学生按原文的标点朗读。）

师：他们两人都读得很好，读出了感情。他（生11）读得语气很强烈，他（另一生）呢，语调比较低沉，故意把“活”的声音拖长些，给人的感觉冷冷的。两种读法，表达出两种不同的情感。大家说说，用哪一种读法更接近作者的本意。

生：我觉得用感叹号语气太强烈了，好像在大声斥责法海，听起来虽然有力，但是不符合作者的本意。

师：那你认为作者的本意是什么呢？

[①] **钱**：又是一个极好的“聚焦点”，且看钱老师如何在这里掘井。

沈：此处可谓利用标点这一细小资源深入探究，感受标点情感、推敲标点意蕴的绝佳范例。

张：“现在才想到的”是即时的生成。课堂完全进入了学生自主的状态，他们独立地质疑、探究，这是学生阅读由“入格”向“出格”的进发。

生：从上文看，法海造了雷峰塔镇压白娘娘，但最后白娘娘从塔里出来，法海自己却落得一个躲进螃蟹的下场，变成了一个罗汉模样的东西，使人觉得很可笑。因此，我认为这“活该”是在笑他自作自受，好像还有点幸灾乐祸。①

师：大家同意吗？（生齐：同意！）有不同意见的举手。

（稍顿，无人举手。）

师：（向生11）看来你是少数派了。（笑）不过你的问题提得好，帮助大家更好地体会了作者的感情，你也是有贡献的。（笑）他（指另一生）的发言很有水平，不过他用了个“幸灾乐祸”，这个成语习惯上带有贬义，其实他的意思也许是说，作者对法海可耻的下场既感到可笑，又为之庆幸，所以“活该”两字带有一种“冷嘲”的色彩。②这样体会，我觉得是符合作者本意的。现在讨论最后一个小问题：“活该”为什么要单独列一段？跟上一段合并好不好？

生：为了强调“活该”。

生：使读者印象更深刻，觉得法海的下场的确是自作自受，罪有应得。

生：让读者有一种新鲜感觉。

师：还有别的意见吗？（稍顿）大家体会得很好。我再补充一点：这种形式叫“独词段”，它一般都用在文章的关键处，有突出、强调的作用。因为一段只有一个词，所以特别容易引起读者的注意和思考。本文用“活该”收束全文，确实是精彩的一

① **钱**：果然有清泉。
张：何时同一瓢，饮水心亦足啊。
沈：的确，此处呼应了前面提出的“为什么要把吃螃蟹和找蟹和尚的经过写得这样详细”，钱老师的诱导如草蛇灰线，伏脉千里。

② **钱**：我正在担心学生所用“幸灾乐祸”一词是否会被忽略，钱老师已经觉察到了，这种几乎能在每一处动态生成的“教学点”上发现问题的敏锐性，令人佩服。
张：敏锐地发现问题，适当地提升难度，培养学生较高层次的阅读能力，必将使他们受益无穷。

笔，使我们看到了鲁迅的杂文既尖锐泼辣又幽默风趣（板书：尖锐泼辣　幽默风趣）的特点。同学们还记得吗，上一堂课我们遗留了一个问题，准备在读完全文以后讨论的。①（生插：关于杂文的特点）现在下课的时间马上到了，看来不能讨论，不过，经过两堂课的共同学习，我感到你们不仅学得主动，而且思维能力很强，我相信你们对杂文的特点已经有所认识了。这个问题就请你们到课外自己去研究，同学之间还可以互相交流交流，尤其别忘了请教老师。我觉得你们的老师真好，把你们教得这样聪明，我要向他学习（本课是钱老师借班上课——编者注）。②

（下课）

① **钱**：学生处于心愤口悱的状态时，老师的讲述更具启发性。而且，老师没有忘记上一堂课预留的问题，体现出教学思维的缜密。

② **沈**：对学生、同行真诚的赞赏，可见钱老师为人热忱、谦和，让人肃然起敬。

张：钱老师处理教材出神入化。善悟成就善教者，善教成就善学者。

【研读感悟】

近几年，有这样一句话让人们感慨良多：慢一点，让灵魂跟上脚步。在工业化时代，一切以快速、高效为目标，人们追求的是以最小的成本获取最大的收益。让人遗憾的是在教育领域也出现了这样的趋势。在语文教学中，打着追求高效的旗号，各种新理念层出不穷，可谓“乱花渐欲迷人眼”。然而，回顾钱梦龙老师30多年前提出的“语文导读法”，细细品读钱老师的课堂教学实录，直给人以返璞归真之感。我实在不敢说这30年来我们的语文教育是在不断进步之中。我希望有更多的一线教师能够不为当今那些标签式的语文教学流派及其“新观念”所迷惑，而能从钱老师这里了解语文教学的真谛，这样一定可以少走很多的弯路。

《论雷峰塔的倒掉》课堂教学实录，鲜明地体现了钱老师“语文导读法”中的“三主”理念。一直以来，钱老师将“学生为主体”列为“三主”之首，就是倡导教师要站在学生“学”的立场上，考虑自己“教什么”和“怎样教”。《论雷峰塔的倒掉》一文比较难懂，上课之前，钱老师请同学们根据自读情况提出问题，他将这些问题加以整理，制作成12张问题卡片。课堂上，教师引导学生对这12个问题进行探究。这完全是从教学的根本出发，着眼于学生的“会学”，是“思有其序，读有其格”的阅读教学基本方法。这12个问题，涉及文章借题发挥的写作目的、杂而不乱的艺术构思、憎塔讽僧的思想情感。围绕这几个主问题衍生出的一系列“小问题”，则又涉及语文学习的诸多方面，如字词的锤炼、“文眼”的把握、情感的体悟、标点的作用、行文的风格、句式及语言表达的特点等等。除了这些显性的语文学习基本要素以外，更有隐性的语文学习基本素养，如质疑探究精神、思辨能力、学习的兴趣与热情等，这些都融合在钱老师的课堂教学过程中。所有主要教学环节的展开，均由学生参与并逐步完成，教师从旁加以引导。

我认为，评判教师引导是否得法，不是只看教师运用了多少教学技巧，更要看学生自主阅读的积极性和主动性是否充分发挥出来。正如洪宗礼先生所说：教师要真正起到主导作用，就不能像魔术师那样企图用奇幻的表演吸引观众，而要像导游引导游客自己品赏山水一样，引导学生自己到知识与智能的宝山去探求宝藏。钱老师在这堂课中所承担的角色，正是这样一个高明的导游。我们不妨看一下这样的教学片段：

师：……课文里有一个句子非常深刻地表达了这个思想，看谁能把它找出来。这可是个“高级难题”，读书傻乎乎的人肯定是找不到的。（笑）

（学生看书后不少人举手）

师：啊，看来大家都不傻。（笑）好，你说。

生3：“莫非他造塔的时候，竟没有想到塔是终究要倒的么？”

师：好极了！完全正确。但是我还不满足，你能不能再说一说为什么找了这句？

生3：“塔是终究要倒的”说明封建势力是终究要垮台的。

师：这句话里有一个关键词，如果你能找出来，我算佩服你了。

生3：“终究”。（师插：为什么是关键？）说明塔的倒掉是“必然”的。

师：啊，佩服，佩服！（笑）他找出的这个句子是文章的中心句，我们叫它“文眼”。读这样含义深刻的文章，只要找到了文眼，就抓到了中心思想，也就基本上读懂了文章。同学们很会读文章。同你们讨论问题，我感到很愉快。……

这一教学环节中，钱老师“导而弗牵”的教学策略得以充分呈现。我们惊叹于师生对话如此流畅自然之余，内心深处亦自然而然产生一种愉悦感，除了用“如坐春风”来形容这样的课堂情境外，实在难有更恰当的用语了。

至于“训练为主线”，则贯穿于课堂教学始终。举一例来说，钱老师引导学生讨论雷峰塔“居然倒掉”与“果然倒掉”究竟哪个好，学生在老师的鼓励启发下，结合语言环境，细心揣摩，体会着文章的意脉。这一过程，绝非只是词义辨析过程，也是与文本、与作者对话的过程，还是读懂文章的“训练”过程。在这个过程中，词语的学习和人文精神的熏陶是同步完成的。

（钱建江）

《谈骨气》

执教：钱梦龙

品读：仲剑峰（主持人）、陈　丹、顾丽芳

（以下依次简称"仲""陈""顾"）

经典回放

第一课时

（上课前，全班在语文课代表带领下齐背文天祥诗《过零丁洋》。上课时，先放课文录音，教师要求学生一面认真听，一面仔细体会：文章表达了怎样的思想感情？）

生：这篇文章充分表现了民族自豪感。

师：确是如此。请再体会一下，你们觉得哪些句子读起来特别带劲？①

生：开头第一句"我们中国人是有骨气的"，充满了中国人的自豪，读起来带劲。

生：孟子说的"富贵不能淫……"那几句，写出了一种英雄气概。还有结尾，"压不扁，折不弯，顶得住，吓不倒"几句，也带劲。

生："我们就是这些有骨气的人的子孙"，读这样的句子，我们感到自豪。

生："看你那副脸孔、那个神气，宁可饿死，也不吃你的饭"，表现了那个饿人的骨气，我感到这几句读起来最有劲。

生："闻一多拍案而起，横眉怒对……"这几句有劲。

品读沙龙

① **仲**：从语感入手，由情感切入，学生一下子就进入了文本。"你们觉得哪些句子读起来特别带劲？"让孩子们的阅读从面到点，读得更具体。

顾：语感能传递读者对文本感性的知觉，进而沿着这种感性去探究，老师智慧地打开了文本之窗。

陈：是啊，钱老师在潜移默化中对学生进行着语感训练。

师：大家说得都很好，整篇文章字里行间都洋溢着强烈的民族自豪感，写出了我们中国人的骨气。同学们对文章的思想感情体会得十分准确！现在请大家朗读一遍课文，注意，要读出一点我们中国人的英雄气概来。

（同学们齐读全文。教师肯定大家读得好。接着检查学生经过自读掌握词语的情况，同学们都作出了满意的回答。在讲到“宁可”一词时，教师还要求学生用“宁”字组成表现骨气的成语、俗语，学生说出了“宁死不屈”“宁为玉碎，不为瓦全”“宁可站着死，不愿跪着生”等成语、俗语，学生既理解了“宁可”的用法，又丰富了词语，还体会到这个词在课文中所表现的特定的感情色彩。）

师：下面我们分几步来阅读课文。第一步先做什么？

生：先问“课文写了什么”。[①]

师：为了说明方便，我们要把文章分成几个部分。你们看，分几个部分好？

生1：分三个部分。第一结构段就是第1自然段到第4自然段，第二结构段是第5自然段到第9自然段，第三结构段是第10自然段。第1—4自然段说什么是中国人的骨气，第5—9自然段举出了我们祖先有骨气的动人事迹，最后一段总结。（一学生举手表示有不同意见）

师：你也讲一讲你的理由。[②]

生2：第1自然段主要揭示了中心论点，应该单独成为一个结构段，第二结构段先讲了

[①] **仲**：训练有素，已经掌握了文章的一般读法。
顾：可以想见钱老师对培养学生阅读方法、阅读能力是多么的重视！
陈：确实，老师善导，学生善学。

[②] **仲**：尊重学生，但要求言之有据。
顾：知其然更知其所以然，旨在培养学生的逻辑思维能力。
陈：不问意见先问理由，对学生的思维训练在细微处呈现。

什么是骨气，然后列举了几个例子，具体地说明，第三结构段主要是总结全文。

师：现在两种意见，你们同意谁啊？

生：（小声地）×××（指生1）。

师：看来×××（指生2）的意见大家都不同意啊？你们要不要听听老师的意见？

生：（齐）要！

师：我两种分法都同意（生愕然），因为他们讲得都有道理啊！[①]分段这样的事，本来不是绝对的。一般的教学参考书上都是像×××（指生1）这样分的，这样分当然有道理，他刚才已经讲了。可我觉得×××（指生2）讲的也是挺有理的，文章第一句“我们中国人是有骨气的”，她认为这是提出中心论点，可以单独成为一个结构段，下面说明什么是骨气，接着就举出三个具体例子来进一步说明我们中国人确实是有骨气的，最后总结。你们看，不是挺有道理的吗？怎样分段好，关键在于是否正确反映了我们对作者思路的认识。你们同意我的意见吗？

生：同意！

师：不要以为老师讲的都是正确的，你们还是要自己判断啊！（稍顿）现在我们就一起来说说看这篇文章写了什么。可以先从标题说起，按怎样的结构段说，大家自己决定。[②]

生：“谈骨气”这个题目揭示了文章的中心论点。第一结构段一共四个自然段。第1自然段肯定我们中国人是有骨气的，第2自然段一共讲了三句话，用孟子的话说明了骨气的含

[①] **仲**：决不轻易否定学生的意见，找出学生回答中的合理内核予以肯定。

顾：钱老师特别重视对学生的小心呵护。

陈：这又是思维的训练，只要言之成理，答案就可能不止一个。当然，这对教师的要求是很高的。

[②] **仲**：让学生有自信，把舞台给学生。

顾：老师抛出的话题空间比较大，学生可以自由思维、自主建构。

陈：恰是在这样的过程中，生成精彩的教学片段。

义。第 3 自然段只有一句话，讲了骨气是我们中华民族的优良传统。第 4 自然段一共有三句语，讲了不同的阶级有不同的骨气，我们祖先的一些有骨气的事值得我们学习。

生：我认为，"谈骨气"这个标题是表明论述范围的，第 1 自然段"我们中国人是有骨气的"才是揭示中心论点的。①

师：大家同意吗？（生：同意！）好，再往下说。

生：第二结构段共五个自然段。第 5 自然段写了文天祥在敌人面前坚强不屈，表现了中华民族的骨气。第 6 自然段讲文天祥写的《正气歌》歌颂了古代有骨气的人的英雄气概。第 7 自然段说了一个有骨气的穷人不吃"嗟来之食"的故事。第 8 自然段点明不食"嗟来之食"表现了中国人的骨气。第 9 自然段是讲民主战士闻一多在明知敌人要杀害他的情况下，坚持进行革命斗争，表现了威武不屈的英雄气概。

生：我认为第 6 自然段主要讲孟子的几句话在文天祥身上都表现了出来，这是对上一段文天祥事迹的总结。

师：好，补充得好！总结了上一自然段。那我们再来思考一个问题：孟子的三句话在文天祥的身上都表现了出来，但是从作者举例的意图看，他着重表现的是哪一句话？②

生："富贵不能淫"。

师：为什么？

生：因为他被捕后元朝劝他投降，投降了就可以做大官。

师：讲得很好！做大官就是得到什么？

① **仲**：学生侃侃而谈的能力与自信来自哪里？
陈：背后一定是无数次的鼓励与锻炼。

② **仲**：信手拈来，由学生的回答，开启了另一扇思维之窗。
陈：生成的发现，需要教学的机智。
顾：这是一种教学境界，一种随心所欲的境界。

生：得到高官厚禄。但文天祥宁死不屈，英勇就义。

师：好！那么其他两个故事分别说明了什么？

生："嗟来之食"的故事表现了"贫贱不能移"，闻一多的故事表现了"威武不能屈"。

师：这样看来，孟子的三句话正好——

生：（齐）配上三个故事。

师：你们看，作者的思路非常清楚。对这一部分大家还有什么意见？①

生：我并没有什么意见，但我不明白课文中说的"大丈夫"是由哪些人组成的。

师：你看呢？

生：文章中说，我们中国人是有骨气的。中国人当然有男的有女的，可这"大丈夫"……（众笑）

生：词典上说，大丈夫"指有志气或有作为的男子"。

师：是啊，所以女同学要提抗议了：难道我们女的就没有骨气了吗？（大笑）大家看，这个问题怎么解决？

生：孟子的这句话是在封建社会说的，那样的社会里重男轻女，认为只有男的才有出息。现在我们是社会主义社会，男的女的都有出息，所以作者所说的有骨气，男的女的都应该包括在里面。

师：是啊，孟子是封建社会的一个代表人物，女的一般都没有社会地位，这是当时的社会现象。不要说封建社会，就是现在世界上的某些国家，女的也是没有地位的。

生：可吴晗是社会主义社会的人，他为什么不

① **仲**：再询问一下，这似乎已经成了钱老师的习惯。

顾：是的，从某种意义上说，教学就是"问的艺术"。这也是我们要好好揣摩和领悟的精要所在。

陈：在无疑处设疑，于不疑中生疑，是让学生成为问题的拥有者。

把刘胡兰写进去？（笑）

师：这个问题提得好！吴晗为什么不写刘胡兰，却写了个文天祥？（笑）这个问题值得好好讨论。请大家从文章里找找作者要这样写的根据。①

生：作者写古代的文天祥，是为了说明“我们祖先的许多有骨气的动人事迹，还有它积极的教育意义，是值得我们学习的”。

生：我认为是为了说明“我国经过了奴隶社会、封建社会的漫长时期，每个时代都有很多这样有骨气的人”。②

师：啊，都说得很好。还有几句非常关键的句子，请大家再找找看。

生：“我们是有着优良革命传统的民族。”

师：对啊，作者举例，是要说明我们民族的革命传统。这个革命传统是从什么时候开始的？

生：（齐）奴隶社会、封建社会。

师：下面有句话，你们要注意：“每个时代都有很多这样有骨气的人。”这里说的是“每个时代”，那么如果写刘胡兰或别的当代的有骨气的人，当然也很好，但是从作者写作的意图看，符合要求吗？③

生：（齐）不符合。

师：为什么？

生：因为作者要写的是我们的“革命传统”，文章选取什么例子，是由作者的写作目的决定的。

师：说得好！再说，写文章举例子，终究不是选举人民代表，非要有几个女的名额不可，是吗？现在我们来看看，这三个例子分别

① **仲**：本来学生的大胆质疑似乎有点远离课文了，钱老师却很敏感地抓住了其中的关键问题，让学生再一次去好好研究课文。

顾：高明的老师会让课堂上的“旁逸斜出”成为一种可资利用的极好资源。

陈：对这类问题的处理正可看出老师的文本解读深度与学生主体意识，钱老师作了示范。

② **仲**：叶老说：“作者思有路，遵路识斯真。”此言不谬！

顾：文本阅读是一个由表及里、由浅入深、由点到面的过程，老师像循循善诱的导游，把学生引导到文本深处的胜境。

③ **仲**：抓住刘胡兰的例子不放，继续刨根问底。

顾：因为所举的例子必须和作者的写作目的、文章的观点契合是主要教学目标，所以课堂的生成一旦与之吻合，就马上让它融入教学之中。

陈：教学目标的实现，绝不是轻而易举的，需要不断地强化。这就是扎实。

代表了什么时代？文天祥是封建社会的，这我们知道，那个饿人是什么时代的？

生：战国。

师：比战国还要早，春秋时代。那个时代是什么社会？

生：奴隶社会。

师：对了，那时正处在奴隶社会向封建社会过渡的时代。那么闻一多是什么社会的？

生：半封建半殖民地社会。

师：你们看，作者选择每个例子都是有道理的。我们每个时代，每种社会都有这样有骨气的人。他们代表了我们民族优良的革命传统。这个传统同我们今天的无产阶级骨气有没有关系？[①]

生：（齐）有。

师：有什么根据？

生：文章最后一个结构段一共有两句，第一句讲孟子的话到现在还有积极意义，第二句讲无产阶级的骨气，说明我们是继承了优良传统的。

师：理解得很好！不过你们注意这个句子："我们无产阶级……有自己的骨气"，说明既有继承，又有了发展。

［经过几步板书，这时黑板上已完成了一个文章结构图：

富贵不能淫——文天祥（封建社会）

贫贱不能移——饿者（奴隶社会）

骨气　威武不能屈——闻一多（半封建半殖民地）

优良革命传统——无产阶级骨气］

[①] **仲**：有了这一问，文章的思路就更清晰了。

顾：问题看似随意，其实是老师在转折处的"点睛之问"。

陈：关键处的问题，把学生的理解带到文本深处。

师：从列出的这个图看，作者的思路怎么样？

生：（齐）清楚。

师：同学们对文章“写了什么”理解得很好，说明你们的自读是有收获的。我很高兴。好，下一课我们再继续讨论。

第二课时

师：刚才课后有两位同学向我指出了一个错误，现在先请她们来帮我纠正一下。①

生：您在朗读的时候，把施舍（shě）的“舍”读成了“shè”。

师：对，是施舍（shě），不是施舍（shè），“宿舍”的“舍”才念第四声。谢谢这两位同学指正！经过上一课的讨论，我们知道了什么叫骨气。这里我提个问题考考大家：像张海迪那样，算不算有骨气？如果你认为她有骨气，要用课文中的有关论述来证明你的观点。②

生：张海迪是有骨气的，因为骨气就是“决不向任何困难低头，压不扁，折不弯，顶得住，吓不倒，为了社会主义、共产主义建设的胜利，……克服任何困难，奋勇前进”。

师：具体说说看。

生：张海迪在高位截瘫的情况下，克服困难，掌握了世界语。

师：对，她克服了一般人所无法想象的困难，她没有被困难压扁、吓倒，根据吴晗同志文章中的观点，这就叫有骨气。同学们，现在你们又举出张海迪的例子来证明什么叫骨气，如果把你们说的写成文章，你们

① **仲：**多么精彩的细节，是对学生的肯定与鼓励。
顾：这也是老师人文胸襟与教育智慧的体现。
陈：是啊，由此学生积累的不仅是知识，更是素养。

② **仲：**引入材料，激发思维，同时又与课文紧密结合。
顾：这样的课堂训练是“自然有机”的，在思维与语言历练的同时，深化了对“骨气”的理解，可谓巧妙。
陈：学以致用，是最好的训练方式。

知道是什么体裁的文章吗?

生:(齐)议论文。①

师:对,你们就是在发表议论,写下来就是议论文。议论文就是用道理和事实来证明自己的观点。我们说张海迪是有骨气的,就要向别人证明为什么说她是有骨气的,她的哪些表现证明了她是有骨气的。这是一个什么过程啊?一个议论的过程。可见议论文并不神秘。

同学们,刚才我说要“考考大家”,你们“考”得很好,说明你们已懂得文章“写了什么”了,而且还能用你们理解的“骨气”去认识一些别的人和事。下面我们怎样阅读文章啊?

生:(齐)问“怎样写的”。②

师:那就请你们谈谈看。

生:文章一开头就揭示了中心论点“我们中国人是有骨气的”。接着用孟子的三句话“富贵不能淫,贫贱不能移,威武不能屈”来说明骨气的含义。然后从这三句话引出三个事例。写一个事例就点一下中心。最后总结了这篇文章,说明什么是无产阶级的骨气。这让读者非常服帖。

师:好!“写一个事例就点一下中心”,这是你的新发现。文章有事实,有道理,的确让人“服帖”。不过还是用“信服”这个词好。③

生:这叫“以理服人”。

师:很好很好!谁还有补充吗?

生:这篇课文是先总起,再分述,再总结的。

师:(非常高兴)啊,补充得好,抓住了文章结

① **仲**:解决重难点靠的是语文活动。

顾:学生初次接触议论文,这样的设计巧妙地揭开了议论文神秘的面纱,化解了议论文的读写难点。

陈:读写融合,就在这巧妙的设计中。

② **仲**:这是更语文的研究。

顾:语文教学中,对于文本语言形式的探究是必不可少的,钱老师的课堂即使是在新课标语用理念实践的当下,也毫不过时。

陈:这也是训练有素的又一次实证。

③ **仲**:钱老师的敏锐更让人“服帖”。

顾:品词品句、咬文嚼字是语文课永恒的主题,正是在钱老师无数这样的教学细节中,学生的语感能力才得到不断提升。

陈:教学细节,细而不小,一字一词中皆是语言训练。

构上的特点，你很会动脑筋！刚才两位同学把文章“怎样写”讲清楚了，前一位讲得具体，后一位讲得概括。不过我还要考考你们：这篇文章跟我们过去学的一些文章，如《一件珍贵的衬衫》《红军鞋》《草地晚餐》《人民的勤务员》等，都写到了人的优秀品质和我们的优良传统，你们感到写法上有什么明显的不同吗？①

生：前面学的都是记叙文，记叙文是用具体的事例感染读者的；这篇是议论文，议论文是用道理来说服读者的。

师：可议论文里也有具体事例啊，像这篇文章就写了三个事例。

生：记叙文里的事例要比议论文里的事例写得长。（笑）

师：你们别笑，他讲得蛮有道理，写得长，长了以后就怎么样啊？

生：具体。

师：对，记叙文记事都很具体，许多细节都写出来了。议论文要这样写吗？

生：（齐）不要。

师：为什么？

生：因为议论文里记事只是为了举例，说服读者。

师：说得很好！还有补充意见吗？

生：议论文直接揭示中心论点，记叙文是从文章中体现中心的。②

师：说得真好！我们再来概括一下：记叙文叙事具体，因为它要“以事感人”，议论文叙事简略，那是为什么呢？

生：议论文要“以理服人”。

① **仲**：比较，是获取知识的重要方法，在比较中，让学生自己去发现议论文的特点。
顾：课文无非是个例子。钱老师真的是用课文在教学生学语文。
陈：语感的培养在不同的活动中实现。

② **仲**：一是“揭示”，一是“体现”，学生用词如此准确，不禁想到钱老师“服帖”与“信服”的讲究。
陈：名师必然出高徒。

师：你们看，经过比较，我们就更明白议论文是“怎样写”的了。下面我们应该讨论什么问题？

生：（齐）“为什么这样写”。

师：对，作者为什么要这样写？我们着重来讨论一下作者为什么要举很多例子。①

生：如果不举例子就不能以理服人。

师：是啊，事实是最有说服力的，有句话怎么说的？

生：事实胜于雄辩。

师：这样看来，例子举得越多越好喽？

生：（齐）不是。

师：那该怎么举例呢？②

生：要举典型的例子。

生：要举最有说服力的例子。

生：要举能说明中心论点的例子。

师：噢，说得都好。就是说要围绕中心举出最有说服力的典型例子，而不是越多越好。本文写到三个时期，就分别举出三个典型的例子来，非常恰当。有的例子尽管非常好，作者也知道，但他没有举，例如，作者提到了毛主席的《别了，司徒雷登》，那篇文章里除了写到闻一多以外，还写到了一个你们也知道的人，你们还读过他的文章呢……

生：（插话）朱自清！

师：（惊喜）啊，你怎么知道的？

生：看到过。（众笑）

师：你是说你看到过有关的文章是吗？但你怎么知道我现在要说的是朱自清呢？你又怎

① **仲：**问题缩小一点，讨论就更能深入一点。

陈：确定一个抓手，也是教师主导作用的恰当体现。

② **仲：**不断地撩拨，不断地向纵深发展。三个学生抢着回答，学生专注地投入，教学进入了一种欲罢不能的可喜情境。

顾：从着重讨论“举很多例子”到“不是越多越好”，学生在老师的引导下越来越清晰地领悟议论文举例子的内在规定性。这是一个不断引导发现的过程，相信学生的领悟也是真切而深刻的。

陈：越辩越明，学生的聪明显出老师的高明。

么知道毛主席的文章里写到过朱自清呢？你是猜出来的吗？

生：不是。

师：那你根据什么说的？

生：我看到过，说是朱自清不吃美国“救济粮”。

师：好，好，好极了！你真不简单，阅读面这样广。在旧社会，朱自清虽然是大学教授，但生活非常贫困。当时有美国的“救济粮”，朱自清却宁可贫病交加，也决不去领美国的救济粮来吃，表现了我们中国人民的骨气。毛主席在文章里赞扬他“朱自清一身重病，宁可饿死，不领美国的‘救济粮’”。后来朱自清贫病交加死了，他还立下遗嘱，叫家里的人绝对不要去领“救济粮”。看，朱自清有骨气吗？

生：（齐）有！

师：这个故事比起“饿人”的故事还要感人，为什么作者不用？

生：因为作者要写的是整个历史的发展过程，要从历史上看我们民族的优良传统。

师：是啊，这就证明了我们前面说的，写议论文要围绕中心选择典型的例子。下面我们再来研究一个“为什么”，你们觉得作者的这篇文章写得有感情吗？[①]

生：（齐）有！

师：如果作者自己是一个软骨头，能写出这样富有感情的文章吗？

生：（齐）不能！

师：吴晗自己就是一个非常有骨气的人。我也讲个关于作者的小故事给大家听。1941 年，

① **仲**：钱老师智慧而又自如地引导着学生在知识的百花园里漫游，在我们觉得议论文要研究的问题似乎都已解决的时候又另辟蹊径。这堂课又有了新境界。

顾：柳暗花明又一处。

陈：“导而弗牵”，学生有新得。

当时国民党的一个“国立编译馆”约吴晗写一部书。吴晗是研究明史的专家。什么叫“明史”，知道吗？

生：明代的历史。

师：吴晗的书写的是明代的事，那是600多年以前了，有一支农民武装，也叫“红军”，他在书里就用了“红军之起”这样的句子。可是稿子送上去又被退回了，他们对吴晗说：“‘红军”的‘红’字必须改掉，否则你的书我们不出！”吴晗回答说：“我宁可不出书，这个‘红’字绝对不能改！国民党怕共产党领导的红军，连600年前农民的红军也害怕，怕得好，我就是不改！”你们看，他的骨头有多硬！吴晗后来在“文革”中备受迫害，但他始终没有屈服，直至被迫害致死。他就是一个有骨气的人。过去他跟闻一多齐名，人们称赞他俩，一个叫“老虎”，一个叫“狮子”。你们知道为什么吗？

生：因为他们有骨气，与反动派斗争非常勇猛。

师：从这里我们得到了一个启发。上一课我们朗读这篇文章，感到特别有劲，感到字里行间洋溢着民族的自豪感，那是为什么？

生：有骨气。（众笑）

师：别笑，他说的还是对的。因为作者就是一个有骨气的人，所以他的文章就有真情实感。可见要写出好文章来，自己首先要怎样？

生：自己要成为一个标兵。（笑）

师：说得也对啊，要成为一个有革命思想的标兵，才能写出这样感情充沛、内容充实的好文章。[①]这对我们的确也是一个很好的

[①] **陈：**文如其人，言为心声，前面的讨论成就了此处的领悟。

仲：学生不一定知道“气盛言宜”这个词，但其中的道理都已感受到了。寓教育于无形，这是艺术。

顾：“标兵”也许是带有某种时代特色的语汇，但学生一定是深深地意会了好文章是作者人格思想的写照，而非语言的游戏。

教育啊！最后，我还有个问题考考大家：如果我们也想做一个有骨气的人，那么，我们学生的骨气应该表现在什么地方呢？注意，也要用课文中的道理来说明你的观点，不能空说。①

生：我们在学习上碰到困难，不要向困难低头，要奋勇前进。

师：为什么说这也是有骨气的表现呢？

生：因为课文在说到无产阶级骨气的时候是这样写的："这就是决不向任何困难低头，压不扁，折不弯，顶得住，吓不倒，为了社会主义、共产主义建设的胜利，我们一定能够克服任何困难，奋勇前进！"

师：大家同意他的观点吗？

生：（齐）同意！

师：对，我们也是有骨气的，我们的骨气就表现在跟困难作斗争，就像张海迪一样。同学们很会谈文章，学得了不少道理，我很满意。现在看我发给大家的一些材料（见实录后附录），是三个小故事，请大家看看从这三个小故事里能谈些什么道理。我们先请三位同学分别读一读。（三名学生先后读材料）

师：大家看看，这三个故事说明了什么道理？

生3：我们中国人的确是有骨气的。

师：课文中说："社会不同，阶级不同，骨气的具体含义也不同。"这三个故事中所表现的骨气的具体内容是什么？它同什么结合在一起？

生4：爱自己的祖国。

① **仲**：如果只有前面一个问题，就似乎只是在进行思想教育了；但是，后面还有"注意"，语文课还是语文课。

顾：用语文的方式去承载思想，有味、有格。

陈：用语文的方法教语文，学生才能习得语言，提升素养。

师：对了，爱国，现在我们讲的骨气，就是要为祖国争气，必须和爱国主义的内容结合起来。如果我请你们用这三个材料写一篇《也谈骨气》的文章，能写吗？

生：（齐）能！[①]

师：吴晗文章里的三个故事是用孟子的三句话组织起来的，你们看，我给你们的三个材料你们怎么组织好？我提示一下，中央（前）领导人乌兰夫在告诫青年要热爱祖国的时候，讲过几句很好的话，学校里刚介绍过，你们还记得吗？

生：他说，希望你们要有“爱国之情，报国之志，效国之行，建国之才”。

师：看看，这几个小故事能不能按这个线索来组织？哪个故事该先写？[②]

生：吉鸿昌将军的故事。

师：为什么？

生：吉鸿昌将军的故事说明了“爱国之情”。

师：其次呢？

生：周总理的故事。

师：为什么？

生：说明了“报国之志”。

师：有了爱国之情、报国之志，还要有什么？

生：（齐）效国之行，建国之才。

师：那该用哪个故事呢？

生：徐悲鸿的故事。

师：对，徐悲鸿最后以出色的学习成绩为祖国争了气，如果他没有报效祖国的实际行动和才能，他能压倒那个洋学生吗？显然是不能的。

[①] **仲**：读写结合的方法谁都知道，但我们通常只是把难题抛给学生，而没有指导，学生就缺乏信心。要让学生确信自己能行，恰如其分的帮助就十分必要。

顾：这种帮助是自然地渗透在课堂对话间的，仿佛就在随意的聊天中孩子们自然悟得。

陈：学贵自得，学生的自信来自老师的帮助，更来自阅读过程中点滴成就的积累。

[②] **仲**：细节决定成败，初中孩子刚接触议论文，要写出像样的议论文，的确需要教师悉心指点。

顾：既有方法的指导，还有内容的建议，初学议论文的孩子上手就非常容易了。

陈：依学而教是钱老师教学的特色之一，由此亦可见一斑。

同学们，读了这篇《谈骨气》，你们有很多体会，也懂得了什么是议论文，怎样发表议论。我们就用“也谈骨气”作题目，大家也来讲讲道理看。例子可以用我发的材料，也可以自己找材料。不过请注意：议论中的叙事要不要过于具体的细节描写？

生：（齐）不要，要写得简练。

师：真聪明，相信你们一定能写好！

（下课）

[附录] 小故事三则

1．“为中华之崛起而读书”

1910年春，12岁的周恩来在沈阳东关模范学校读书。奋发勤勉、好学不倦的周恩来功课很好，尤以中文、书法和英文最为突出，国文老师经常为他的作文拍案叫好。

有一天，一个姓魏的校长给学生们上修身课。当讲到“立命”这一节时，老校长突然问“诸生为什么而读书啊？”有的学生回答：“为明礼而读书！”也有的答：“为做官而读书！”还有的答：“为家父而读书！”一些家境贫穷的学生则答：为挣钱，为吃穿，为不受欺侮而读书，等等。老校长对这些答案都不满意，连连摇头。最后问到周恩来：“你为什么到学校来读书？”周恩来从容不迫地站起来，清晰而有力地答道：“我为中华之崛起而读书！”

“为中华之崛起而读书！”这铿锵有力的回答，使老校长为之一振。他万万没有料到这年幼的周恩来，竟有如此远大的理想。老校长高兴地连连点头称赞：“好哇！为中华之崛起，为中华之崛起！有志者，当效周生啊！”

2．“我是中国人”

有一次，吉鸿昌将军被国民党政府派往美国考察。那时，在西方人眼里，中华民族是个劣等民族，有些在外华人也为此自卑不堪。但是，吉鸿昌却在胸前佩戴着一块木牌，上面写着五个大字："我是中国人"，昂首挺胸出入于美国人之中。

吉鸿昌为什么要戴这块独特的牌子呢？原来有一天，他和国民党使馆的一名参赞同去一家邮局寄包裹回国，当邮局的工作人员知道他是中国人时，便轻蔑地说："中国？我不知道中国，哈哈……"随行的参赞埋怨吉鸿昌说："你干什么说你是中国人呢？你可以说是日本人，这样就能受到礼遇。"吉鸿昌怒不可遏，一把抓住参赞的衣领，大声说道："你觉得做一个中国人丢脸吗？我觉得做一个中国人光荣得很！我吉鸿昌誓死不当洋奴！"他回到住处，当即写了这块牌子。

3．"我代表我的祖国"

1919 年到 1927 年，徐悲鸿在法国巴黎徐梁画院和巴黎国立高等美术学校学习。有个洋学生向徐悲鸿挑衅说："中国人愚昧无知，生就当亡国奴的材料，即使是把你们送到天堂里去深造，也成不了材。"这一下子可把徐悲鸿给激怒了，他用炯炯的目光注视着这位富有的洋学生说："先生，你不是说中国人不成材吗？那好，我代表我的祖国，你代表你的国家，我们比试比试，等学习结业时，看到底谁是人才，谁是蠢材！"

徐悲鸿为了给中华民族争气，刻苦地学习美术，经常到卢浮宫、凡尔赛宫以及巴黎各大博物馆临摹世界名作。他常常是拿着一块面包，带上一壶水，一去就是一整天，不到闭馆的时间不出来。有志者，事竟成。徐悲鸿在数次竞赛考核中都获得了第一名。1924 年，他的油画《远闻》《怅望》《箫声》《琴课》等，由于对人物性格刻画得出神入化，在巴黎展出时，轰动了美术界。这时，那个曾向徐悲鸿进行挑衅的洋学生，不得不承认自己不是中国人的对手。

【研读感悟】

《谈骨气》这两堂课，是钱老师于 1983 年 12 月在自己的教学班上的。

钱老师经常说，他在上课时总会遇到不可预约的精彩。在这个课堂实录中我们却发现：其实，精彩是可以预约的。

可以预约是因为给了孩子们充分的空间。"你也讲一讲你的理由。""对这一部分大家还有什么意见？"钱老师总是把话语权留给学生，学生就成了学习的主人。于是就有了“我认为，‘谈骨气’这个标题是表明论述范围的，第1自然段‘我们中国人是有骨气的’才是揭示中心论点的”“我认为第6自然段主要讲孟子的几句话在文天祥身上都表现了出来，这是对上一段文天祥事迹的总结”“我认为是为了说明‘我国经过了奴隶社会、封建社会的漫长时期，每个时代都有很多这样有骨气的人’”……这么多的“我认为”，自信而有主见；于是就有了“我并没有什么意见，但我不明白课文中说的‘大丈夫’是由哪些人组成的”“可吴晗是社会主义社会的人，他为什么不把刘胡兰写进去？”这些出乎老师意料的特别想法；于是也有了“文章选取什么例子，是由作者的写作目的决定的”“议论文直接揭示中心论点，记叙文是从文章中体现中心的”这样充满睿智的感悟。

少了抑制，便多了踊跃；少了说教，便多了感悟；少了替代，便多了学生自主的学习。

可以预约更是因为给了孩子们明确的方向。只给空间，往往就成了放羊；没有引领，结果只能是散漫。首先，钱老师对阅读有整体的安排：第一步先问“课文写了什么”，接着再问“怎样写的”，然后还要讨论“为什么这样写”。紧紧围绕议论文的特点由浅入深，由易而难，逐步展开。而且，这些已成了师生的共识。

有了大方向，不等于高效率。停滞时需要促进：“先从标题说起”“还有几句非常关键的句子，请大家再找找看”。无疑时需要激发：“这篇文章跟我们过去学的一些文章，如《一件珍贵的衬衫》《红军鞋》《草地晚餐》《人民的勤务员》等，都写到了人的优秀品质和我们的优良传统，你们感到写法上有什么明显的不同吗？”迷惘时需要指点：“我们着重来讨论一下作者为什么要举很多例子。”偏离时需要拉回：“请大家从文章里找找作者要这样写的根据。”教师适时的引导，使课堂活而有序，自然精彩频现。

还需要指出的是，结合《谈骨气》的教学，钱老师对初一学生成功地进行了第一次议论文的写作入门教学。围绕着怎样发议论，怎样用具体的材料证明自己的观点，钱老师以教材为“例子”作了耐心细致的指导。这一教学设计能有效消除初学者写作议论文的恐惧心理，帮助他们掌握议论文的一般写法，教学的针对性很强。有了比较扎实的基础，才有可能达到“逐渐去扶翼，终酬放手愿”的理想境界。

我们经常说水到渠成，其实应该是渠成则水畅。老师的课堂安排是渠，学生的课堂活动是水。有了渠道，水便有了前进的方向；有了渠道，水便有了翻涌激荡的空间。那一朵朵的浪花便是孩子们的智慧，便是孩子们被激发出的精彩。

（仲剑峰）

《死海不死》

执教：钱梦龙

品读：陈汝虹（主持人）、居文进、汤丽萍

（以下依次简称“陈”“居”“汤”）

经典回放

师：今天要和同学们一起阅读的是一篇说明文。先请同学们打开课本，看一下目录的第一页，这一页共列出两个说明文单元，我们要阅读的说明文就在这两个单元里。同学们还不知道是哪一篇，现在给你们一个条件——这篇文章的标题很能引起人们阅读的兴趣，你们猜是哪一篇？看谁猜得快，猜得准！

（学生看书后纷纷举手）

师：看来同学们都知道是哪一篇了，你们真聪明！好，你来说。

生：《死海不死》。①

师：完全正确！但你能说明一下为什么你猜是这一篇吗？

生：这个题目叫“死海不死”，既然是“死海”，可又为什么说它“不死”？这就在读者心里造成悬念，引起了阅读的兴趣。

师：刚才好多同学都举手了，你们猜的也是这一篇吗？有猜别的课文的吗？

生：（齐）也是这一篇。

师：（指一学生）那你同意刚才那位同学的意

品读沙龙

① 陈：立足单元整体视野，从课题入手，让学生“猜”欲教课文，形式新奇有趣。

汤：“猜”绝不是随意的。老师的提示是激发学生兴趣的关键，而问题的指向又是理解文本的关键。有“趣”的提问是触发点，更是文本教学的核心，可谓“胸中有丘壑”。

居：“未成曲调先有情”！钱老师设置的“问题情景”巧妙自然，点燃了学生的学习热情。

见吗？

生：同意。我认为这标题本身包含着一对矛盾——“死海”和“不死”，使读者产生疑问，急于想去读文章，弄明白究竟是怎么回事，所以这个题目对读者有吸引力。

师：有不同意见的同学请举手。（无人举手）有补充意见的同学请举手。（无人举手）哦，“英雄所见略同”，看来你们一个个都是小英雄！（众笑）①

不过，我还有个问题想考考各位英雄：标题上有两个“死”字，它们的意思是一样的吗？

生：前一个“死”字指没有生命，后一个指淹死、死掉。②

师：完全正确。你课前有没有看过这篇课文？（生摇头）那你怎么能回答得这样正确？

生：我在地理课上学到过。

师：啊，真好！地理课上学到的知识，用到了语文课上，这叫知识的“迁移”（板书“迁移”③）。学习中经常注意“迁移”，知识就学得活了。现在请同学把书合拢，暂时不要看课文，大家回忆一下地理课上学到的关于死海的知识，比一比谁的记忆力好。（指一在偷偷看课文的学生）哈，你违规了，不许偷看！

（学生思考、回忆，片刻后陆续举手。）

师：为了使回忆有条理，请按照以下几点逐一来说。

（板书：1. 地理位置；2. 得名原因；3. 海水趣事。）④

① **汤：**学生的笑声颇有一点自豪。“小英雄”这一褒奖，激发了学生的自信与求知欲。

居：钱老师真是一位善于“唤醒”的教学艺术家！

② **陈：**由猜题到解题，由体会关键字义到领悟表达，教学之趣与文本表达之趣暗相契合，匠心独运。

汤：学生能自己领悟的，教师决不越位，“学生为主体”的理念一开始就得到有效落实。

③ **汤：**强调“迁移”，唤醒学生“活用”知识的意识。

④ **陈：**明确知识迁移的指向，是教师主导作用的体现。

生：死海的位置在约旦和巴基斯坦……（众插话：巴勒斯坦）巴勒斯坦中部。

师：巴勒斯坦在亚洲西部，巴基斯坦在亚洲南部，和我们中国接壤。它们的中文译名只差一字，而且都在亚洲，很容易记错，建议这位同学课外去找世界地图或亚洲地图查一查，以后就不会再搞错了。谁来说“得名原因”？①

生：死海的海水含盐量特别高，水里各种动植物都不能生存，所以叫死海。

师：哦，死海的海水含盐量高，这是它的特点，由于有这个特点，就出现了一些有趣的现象，谁能说说是什么现象？

生：（七嘴八舌）人不会淹死。

师：为什么会出现这种现象？

（无人举手）

师：我估计同学们都知道，只是暂时还没有找到合适的语言来表达，是吗？（指定一学生）这位同学戴着眼镜，看起来挺有学问，你来给大家说说看。

生：人在死海里不会下沉，即使不会游泳的人也淹不死，因为……因为海水含盐量高，所以人不会下沉。

师：为什么海水含盐量高，人就不会下沉？你总得讲出点道理来。

生：海水含盐量高，它的质量就大。

师：（追问）那如果扔进海水里的是一块铁呢？它会下沉吗？

生：我想会下沉的。

师：那么人为什么不下沉？光说海水的质量大，

① **陈**：注重细节，仔细辨误，有错必纠。

居：跨学科盘活学生知识积累，使其思有序，言有序，训练巧妙，语文味十足。

汤：因势利导，钱老的一贯风范。深厚的学养、宽广的视野是其底气。

恐怕还不够吧？我知道你心里明白，问题是怎样把心里明白的道理准确地表达出来。

生：（思考片刻）海水的质量比人体的质量大。

师：说对了。但表达上还有一点点不足，想一想，在数学里如果一个数比另一个数大，是怎样表达的？你这句话如果能用数学的语言来表达，那就更好了。①

生：海水的质量大于人体的质量。

师：那么铁块为什么会下沉？

生：因为海水的质量小于铁块的质量。

师：好！“大于”“小于”的“于”怎么解释？“大于”“小于”一般用在什么情况下？

生：“于”是“比”的意思，一般在两个数作比较的时候用。

师：说得真好！我说你有学问嘛，果然没看错人！②（众笑）

师：关于死海的知识，同学们都已了解；这篇课文属于说明文，关于说明文的知识，估计同学们也已经知道了不少。你们已经知道的东西，如果还要老师重复地教，你们觉得有劲吗？（众：没劲！）是呀，我也觉得没劲。因此，我想我们在决定这篇文章里哪些知识需要老师教之前，先请同学们讨论一下“什么知识可以不教”。③现在请同学们打开课本，把这篇《死海不死》看一遍，然后根据课文后面练习题的要求想一想：练习题要求我们掌握的知识哪些可以不教？前后左右的同学可以小声议论议论，互相交流。

（学生看课文，小声议论后纷纷举手。）

① **陈**：一篇说明文关涉地理、化学、物理等多学科知识，需要大语文的视野；说明文教学尤其要关注学生语言表达的准确与清晰，此又为小语文的精致。

② **汤**：基于一个问题展开连续“追问”，看似拉长了思考的时间，但学生在不断的巧妙刺激下，思维慢慢变得严密起来。

居：以这样的有效“训练”为主线，持之以恒，学生语文能力的提高指日可待。

③ **陈**：“什么知识可以不教”！另辟蹊径，平地波澜！

汤：让学生自定教学内容，看似“反常”的教学设计，激发了学生的思考兴趣，完全打开了学生的思维空间，使之成为更为积极的认知主体。

居：说得好！相信学生，准确把握学生阅读能级，正确处理“扶”“放”关系，钱老师对学情的掌控恰到好处。

生：我认为课文里用到的列数字的说明方法可以不用教。

师：说说理由。

生：课文里为了使说明更加具体准确，用了一些数字来说明海水含盐量高，如 135.46 亿吨氯化钠、63.7 亿吨氯化钙、各种盐类占死海全部海水的 23% ～ 25% 等，这种说明方法一看就知道，完全可以不教。

生：我同意他的意见，但还有点补充。课文在说明海水含盐量高的时候用了很多数据，使用这些数据的作用是使读者对死海海水的含盐量究竟高到什么程度更加明确了。这些道理也很简单，不教也懂。①

师：是啊！你们看，“135.46 亿吨”“63.7 亿吨”，这简直都是一些天文数字！我在读到这些数字的时候，对死海海水的含盐量的印象就特别强烈。② 这两位同学说得都有道理，课文里的这些数字说明它的作用，的确一看就明白。不过如果不教的话，有关的一些知识是不是能够掌握，我还是有些不放心。例如，课后练习中还要我们区别“确数”和“约数”，并且要求知道什么情况下用确数，什么情况下用约数。这些知识不教行吗？③

生：我认为行。

师：哦，你挺自信，好样的！认为可以不教的同学请举手。（绝大多数同学举手）看来还有一小部分同学似乎还缺少一点自信。（指一不举手的学生）你是认为还要教的，是吗？

① **陈**：教师的“不教”，留给了学生广阔的自主空间，使课堂的气氛变得如此活跃！
汤：“道而弗牵”！学生的主体意识、独立思考意识得以彰显！在知识的领地里纵横驰骋，精彩迭出。
居：人说“教学，就是一种有智慧的‘解放’学生的过程”，吾尝疑乎是。今，犹信！

② **汤**：在学生“无疑处”点化，以教师的体悟来带动学生对语言的感受。

③ **陈**：“跳一跳，摘个桃”。提出约数、确数的概念。
汤：巧妙呈现教师预设的难点，使“不教之教”有序、有度。

生：我想教一教不会有坏处，再说我也不大有把握。

师：确数和约数你能区别吗？（生点头）那你说说看，刚才那位同学从课文里找出的那些数据是确数还是约数？（生答：确数）你能找一个约数的例子吗？

生："传说大约两千年前""最深的地方大约有400米"，都是约数。

师：找得很对嘛！约数在表达上都有一些明显的标志，你知道吗？

生：一般都用"大约""左右""上下"这类词。

师：如果不用这些词，能表示约数吗？

生：我想也行。

师：请举个例子，最好能造个句子。

生：（思考片刻）这条鱼有七八斤重。

师：好极了！你关于约数的知识掌握得很好嘛，你应该有充分的自信，是吗？

生：是的。

师：刚才有同学说用"确数"可以使说明更加准确，那么用约数是不是说得不准确了呢？

生：约数和确数相比，当然不够准确。

生：我认为不能这样说，主要看在什么情况下用，有的时候用确数反而不准确。

师：怎么会用确数反而不准确？能举个例子来说吗？

生：（思索片刻）比如要我现在说出您的年龄，我只能说六七十岁（笑），因为我不知道您的实际年龄；如果我肯定地说您65岁，而您实际上不是65岁，那不是反而不准确了吗？①

师：言之有理！啊，这位同学举手了，有什么

① **陈**："以文为证""对比参照"，巧妙盘活学生生活积累来强化对"约数""确数"的认知，辨析到位，"训练"高效。

意见要发表吗？

生：我认为课文里有个地方运用确数和约数有点自相矛盾。文中说："海水平均深度146米，最深的地方大约有400米。"既然平均深度是个确数，那么最深的地方也应该是确数，否则怎么算得出平均深度呢？如果最深的地方用约数，那么平均深度也只能是约数。因为平均深度是根据从最浅到最深不同的深度计算出来的，根据约数怎么可能计算出确数来？

（其余学生表情兴奋）

师：说得真好！我同意。同学们这样会动脑筋，真让我高兴。我看关于列数据说明的方法，同学们掌握的知识比我预料的还要多，完全可以不必教了。① 大家再看看，还有哪些知识可以不教？②

生：后面练习题中要求区别课文中三个"死"字的含义，我认为这也很简单，不教也懂。

师：对，标题"死海不死"中两个"死"字，刚才同学们都已说过，不必再重复了。那"死海真的要死了"这句中的后一个"死"字的含义呢？

生：是"干涸（hé）"的意思。

师：完全正确。这个"涸"字很容易念错，可你念对了，很了不起。你是怎么念对的？

生：下边的注解上有注音。（笑）

师：大家别笑，他读书注意看注解，这种好习惯不是每个同学都有的。我再提示一下，看看下面这些词语是不是也可以不教？（板书：游弋、谕告、执迷不悟）

① **陈**：精彩的生成源于教师成功的预设。学生学得这样积极主动，归功于钱老师对学生的尊重，以及巧妙高效的导读艺术。

居：学生的学习潜能是无穷的。只要教师透彻了解学情，引导得当，就一定能让学生学得聪明！

汤："数据的表达"是本课的一个教学重点，教师充分尊重学生，顺学而导，导出一片灿烂！

② **汤**：宕开一笔，再起波澜。

生：我认为可以不教。

师：我欣赏你的自信。但你要说出可以不教的理由，因为其中有的词估计同学们语文课里没学到过，比如“游弋”“谕告”。

生：“游弋”虽然没学到过，但书上有注解；“谕告”也没学到过，但回去查一查词典就知道了。

师：说得好，说得好，语文课上没有学过的，完全可以查词典自学嘛！同学们课外有没有查词典的习惯？（众：有！）这是个好习惯，一定要坚持下去，让词典成为你们的一位终身老师。那么这些新词我们就不讨论了，再说这篇课文新词也很少，有些词结合上下文也都不难理解，比如“执迷不悟”。①

下面是不是让我们换个角度思考一下：你们认为要学好这篇课文，哪些知识还是需要老师教的？② 大家前后左右可以议论议论。

（学生看书、小声议论）

师：谁先来说说？

（无人举手）

师：（继续启发）你们知道这篇文章是什么文体？

生：是说明文。

师：说明文是个大类，包括各种产品说明书、书籍的出版说明和内容提要、词典的释文、影剧内容介绍及讲义、知识小品，等等。凡是以说明事物或事理为主要表达方式的文本都是说明文。（指一学生）你说说看，这篇课文是说明文中的哪一种？③

生1：是知识小品。

① **陈**：真是不教胜教呀！其间两次提到“看注释”“查字典”的细节，可见钱老对学生学习习惯养成的重视。

居：教师的教学留白，给予了学生更多的自主空间，学生像进入了“自由王国”，变得越发自信和从容！

② **汤**：从“哪些可以不教”到“哪些要教”，钱老师再次抛出“话题”，循序推进，“导”向难点。

③ **居**：牵一发而动全身，点出思考切入点。

陈：从文体特点入手，妙设“曲问”，激活思维。

汤：这是强化文体意识，明晰文体知识，依体而教，道法自然。

师：（问全班）他说得对不对？同意的请举手。（多数学生举手）你说对了。但什么是知识小品，你知道吗？

生1：不知道。

师：知识小品有什么特点，知道吗？

生1：不知道。

师：你都不知道？（生点头）那你怎么知道这篇课文是知识小品呢？

生1：我是瞎蒙的。[①]（笑）

师：不，你肯定不是瞎蒙的，你心里肯定有个关于知识小品应有的“样子”，而这篇课文正好符合你心里的这个“样子”。是这样吗？

生1：我心里没有样子。（笑）

师：那你为什不说它是产品说明书或别的什么说明性文体，而偏偏要说它是知识小品呢？你在说的时候心里肯定有过一些选择的，是不是？

生1：是的。[②]

师：好好想想，你在各种文体中选定知识小品，当时是怎样想的？

生1：因为它是介绍关于死海的知识的，文章很短小……所以是知识小品。

师：说得对呀！知识小品就是介绍科学知识的；文章篇幅又很短小，所以叫“小品”。你看你说出了知识小品的一些重要的特点，你明明知道，怎么说不知道呢？

生1：这是我看了课文后临时想出来的。

师：这更了不起，说明你的思维很敏捷，很有判断力。我早说过你不是瞎蒙的嘛！[③]（笑）下面请大家再来看看知识小品除了篇

[①] **汤：**学生连续两个“不知道”，一个“瞎蒙的”，不断地自我否定，将师生交流一次次地推向了绝境。

居：这回，看钱老师怎么办！是换人，还是分小组来讨论？

[②] **陈：**因材施教，调整提问角度，悄悄降低问题难度，唤醒学生继续对话的勇气。

汤：教师的“善导”，转化为学生的“善学”！

[③] **陈：**水穷处？云起时！“瞎蒙”的化解导活了学生的思维，更是激发了学生的学习自信。教学经典就是这样铸就的！

居：深有同感。真是初极狭，才通人，而“扶”行数十步，豁然开朗，绝处逢生！

汤：钱老师曾说，他曾有幸遇上了一位“武老师”，从此便爱上了国语课，也改变了自己的人生。我想，这堂课，对这位同学而言，应是心有戚戚焉！

幅短小、具有知识性以外（板书：知识性），还有些什么特点。

生：知识小品写得比较生动有趣，能吸引读者。

师：说得很好。刚才那位同学（指生1）的意见如果可以用“知识性”三个字概括的话，你能不能把你的意见也用个什么性来概括？

生：趣味性，生动性。

师：他说了两“性”，但我们只要一个“性”就够了，请同学们在两个中选一个，要说出选择的理由。主张选“趣味性”的同学请举手。（绝大多数学生举手）看来大多数同学都主张用“趣味性”，谁来说说理由？

生：“生动性”一般指语言描写方面，“趣味性”好像是指文章内容方面的。比如这篇《死海不死》，在介绍死海海水的特点和死海形成原因时，插进了一些历史传说和民间故事，内容很有趣。

师：说得真好！同意的请举手。（全班举手。教师板书：趣味性）① 知识小品除了具有知识性、趣味性以外，还有一点十分重要，就是它介绍的知识必须是正确的、符合科学原理的，请大家也用一个“性”来概括。

生：（七嘴八舌）科学性！②

师：完全正确！（板书：科学性）现在请一位同学给三个“性”排个次序。③

生2：知识性、科学性、趣味性。（师插话：这样排列的理由呢？）因为知识小品首先是介绍科学知识的，其次，它介绍的知识必须是符合科学原理的，趣味性没有前两个性

① **汤**：教师前期的导读皆是由“趣”引发，始终灵活掌控着师生对话的方向，至此，品得“趣味性”可谓水到渠成！

② **居**：因势利导，“三性”皆明！

③ **陈**：“排序”这一设计，极有讲究，轻轻一点，却是举重若轻。

汤：让学生排序，重点又在述说理由，强化了阅读思维的训练。

居：一般教师恐怕会止步于说出“三性”，而钱老师却通过“排序”，将学生的思维引向纵深处，妙极！

重要，所以排在最后。

生3：我也同意这样的次序，但他说趣味性不重要，我不同意。

生2：我是说没有前两个重要，没有说不重要。

生3：我仍然不同意你的意见。因为，一篇知识小品如果科学性、知识性都很强，但一点趣味性都没有，大家不要看，科学性、知识性再强也没用。可见趣味性是最重要的。

（学生纷纷议论，莫衷一是。）①

师：请大家静一静！看来同学们的意见有分歧，想听听我的意见吗？（众：想！）我认为，对知识小品来说，知识性和科学性是它的本质属性（板书：本质属性），因为作者写作知识小品的根本目的就是向读者介绍科学知识，如果没有知识性和科学性，知识小品也就不存在了；趣味性则是它的重要属性（板书：重要属性），我基本上同意他（指生3）的意见，知识小品是一种以传播、普及科学知识为目的的文艺性说明文，它是写给一般读者看的，当然要写得读者爱看，因此特别讲究趣味性，使读者在轻松愉快的阅读中获得一定的科学知识。②同学们还有别的意见吗？（稍顿）看来大家同意了。现在我们请一位同学把刚才讨论的内容总结一下。谁来？

生4：知识小品是说明文的一种，是一种文艺性的说明文，它具有知识性、科学性、趣味性。知识小品的作用是向读者普及科学知识。

师：谁还有补充的？

① **陈：**学生能够互相碰撞，这是最理想的课堂生成，且看钱老师如何开“导”？

② **居：**钱老师认为教师的主导作用之一是“授业”，当讲则讲，基于学生认知的莫衷一是，教师及时到“场”，教读安排精当。

陈：同感。此时的“导”，体现了教师对学生的“众说”的有效聚合和提升。

汤：由“三性”排序的讨论引出学生的争鸣，最后在老师的引导下，统一了对文体属性的认识。精巧的问题设计、巧妙的导读艺术，我佩服之至。

生5：知识性、科学性是知识小品的本质属性，趣味性是知识小品的重要属性。

师：（指生4）他说得比较完整；（指生5）他补充得也很好。① 看来同学们的悟性都很高，知识也掌握得很好，学习这篇课文原本要求重点学习的“列数据”的说明方法、确数与约数的区别和作用等，都可以不教；关于知识小品的文体特点，同学们也自己从课文中悟出来了，也不用我再喋喋不休地介绍了。就是说，同学们在有些方面已经达到了不需要老师教的地步，我真为同学们高兴！不过，关于知识小品的特点，尤其是知识性、科学性、趣味性问题，同学们大概是第一次遇到，因此建议同学们接下来再花点时间深入讨论一下。限于时间，我想从“三性”中选择一个来讨论，就作为这堂课学习的重点。同意吗？

生：（齐）同意！

师：三性中选择哪一个？

生：趣味性。

师：为什么选趣味性？

生：因为我们自己写作文要想能够吸引读者，也应该有点趣味性。看看作者是怎样引起读者兴趣的，也许对我们自己作文有启发。

师：大家同意吗？

生：（齐）同意！②

师：既然大家同意，那就请把课文再好好看一遍，边看边想：课文的哪些地方引起了你的兴趣？作者用了什么手法引起了你的兴趣？现在请大家看书。

① **汤**：“追问”为“导”，将学生的思维引向知识的深处。

② **汤**：在学生对文体特点有了整体把握后，教师精选讨论点加以突破，深思质疑，体现了钱老师“导读法”的典型特色。

居：还是把选择的权利交还给学生，充分“让学”，这是“学生为主体”思想的重要体现。

陈：围绕“三性”，由“放”而“收”，再“放”再“收”，学生对这一知识点的理解通透，“导”得轻灵而智慧。

（学生看书，偶有小声议论。）

师：都看好了吗？现在请发表意见。要求每人至少准备一条意见。

生：课文的标题，“死”和“不死”互相矛盾，使读者产生悬念，引起阅读的兴趣。

生：还有课文最后一个“死”字，死海要干涸了，课文里却不说“干涸”，而说真的要“死”了，这个“死”字用得很巧妙，能引起读者的兴趣。

生：课文为了说明死海海水含盐量大的特点，写了个罗马统帅狄杜处死奴隶的故事，后面又讲了个关于死海形成的民间传说，这都增强了文章的趣味性。

师：这几位同学说得都很好，但他们说的都是比较明显的趣味性的表现。有些趣味性要用心体会才能发现，这就要用点心思了。谁再来说？（教师继续提示）建议大家从材料的组织和语言的表达两个方面好好琢磨琢磨。邻座的同学可以议论一下。①

（学生看书、思考，小声议论。）

生：我想从语言表达方面来说。作者用了一些设问句，如“那么，死海海水的浮力为什么这样大呢？”“死海是怎样形成的呢？”引起了读者的思考；还注意前后呼应，如前面说“真是‘死海不死’”，文章结尾却说“那时，死海真的要死了”。前后两个“死”字互相呼应，可是意思却不一样。这些都会使读者觉得很有趣。

师：嗯，说得不错。看谁还能从语言表达方面作些补充？②

① **陈：**“用心体会”是重要的读书方法，钱老师很善于抓住问题的关键所在。

居：自然联结了上下两部分对文本表达特色“趣味性”的品悟，让学生多角度思考，学生的阅读感悟变得丰富立体起来。

② **汤：**教师把教学内容的选择权交给学生，学生的选择又契合教师的心愿。

陈：教师如果对文本、学生不是了然于胸，是不可能有如此美妙的“巧合”生成的。

居：提升学生认知，有赖教师的阶梯式引领。学生求知欲的激发，有赖教师引领的“激励”度。

生6：文章的第1段、第2段写得好，我在第一遍读的时候就被它吸引住了。

师：你再朗读一遍，体会体会，它给你一种怎样的感觉？

（生6朗读第1、2自然段）

生6：它给我的感觉是有点出乎意料，甚至有点惊讶。

师：好！体会得很准。大家再一起体会一下：作者是用了哪些词语产生这样的效果的？请把这些词语圈出来。注意了，这对我们运用语言是很有帮助的。谁来说？

生7：作者连续用了一些表示转折的词，还用了表示出乎意料和惊讶的词，比如，第1段里“但是，谁能想到……竟……甚至连……”，第2段里“然而，令人惊叹的是……竟……即使……也……”。

师：瞧，这两位同学（指生6、生7）对语言的感觉多敏锐！[①] 现在再请两位同学分别把这两小段各读一遍（指定两位学生），注意，第一位同学把她（指生7）刚才找出的一些词语略去不读；第二位同学把这些词语读得语气重些，把那种出乎意料的惊讶语气读出来。然后大家一起比较一下，两种语言表达的效果有什么不同？

（学生二人分别朗读）

师：两人读得不错。大家体会一下，两种表达效果有什么不同。

生：第一种表达显得平平淡淡，第二种表达引起读者的惊讶和好奇，所以，所以就……（语塞）

① **居**：教师由衷地、真诚地激励褒扬学生，是真语文、真性情！
陈：学生的领悟能力值得赞赏，而教师的“推波助澜”，激起更多的精彩呈现，课堂生机勃发。

师：所以就增强了——

生：趣味性和吸引力。

师：这样比较一下，我们发现，同样的意思，可以表达得平平淡淡，很一般，也可以表达得很有趣，很有吸引力。可见选择怎样的语言来表达就会有怎样的效果。这正是语言的王国为什么总是充满魅力的原因所在！[①] 除了语言表达，材料的组织也很有关系，哪些先写，哪些后写，也往往会影响阅读的兴趣。课文里有个很典型的例子，谁能找出来说一下？[②]

（学生翻书、寻找）

生：课文第 3 小段写罗马统帅处死奴隶的故事，如果放到第 4 小段后面来写，读起来就没有趣味了。

师：为什么？

生：先写奴隶在死海里屡淹不死，这样就让读者在心里产生了疑问——难道真的有神灵保佑吗？从而急于想到文章里去寻找答案，文章就有了吸引力。如果先写死海为什么淹不死人，再写奴隶屡淹不死，就不会有这种效果了。

师：说得好！我打个比方：你请别人猜谜，如果先把谜底告诉了对方，他还会有猜谜的兴趣吗？这里的道理是一样的。会写文章的人，常常能设置一些悬念，引起读者的疑问，这样的文章就比那些平铺直叙的文章有吸引力。这对我们也是很有启发的。[③] 同学们，这堂课我们着重学习了知识小品的文体特点。在学习过程中，同学们的聪

① **陈**：紧扣“语言表达”，借助学生敏锐的语感，让他们体会不同的表达效果。教师及时提升总结，顺水推舟激发学生语文阅读的兴趣，趣的领悟和情的熏陶水乳交融。

居：教师的“导”始终紧扣文本的语言，交流互动聚焦于“表达”，训练扎实而有效。

汤：积极培养学生的语用意识和语用能力，钱老师对语文本质的把握是“开风气之先”者。

② **居**：深入浅出！“深”融化在“浅”的教学活动中，“深”凸显在教师的点睛之语处。

陈：对同一问题从另一角度深入探究，课堂又呈现新境界。

③ **汤**：真是灵动的课堂，阅读对写作的启示点到为止。

明和自信给我留下了很深的印象。最后还有一点时间，我还想出个难题考考大家，这可是个“高精尖”的大难题，这个问题你们如果也能解决了，我就真正佩服你们了；如果你们怕难，那我们来读几遍课文就算了。①

生：（七嘴八舌）我们不怕难……

师：好，那现在我就宣布这道难题了？

生：（七嘴八舌）宣布好了……

师：宣布之前，请同学们先把课文最后一段一起朗读一遍。

（学生齐声朗读课文）

师：课文最后这一段说死海数百年后可能干涸，我先问你们，作者推断的根据是什么？

生：近十年来，死海每年水面下降40到50厘米，按照这样的速度下降，死海数百年后自然会干掉。

师：那么，死海水面下降的原因是什么？

生：因为这里炎热干燥。（师插问：你怎么知道？）地理课上学到过，课文里也说“艳阳高照”。因此死海海水的蒸发量大于约旦河输入的水量。蒸发多，输入少，所以海水每年下降。

师：说得很对。现在请大家听好了，我出的难题是：按照作者这样推算的思路和方法，死海真的会干涸吗？②

生：我认为死海数百年后不可能干涸，因为到那时科学比现在更加发达，人类肯定有办法救活死海。

生8：我认为他把老师的问题理解错了。我理

① **陈**：难题“高精尖”，吊起学生的胃口，欲擒故纵！

居：钱老师教读倡导“适度超前”，这个问题的设置是其教学思想的鲜明体现。

汤：课堂真是高潮迭起，这和钱老师高超的驾驭调控课堂的能力密不可分。

② **陈**：教师以其慧眼，发现智慧的问题，铸就智慧的课堂。“难问题”变成“趣问题”。

汤：“问题”一波三折，将学生的兴趣提到制高点，而在这个过程中，学生将文本相关内容又“咀嚼”了一回。教师引导学生读书的方法何其精妙！

居：大胆质疑文本“缝隙”，培养学生的批判性思维，为养成学生良好的开放的阅读心理奠基。

解老师的意思是——（语顿。师插话：我知道你理解我的意思，不要急，慢慢说。）老师是问按照课文作者的办法推算，是不是一定能推算出死海会干涸。

师：对，我就是这个意思，感谢这位同学把我的意思解释得十分准确。（对生8）那你能回答这个问题吗？（生不语）看来有点为难你了。这样吧，我把问题再具体化一些：死海海水的蒸发量大于约旦河输入的水量，是作者认为死海将会干涸的原因，你认为死海的蒸发量是不是一个不变的常量？

生8：不是。（师插问：为什么？）在雨水多的年份蒸发量就会减少。

师：请注意，天气变化或地壳的变动等这类偶然的因素不在我们的考虑范围以内，何况死海盆地的气候干旱少雨，全年的降水量加在一起不过50～60厘米。刚才你把我出的难题解释得很好，怎么自己倒忘了？请你从作者计算的思路这个角度去思考，即按照作者的计算，死海的蒸发量会不会变化？

师：啊，好多同学都举手了，看来都找到答案了。请大家把手放下，让他（指生8）再想想，他很聪明，我相信他很快就会想出来的。①

生8：蒸发量也就会变小。

师：为什么？

生8：死海的海水每年下降，死海的面积也会逐渐缩小。

① **陈**："让他再想想"，那是一个多么精彩的提议。
汤：其间充分体现了对学生成长的关怀。小心地呵护，耐心地等待，引导着学生自己解决问题。
居：学生就在自主解决问题的过程中建立了自信。

师：（向全班）大家说说，海水的蒸发量和海面是什么关系？

生：（齐）正比关系。

师：既然死海海水的蒸发量随着死海海面的逐渐缩小而减少，那么结果会怎么样呢？

生8：当蒸发量小于约旦河水输入量的时候，死海就死不了了。

师：不一定要等到"小于"的那一天，再想想。

生8：等于。

师：对啦！当死海海水的蒸发量等于约旦河水的输入量的时候，死海就死不了了。当然喽，那时的死海也不会像现在这样无边无际，波涛起伏，而是死也死不了，活也活得不像样，这是一种什么状况？

生：（齐）半死不活！[①]（笑）

师：对！就是半死不活！同学们果真智商很高，这个难题也没有难住你们。不过，死海究竟会不会死，恐怕不是一个计算的问题，而是一个现实问题。事实上，造成死海海水连年下降的原因，不全因为海水的蒸发量大，更主要的是人为的原因：以色列和约旦大量截流约旦河水用于灌溉和城市用水，致使约旦河输入死海的水量越来越少。这一严峻的事实已引起不少科学家、环境保护主义者的忧虑，一项名为"让死海继续活下去"的活动已经开始。死海处于地球陆地的最低点，人称"地球的肚脐"，不仅有独特的旅游景观，而且蕴藏着极其丰富的矿物资源，尤其是氯化

① **居：** 结合说明文的文体特点，通过巧设挑战性问题，充分凭借语言，以问促读，以读促思，引导学生深入地推理思考，从另一角度培养学生说理严谨的思维品质，令人拍案叫绝！

陈： 课堂至此，如乐曲的旋律转换，学生的思维训练从"趣味性"转为"科学性"。

钾和溴。同学们虽然没有去过死海，但我相信大家都关心地球的命运，为此，我建议大家用我们的智慧参与到“让死海继续活下去”的活动中去。请回去做两件事：

（1）上网搜索关于死海的资料（建议用谷歌搜索引擎）。

（2）参考、运用网上资料，以“救救死海”或“死海不能死”为题写一篇文章，为拯救死海进行呼吁，或提出拯救死海的办法、建议。

当然啦，我们的文章救不了死海，但至少可以表明我们关心地球命运的立场。我希望每一位同学长大后都能够成为一名自觉的环境保护主义者。①

（下课）

① **陈**：链接生活，有效拓展，教师的真情流露让学生动容，学生对文本主旨的领悟又深入了一层。钱老师对文本的研读如此“通透”，令人惊叹。

居：学语文重在学以致用，钱老师最后的拓展适度、适当，努力延伸课外，树立学生积极投身生活的正确态度，发展其综合的语用能力。

汤：文本阅读教学，如何做到科学与人文的融合，什么才是文本的拓展，怎样让学生立足文本又走出文本，科学精神与社会责任意识如何培养，钱老师这堂课的“豹尾”都给我们作了最好的诠释。

【研读感悟】

《死海不死》这篇知识小品教学实录，留给我很多思考。一篇说明文，教师教得自在，学生学得轻松。钱老师的导读何以能左右逢源、精彩纷呈？

叶圣陶先生曾说：“语文老师不是只给学生讲书的。语文老师是引导学生看书、读书的。一篇文章，学生也能粗略地看懂，可是深奥些的地方，隐藏在字面背后的意义，他们就未必能够领会。老师必须在这些场合给学生指点一下，只要三言两语，不要啰里啰唆，能使他们开窍就行。老师经常这样做，学生看书、读书的能力自然会提高。”

钱梦龙老师是叶老教育思想的继承者和实践者。他的语文课堂绝不见“满堂灌”“填鸭式”，而是通过种种精湛的教学艺术手段，巧设情景、精点妙拨，“唤醒”学生内在的求知欲望，使其“自求得之”。他用自身经验的外在投射，以“唤醒”这一教学艺术形式，架起了与学生心灵沟通的桥梁。以此课为例，具体地说有以下几个方面。

一是以趣促思，唤醒参与意识。钱老师的课堂教学亲切、机智，富有情趣，师生互动自然顺畅。这堂课前，学生与钱老师还未见过面，连上课的内容都不知道。面对这种原生态的教学现状，钱老师一开始便设“猜一猜”课题的环节，一下子拉近了师生间的距离，学生参与课堂活动的热情得以调动。其间学生“纷纷举手”之状，足为明证。教学结束前抛出的“高精尖”的“大难题”，更是吸引了学生的兴趣。他们回归课文寻找依据，得出了与作者不同的推论，获得了“发现”的喜悦。

二是不教之教，唤醒主体意识。教学中，钱老师提出了“哪些知识可以不教”与“哪些还需要教”两个问题，看似简单，实则独出机杼，统领整个教学过程。这样的提问策略，还学习主动权于学生，是钱老师教学智慧的集中体现。可以不教的，让学生经过搜索、回顾、整理、交流、评价等环节自己解决，收到了“温故而知新”的效果，也极大提高了课堂效率；需要教的，也请学生选择要点重点突破，不着痕迹地将学生的主体思维活动引向纵深。

三是勤励善诱，唤醒自信意识。钱老师总有办法让学生收获成功的喜悦。实录中与学生探讨“知识小品”特点的过程，讨论“知识性”“科学性”“趣味性”“三性”排序问题的过程，钱老师都循循善诱，或亲切鼓励，或巧妙点拨，最后都“柳暗花明”，让这些学生都获得了自信，体验了成功。下课前，钱老师布置的课外作业是搜索和运用网上有关资料，写作《救救死海》或《死海不能死》，这是课堂教学的有效延伸，相信有钱老师的教学引导，学生一定会出色完成这个写作任务。

四是字斟句酌，唤醒文体意识。“教一类文体，就得有体现这一类文体特点的过程”，钱老师亦深谙此道。但就具体操作，他对文体特点的直白解说则点到即止，更多的是引导学生通过“语言表达”来体验、比较、印证，去具体感悟。实录中关于死海海水质量问题的讨论堪称经典。钱老师用铁块作比较，调动学生已有的地理、化学、物理等知识，引导学生了解数学术语“大于”的意思和用法，细致入微地教会学生准确、严谨、科学地进行语言表达。

钱梦龙老师的导读教学艺术，验证了两位哲人的话：“教亦多术矣，运用在乎人。”（叶圣陶语）“努力以自己的整个人格来使教学有兴趣。”（第斯多惠语）谨以此自勉且笃学之。

（陈汝虹）

《中国石拱桥》

执教：钱梦龙

品读：洪 榴（主持人）、张 立、华国平

（以下依次简称“洪”“张”“华”）

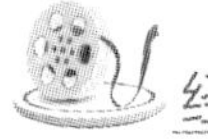

经典回放

品读沙龙

第一课时

（教师拿着一块贴着教学挂图《中国石拱桥》的小黑板走进教室，小黑板的反面对着学生。）

（上课，师生问好。）

师：今天我们要学习哪一篇课文，同学们知道吗？

生：（一二人接话）知道！

师：咦，你怎么知道的？

生：刚才，我看到你拿了一幅图。

师：你们真聪明……

生：（七嘴八舌）我们不知道，我们没看到图。

师：哦，看来大部分同学都不知道，那我还想“保密”一下。在宣布课题之前，先请同学们帮我把一句话说完：假如我有一道数学题不会做，去请教×××同学，这位同学就要把这道题的做法向我详细地——

生：（齐）说明！

师：对，就是说明。说明，跟记叙、议论一

样，也是一种用途很广的表达方式。有的人说明的本领大，一说就明；有的人却越说越叫人糊涂。可见说明要讲究什么？

生：（齐）方法。

师：对！今天我就要看看同学们说明的本领怎么样。（教师出示教学挂图——中国石拱桥，见图一）①

（图一）

师：现在，你们都知道要学什么课文了吧？但请你们不要看书。（手指挂图）这上面画的是什么？②

生：（齐）石拱桥。

师："拱"是什么意思？查查字典看。（学生查字典，解决"拱"的音义。）

师：（手指挂图）这是一个什么？（生：大拱）这四个是什么？（生：小拱）好，现在就请你们来说明一下这个大拱和四个小拱的位置关系，看你们越说越明白呢，还是越说越糊涂。谁先来说？

生：大拱的两边各有两个小拱。

① **洪**：富有情趣的导入是睿智的闪现。这里，钱老师用四个环节进行了智慧引导：猜测，激发学生好奇心；联系，在语境中帮助学生理解"说明"这个概念；讲述，帮助学生初步明确说明的作用和要求；激活，用"激将法"让学生跃跃欲试。

张：导入为了激趣，激发学生学习文本的兴趣，它必须和教学内容紧密关联，这里选择的是"说明"。

② **华**：出示教学挂图的环节令人眼前一亮，且看钱老师怎么使用。

张：先故意卖个关子，再展示挂图来明确说明的对象，这样的安排学生一定是过目不忘的。

洪：此处观图和接下去的画图是两个密不可分的教学环节：学生通过"观"获得正确具象，随后在学生"说"、教师"画"的过程中，不断产生比较和冲突，从而为学生正确理解文本语言，准确表达架桥铺路。所谓"醉翁之意不在酒"，读到此处，不由得赞叹钱老师精妙的设计！

师：我来照你的说明画画看。（见图二）①

（图二）

师：你说的桥跟挂图上的桥不太像吧？小拱的位置不对。

生：大拱两边的顶部有四个小拱。

师：究竟是两边，还是顶部？如果顶部有四个小拱，应该画成这样。（见图三）

（图三）

师：好像也不对吧？

生：桥身的左右两边有两个小拱。

师：那就是这个样子了。（见图四）

（图四）

师：你这样说，一共只有两个小拱了。

生：在大拱的两端各有两个小拱。

师：唔，两端，那得这样画了。（见图五）

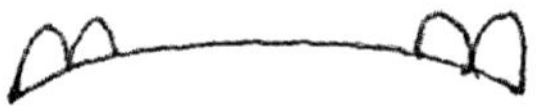

（图五）

① **张：**板画增加了视觉直观感，让学生的表述更为形象化，理解上存在什么问题，学生可以一目了然。

华：从抽象到具体，以具体（板画）来检验抽象（学生的回答），可谓匠心独具。

洪：其实，钱老师是以画促解，帮助学生理解文本语言；以画促说，训练学生精准表达。这个过程有情有趣，真是“润物无声”。

生：不是这样，我的意思……

师：两端，就是两头。根据你的意思，只能这样画呀！

（生尚欲辩，语塞。多数学生跃跃欲试，气氛越来越活跃。）

生：大拱两端的上方各有两个小拱。

师：那得画成这样。（见图六）

（图六）

师：看来要说明一件东西，实在不容易啊！谁还想试一试？

生：在大拱的上面，桥面的下面，各有……（被学生的笑声打断）

生：在大拱的两端依次向内的桥身上各有两个小拱。（有的学生议论：这太啰唆。）

（又有几个学生自告奋勇地起来说明，但都被大家的笑声否定了。）

师：好了，我们不要再说了。还是让我们看看书上是怎么说的吧！现在，请大家翻到《中国石拱桥》一课，不要全文看，就看关于说明赵州桥的两小段。

（学生默读课文，约两分钟。）[①]

师：好，请仍把书合拢。刚才大家都说不清大拱和小拱的关系，现在谁来说说看？

生：在大拱的两肩上各有两个小拱。

师：你们看，这个“肩”字用得多准！不是顶上，也不是两端，而是“两肩”。还有一个

[①] **华**：由说到读，钱老师对教学挂图的处理不单单是激发了学生的学习兴趣，更是找到了课文教学的一把钥匙。

张：这个环节堪称钱氏导读艺术的经典，学生的积极性得到了充分调动，思维火花被撩拨得灿烂炫目。

洪：是的，“不愤不启，不悱不发”，学生无法准确地说出大拱和小拱的位置关系，这是在钱老师预料之中的，他就是要通过这个环节，激发起学生品读文本语言的热望。

字非常重要，是哪个字啊？

生：（齐）“各”字。

师：为什么这个字重要？

生：因为大拱的每个肩上都有两个小拱。

师：对，“各有”，不是只有一肩有。可见说明事物要说得人家明白，有一点十分重要，你们说是哪一点？

生：用词准确。[①]

师：对了。说明事物用词要准确，这是我们得到的第一个结论。（板书：用词准确）现在请把书打开，我们再来看课文。课文说明赵州桥的特点，一共讲了几点？

生：（齐）四点！

师：能不能把第四点移前作第一点呢？

生：不好，第一点应该讲大拱，而第四点讲的是桥栏上雕刻的花纹。

师：为什么应该先讲大拱呢？

生：因为作者是从上到下说明的。

师：那么先说桥栏有什么不好呢？桥栏不是在上面吗？也是从上到下呀！

生：应该先说大拱。因为多数读者没见过赵州桥，先说大拱，读者眼前就出现了赵州桥的大致的模样。如果先写桥栏上精致的花纹，读者连桥是什么样子也不大清楚，那就不好。

师：有道理！（对另一同学）你要发表意见，是吗？

生：因为说明的是一座桥，主要应该说明它的结构特点。

师：哦，结构特点，讲得好！那么这座桥的结

[①] **华：**引导学生体会说明文语言的准确性，钱老师找到了文中最具代表性的一个点。
张：是啊，语文课要教什么和怎么教，这两个关键问题在钱老师的课堂上已有了完美的回答。

构特点是什么呢?

生：这座桥有一个很大的独拱，在大拱的两肩上各有两个小拱。这在当时是独创的。

师：讲得真好！刚才我们得到了一个结论：说明事物要用词准确。从这里我们又能得到什么结论呢?

生：要抓住特点。[①]

师：对！那么拱桥的最主要的特点是什么?

生：（齐）拱！

师：是呀，没有了“拱”，那就不成为拱桥了。可见说明事物首先要抓住事物的特点。（板书：抓住特点）下面我们继续讨论。文章说明赵州桥的特点，先写大拱，第二点写什么?

生：（齐）小拱。

师：第三点呢?

生：（齐）拱圈。

师：第四点是——

生：（齐）桥栏上的雕刻。

师：你们看，这四点写得有条不紊。从这里，我们懂得说明事物还要怎么样?

生：按照顺序。

生：先主后次。

师：两种说法都很好。先主后次也是个顺序问题。我就这样写：注意顺序。（板书：注意顺序）你们看，我们从这一段文章的阅读、讨论中，得到了这样的结论：说明事物一要注意顺序，二要抓住特点，三要用词准确。[②]现在我们来阅读全文，看看整篇文章是不是符合说明事物的三个要求。我请

① **洪：**在得出“抓住特点”这个说明方法的过程中，钱老师设计了几个连续的问题。细品这些问题，让学生对文本内容以及表达方式、作用等，知其然，更知其所以然，从而将思维引向深刻。

张：“问渠那得清如许？为有源头活水来”，钱老师的提问就是这“源头活水”，使课堂变得灵动、鲜活、美好。

华：这些问，问得巧，问得妙，巧在聚焦于文本，妙在激活了思维。

② **华：**从开头阐释“说明”这种表达方式，到这里归纳说明事物的方法，教学过程循序渐进，脉络清晰。

洪：教师的指导主要体现在引领学习过程，提出有价值的问题，在关键处点拨以及精当的讲解上。你看这里，钱老师归纳总结出说明的三个特点，真是水到渠成，同时又将学生的目光引向更广阔的视野，即关注文本的结构。就是在这样的细节处让人感受到钱老师那收放自如，开合有度的气魄。

张：人们常说语文教学既是科学，又是艺术，钱老师的课就体现了科学的严谨与艺术的创造，两者相辅相成，相得益彰。

两位同学先来朗读一下课文，其余同学一面听，一面思考一个问题：刚才讨论的关于赵州桥的两小段在整篇文章中处于什么地位？起什么作用？

（学生依次读完全文，教师提出几个难读的字来正音：洨、骜、谐等。）

师：现在请大家回答我的问题：写赵州桥的两段在整篇文章中所起的作用是什么？

生：写赵州桥起了一个举例说明的作用，前面的文章是总述，后面写赵州桥就是分述，是摆事实。

生：赵州桥仅仅是这篇说明文中的一个例子。

生：作者写赵州桥，因为赵州桥是我国古代无数石拱桥中的一个典型。

师：哦，说得很好。××× 同学还有补充意见？起来说！

生：石拱桥一共有两种，一种是独拱的，一种是联拱的。赵州桥是座独拱石桥，作者用它来说明独拱石桥的结构特点。

师：讲得非常好！她把课文中写到的两座石拱桥——赵州桥和卢沟桥联系起来，了解了作者之所以要写这两座桥，是因为它们代表了两种典型。读书就要这样瞻前顾后。①这两小段在整篇文章中的作用明确了，下面再请同学把整篇文章的结构理一理，看看作者是怎样一步一步进行说明的。大家可以小声议论一下。（学生小声议论）

生：文章先讲了中国石拱桥在世界桥梁史上的地位……

师：等一等，第 1 段写的是中国石拱桥吗？

① **洪：**钱老师巧妙利用学生的阅读体验，顺水推舟总结出"读书就要这样瞻前顾后"。这种评价既体现了对这位学生的肯定与赞赏，让其获得成功感，又给其他同学指明了阅读和思考的方法。

生：（齐）写的是石拱桥！

师：是指中国的吗？

生：不是，是世界各地的石拱桥。

师：是啊，然后把世界各地的石拱桥这个范围缩小，缩小到——

生：（齐）中国石拱桥！

师：对，看文章要仔细。好，现在你讲下去。

生：然后介绍了赵州桥和永定河上的卢沟桥，最后总结了石拱桥……中国石拱桥建筑的光辉成就。

师："中国"两个字补得好。这一节课我们弄懂了说明事物的三个注意点，也初步理清了整篇文章的顺序。下一堂课，我们将要根据这三点，进一步看一看这篇文章说明事物的方法。[①]

第二课时

师：第一堂课我们经过初步学习课文，知道说明事物要注意的三点。大家还记得吗？（指定学生回答）

生：要用词准确，抓住特点，注意顺序。

师：对，就要注意这三点。刚才读完全文，经过讨论，觉得整篇文章的顺序确实非常清楚。现在我们再来看看另外两点是不是体现在整篇文章当中。先来看看作者是怎样抓住拱桥特点的。

生：形式优美，结构坚固。

师：在说明拱桥的时候，作者打了哪些比方？（生急欲翻书）

师：大家不要看书，看看我们的记忆力怎样。

[①] **洪**：钱老师打破常规，先读说明赵州桥的两个段落，再要求学生说明这两段在全文中的地位和作用，这种"中心开花"的读文方法，让学生抓住了重点，突破了难点。课的结束并不意味着思考的结束，钱老师又在课尾给了学生一个思考的方向，也给下一堂课的学习做好了铺垫。

华：让不想说的学生想说，让不会说的学生会说，这要归功于钱老师的"善导"。

张：好课总是朴素的，无论是教学内容的确定还是教学形式的选择，钱老师的设计都便于操作，容易理解，一切都指向语文教学的本真。

生：人间天上的桥。

师：天上的桥像什么呀？

生：像虹。

生：飞虹，长虹。

师：什么叫虹？你们看到过吗？

生：看到过的，雨后彩虹。

师：虹是什么形状的？由几种色彩组成？

生：是拱形的，有七种颜色，非常美。

师：用虹来比喻拱桥，它使我们产生怎样的感觉啊？

生：优美。

师：可以说，用虹来比喻拱桥就是抓住了事物的特点。再看中国的石拱桥有哪些特点呢。①

生：拱的跨度大。

师：如果我们说中国石拱桥的一个特点是跨度大，这样说对吗？

生：不对。

师：为什么不对？

生：跨度大，这只是赵州桥的特点。

师：讲得好，“只是”两个字用得很确切。跨度大，这只是赵州桥的特点。你们绍兴也有许多石拱桥，有没有这样大的跨度？②

生：没有。

师：那你刚才说的那个特点就抓得不准了。我们要明确，讨论的对象是中国石拱桥的特点。

生：历史悠久，大小不一，形式多样。

师：讲得很好，还有吗？

生：结构坚固。

生：到处都有。

师：是到处都有吗？

① **张**：生活是语文的外延，钱老师自然而然地让学生记住了这个基本规律，并运用这个规律。

华：确实，调动学生的生活经验，使得学生对拱桥特征的把握更加到位。

洪：学生对修辞的运用以及作用也有了更深的理解。

② **张**：联系身边实际，感觉如此亲切，而且两相比较，加深了认识。

生：几乎到处都有。

师：对，“几乎”。为什么这个词不能少？有这个词与没有这个词是不是一样？

生：不一样。我国有的地方是没有石拱桥的。

师：“几乎”这个词怎么解释？

生：差不多。

师：对，差不多到处都有，说明它在我国分布很广。①

生：中国的石拱桥用料省，结构巧，强度高。

师：对。还有吗？

生：千姿百态，惟妙惟肖。

师：中国的石拱桥有这样的特点吗？（众笑）

生：这是说石拱桥上的石狮子的。

师：中国的石拱桥都刻有石狮子吗？（众笑）

生：他说得不对，这是用来形容卢沟桥上的石狮子的。②

师：对，这样表达才准确。“千态万状，惟妙惟肖”，是用来形容卢沟桥上的石狮子的，它不是说中国石拱桥的特点。我们在说明事物的时候别忘了要抓住这个事物的特征啊！现在再请大家说说看，赵州桥是如何体现了中国石拱桥的特点的。

生：赵州桥历史悠久，形式优美。

生：赵州桥的设计合乎科学原理，施工技术巧妙绝伦。

师：你讲得很好。“绝伦”是什么意思？请大家先查一查“伦”字，然后再解释“绝伦”。

生：次序。

师：还有另外的解释吗？

生：类，同类。

① **洪**：字斟句酌，用词务求准确，钱老师对学生语言表达的训练是贯穿始终的。这是真实有效的教学，学生既获知识，又长能力。

张：细细地推敲，语文的味道浓了，语文的知识纯了，所谓“一枝一叶总关情”啊。

② **华**：学生能自主完成的，绝不越俎代庖；学生理解有偏差的，绝不轻易放过。

张：这就是“学生为主体，教师为主导”的真实体现，钱老师的真知灼见和他的课堂实践息息相关。

师：一个解释为“次序”，一个解释为“同类”，这里用哪个意思好？

生：应该用“同类”。

师：那么，什么叫“绝伦”呢？

（学生忙着查字典）

师：不要翻字典。“绝伦”这个词在你们的字典中是查不到的。还是自己动脑筋，想一想，再回答。①

生：“绝伦”就是最好的。

师：意思有点接近。再仔细想想看。

生：不同一般。

生：没有同类。

师：“没有同类”讲得很好！这就是说，在同类的事物当中，没有能够和它——

生：（接话）相比的。

师：“巧妙绝伦”是说它的施工技术的巧妙程度在同类事物中——

生：（接话）独一无二。

师：对！这是赵州桥的一个特点。还有没有其他的特点？②

生：结构匀称。

生：古朴美观。

师：还有唐朝的张鷟怎么说？

生：“初月出云，长虹饮涧”。

师：什么叫“初月”？

生：穿出云层的一弯新月。

生：八月份刚出来的月亮叫初月。（众笑）

师：是这样的吗？

生：初月是每天刚刚出来的月亮，新月是每一个月开始的时候出来的月亮。

① **洪**：头脑中有本“词典”，钱老师让学生唤醒已有的知识储备，以及生活体验，用自己的语言来理解和表达语词的意思，这个过程培养的是学生对词语的感受力、理解力和表达力。

② **华**：重在理解中国石拱桥的特征，但同样离不开说明语言的品读，钱老师并没有把两者割裂开来。

张：的确，离开了语言的理解，作品的存在会显得虚无。

洪：诗意的品读，美哉！文本语言表达之美，学生丰富想象之美，师生互动和谐之美……钱老师的课堂美不胜收。

师：每天刚出来的月亮可以是圆的，也可以是弯的。这里的初月指的是月初时出来的月亮。这种样子的月亮还有别的名称吗？

生：蛾眉月。

生：月牙儿。

师：“蛾眉月”“月牙儿”，说得好极了！那么，“长虹饮涧”的“涧”是什么意思？

生：山沟里的水。“长虹饮涧”是说好像长虹到山沟里喝水。

师：“初月出云，长虹饮涧”，形象地写出了赵州桥的形式优美。我们再来看看作者怎样写卢沟桥。①

生：卢沟桥的特点是联拱。

生：结构坚固，桥面由石板铺砌，桥柱上雕刻着不同姿态的狮子。

师：对，卢沟桥上刻着石狮子是它的一大特点。北京有句歇后语：卢沟桥上的石狮子——

生：（接话）数不清。

师：哦，你是怎么知道的？

生：从书上看到的。

师：啊，你们的阅读面真广！（众笑）卢沟桥上的石狮子不仅多，而且雕刻得怎么样？课文中用了什么词？②

生：千态万状，惟妙惟肖。

师：“惟妙惟肖”是什么意思？

生：形容雕刻得非常逼真。

生：形容雕刻的技巧非常高明，模仿得十分逼真。

师：“惟妙惟肖”的“惟”作什么解释？

生：“特别”的意思。

师：“肖”是什么意思？

① **张**：钱老师的语文课程意识特别强，语言的训练紧紧抓在手里。
洪：字不离词，词不离句，句不离段。而每个语词是篇章段落的最小基石。咬文嚼字，让意味更浓，理解更深。

② **张**：适时的表扬既调节气氛，又激励思考。
洪：师生之间，亦师亦友，生命的放松与自然是智慧闪现、灵感迸发的摇篮。

生：相似。

师：相似、像，是吗？这里的惟妙惟肖指什么像什么？

生：石狮子像真狮子。

师：我们有的时候要描写一个人，写得非常逼真，譬如我们写赵劲（注：该班的一位女同学），文章把她的特点都写出来了，大家读了以后觉得非常逼真，这也叫作“惟妙惟肖”。不过课文中说的是石狮子，不是赵劲，是吗？（众笑）[①] 总之，“惟妙惟肖”不仅仅可以用于描写石狮子。描写赵州桥、卢沟桥的几段文字，把两座桥的特点都写出来了，抓得非常准。从这里可以看到说明事物必须抓住特点，要抓得准。这是我们讨论的第二点。下面我们再来讨论一下第三点。是哪一点啊？[②]

生：用词准确。

师：好！我们来找找用词准确的例子。我们先举两个例子好不好？有些虚词不能少，例如“大拱的两肩上，各有两个小拱”的“各”。如果改成“大拱的两肩上有两个小拱”，意思就不同了。再如写卢沟桥“路面平坦，几乎与河面平行”，这句话中哪个词很重要？

生：“几乎”。

师：为什么？

生：因为少了“几乎”两字，就说明卢沟桥的桥面与河面完全平行了。“几乎平行”是差不多平行的意思，但还不是平行。

师：说得对。“几乎平行”与“平行”是不同的。

[①] **洪：**词语只有回归到语境中，才能富有生命力。这里，钱老师巧借班中的一位女生，把“惟妙惟肖”在生动的语境中再现，学生会心的笑声，传递着这样的信息——词语语义、用法已经深深地刻在他们的心中。

[②] **张：**钱老师的语文课堂总是这样不疾不徐，恰到好处，学习者轻松，观课者舒心。

现在请大家一起来找一找这类用词准确的例子。

生：第 3 段写道旅人桥“大约建成于公元 282 年”，其中的“大约”不能少。

师：为什么不能少？①

生：少了，就变成肯定的了。

生：因为没有确切的记载。

师：说得很好！因为年代久远了，建成于 282 年只是推测。接着下面的一个句子中还有一个词也很重要，哪一个？

生：“可能是有记载的最早的石拱桥了”这句里的“可能”。

师：为什么？

生：因为上面说的是大约，所以这里只能说“可能”。

师：也许还有比它建造得更早的石拱桥，是吗？还有别的例子吗？

生：倒数第 2 段“至今还不完全知道”。

师：你说的是哪个词？

生：“完全”。

师：“完全”。你比一比，“至今还不知道”与“至今还不完全知道”有什么不同？

生：“不知道”是一点儿也不知道，“不完全知道”是有点儿知道了。

师：为什么不完全知道呢？

生：因为我们现在主要是根据桥梁专家的推测了解了一点，所以说“不完全知道”。

师：“根据桥梁专家的推测”，“推测”这一词用得多准确！根据推测，所以我们知道了一点。但仅仅是推测，所以是“不完全知

① **洪**：教学是对话。钱老师在与学生亲切的交谈中，顺应学生的思维流动之势，指导、启发、点拨，将学生的思维引向深刻。

道”，你想得很有道理。

生：第5段“在当时可算是世界上最长的石拱”中的“可算是”。

师：找得很好。但请你注意，在前面还有个“在当时”，什么意思？

生：在那个时候最长，现在比这更长的石拱桥已经有了。

师：你们看，这句话表达得是很周密的。

生：第5段“桥的设计完全合乎科学原理”中的“完全”。

师：对，这个“完全”说明了赵州桥的设计、建造技巧怎么样？

生：很高很高。

生：第6段“但是这座桥却从没出过事”的“从”字。

师：这个“从”找得好！

生：“他们制作石料的工艺极其精巧”中的“极其”。

师：我再提醒你们一下，文章最后写到石拱桥的时候，有些词用得也很好。

生：“表明了我国社会主义制度的无比优越”中的“无比”。

生：“其中‘双曲拱桥’……是世界上所仅有的”中的“仅有”。

师：这个词找得好！如果我们说“我国的这种桥是世界上所没有的”，可以吗？“仅有的”和“没有的”这两种说法有什么不同？为什么？

生：“没有的”，那是完全否定了这种桥的存在，“仅有的”是说“只有中国有”的意思。

师：对！这许多例子都说明了用词要准确，讲话要有分寸，写说明文，说明事物，特别要注意用词。下面再请一位同学总结一下，说明事物要注意哪三点？

生：抓住特点，用词确切，注意顺序。①

师：对，下面我们就根据今天学到的三点来说明一个事物，说明什么呢？就说明这一张教学挂图吧。请大家先想想，要说明它，先说啥？抓住它的什么特点来说？

生：说明拱桥的特点。

师：（指另一学生）你说呢？

生：先说拱桥的拱。

生：说明这座桥是怎么样的桥。

师：同学们好好想想，先这样说行不行？

生：要先说这张图的用处。

师：为什么要先说用处？

生：因为这是一张教学挂图。

师：大家的意见怎么样？

生：我认为这张图的主要内容是拱桥，应该先说拱桥。②

生：我认为应该先说图，因为桥在图中。（众笑）（学生争论，有的说要先说桥，有的说要先说图，各不相让。）③

师：我说说我的意见，好吗？我觉得应该先说图，因为我们说明事物先要抓住它的特点，要把最主要的特点首先加以说明。如果开头说"这是一座赵州桥"，你们看行不行？（众笑）人家一听这是一座赵州桥，就以为你是在说明桥了。

生：我认为先说桥也行（众笑），先说明这是一座赵州桥，然后说出桥的特点，最后加上

① **华：**整堂课注重"生成"，立足于"怎么写"，引导学生与文本对话。

张：这就是授之以渔，学生一旦掌握了方法，思维的闸门就被打开，课堂顿时变得摇曳多姿。

洪：至此，学生在老师的引导下，通过自主的发现、比较、品味，对说明事物的三个注意点由初步感知到深刻理解。这个过程中，老师或听，或评，或点，或解，是组织者、引导者、激励者和授业者，充分地体现了钱老师的"三主"理念。

② **华：**由"读"到"写"，又回到之前出示的教学挂图，设计之妙让人叫绝。

张：前呼后应，首尾咬合，这样的过程可谓滴水不漏啊！

洪：是啊，真是令人叹服的精妙设计，这既是教具的充分利用，又是知识内容的学以致用。简单的一幅挂图，朴素的教学手段，却取得了扎实有效的训练效果，真是"大道无痕"。

③ **华：**于争议处追问，把学生思维引向深入。

张：且让学生们去争、去议，没有思维的碰撞，何来智慧的火花？

一句：这就是教学挂图中的赵州桥。（众笑）

师：好，好！十分佩服！你很会动脑筋。（众笑）刚才我跟你们说要敢于发表意见，黄峥同学马上做到了。老师没有想到的他想到了，我很高兴。[①] 现在看来先说什么都可以，但一定要在适当的地方点明这是“图”，是吗？现在我们再来看看，这张图的下部是两座什么桥。（《赵州桥》挂图的下部有两幅图：延河桥和南京长江大桥公路引桥）这座是什么桥？（指图）它建造在什么地方？

生：在延河上。

师：延河上的桥，你给它取个名字，行吗？

生：延桥（众笑），延河桥。

师：延河桥吧！怎么知道它是延河桥的？

生：因为桥的背景有座宝塔山，宝塔山在延安，延安的河，叫延河，延河上的桥当然叫延河桥。（众笑）

师：看，他的推理多正确！那么，它是一座什么形式的拱桥？

生：联拱桥。

师：想一想，赵州桥的附图为什么要画上这座联拱桥？

生：它利用了赵州桥的结构特点。赵州桥的大拱肩上各有两个小拱，延河桥的大拱肩上也有小拱。

师：对，赵州桥是拱上加拱，延河桥也是拱上加拱。你的观察力很强！赵州桥图附上延河桥说明了什么？

生：赵州桥的建筑对后世的贡献。[②]

① **洪：**钱老师善于利用课堂上“不同的声音”，尊重学生独特的感受和理解，通过睿智的评价放大优点，激励进步。

华：学生的思维被激活了，才有这样出人意料的回答，这就是“唤醒”的艺术。

张：是呀，钱老师的信赖与理解使一堂普普通通的语文课成了学生们心中一道永恒的风景，这应该就是每一位语文老师都向往的境界。

② **张：**请注意引导学生识图这一环节，体会钱老师的教学意图，很有启发。

华：读写结合，举一反三，学生所学在此处有了用武之地。

洪：的确，学生在钱老师的课堂上，不仅得言得意更得法，不但学知识，更学运用。

师：说得好！这是什么桥？（指图）

生：南京长江大桥。

师：对是对的，但不够确切。要讲得确切一些。

生：这是南京长江大桥的公路桥。

师：公路桥？是桥面呢，还是什么？

生：引桥。

师：请讲得完整些。

生：这是南京长江大桥的公路引桥。

师：对，说明事物要准确。这是南京长江大桥的公路引桥。它在这幅教学挂图中的作用是什么？跟延河桥一样吗？

生：不一样。南京长江大桥更长，它的拱比延河桥更多。

师：它也是拱上加拱。不过，它的设计建造的技术更加复杂。它是继承和发展了赵州桥的技术。这也就是课本中说的——

生：（接话）"我国桥梁事业的飞跃发展"。

师：这表明了——

生："我国社会主义制度的无比优越"。

师：我们写说明文的话，上面的一些都要加以说明。这幅教学挂图就叫"赵州桥图"，但是也要把下面的两幅附图说进去，大家想想怎么说？

生：在赵州桥的下方有两幅附图。

师：对是对，不过还不够准确。

生：在赵州桥图的下方左右各有一幅附图。

师：可以这样说。还有，我们在说明这幅挂图时，书上学到的有关赵州桥的一些知识、一些词语，能不能用到我们的说明中去呢？

生：可以用。

师：请举一些例子。
生：全桥只有一个大拱。
生：大拱的两肩各有两个小拱。
生：桥的设计完全符合科学原理。
师：还有哪些词可用？大家一起再来凑凑。
生：雄伟。
师：雄伟？书中用的是一个动词，是哪个？
生：雄跨。
师：对，不是“雄伟”，是“雄跨”。“雄跨”这个词可以用。还有吗？①
生：结构匀称。
生：和四周景色配合得十分和谐。
生：卧虹，长虹，长虹饮涧，都可以用。
师：那么有没有不可以用的？
生：“大拱由 28 道拱圈拼成”不能用。
师：为什么？
生：因为图上看不见。
师：同学们都说得很好。究竟哪些词用，哪些不用，再请同学们仔细看看，好好想想。现在我布置作业，请同学们写一篇说明文，题目是《介绍一幅教学挂图》，我相信你们一定能写出好文章来。②

① **华**：从阅读时对语言的品味，到写作时对用词的推敲，都是基于文体特征而展开的，经过这样的训练，学生离“自能读书”“自能作文”还远吗？
张：从文本出发，再回到文本，不是简单的重复，而是螺旋式的上升。
洪：训练就是这样精彩地进行着。经历这样的品读辨析，学生的语感能力、思维能力和表达能力一定会明显提高。

② **张**：学以致用，经过钱老师的熏陶，相信学生们的习作一定精彩纷呈，这也为本堂经典课例作了最好的注解。
洪：课内得法，课外得益。这个练习的设计不单是已有知识的复习，更重要的是让学生在运用中加深理解，转化成能力。
华：从阅读教学到写作指导，始终是在师生平等对话中完成的，同时这又是一堂语言和内容完美统一的语文课。

【研读感悟】

这是钱梦龙老师于 1981 年 11 月在绍兴一中上的示范课。课文是一篇平实的说明文，但是我们看到在钱老师智慧的建构下，学生学得主动，学得精彩，学得扎实，充分展现了钱老师“三主”理念下本色语文课堂的无限魅力。至少有以下三点，让我回味无穷。

1. 打破常规，以变生趣

钱老师说“教学有时如用兵，需要巧选突破口，然后以奇兵制胜”。在这一课的教学中，充分体现了钱老师用兵如神。在教之前，钱老师故意对教学内容暂时“保密”，让学生带着疑问来上课；教学起始，钱老师又不从阅读课文入手，而是让学生试一试自己的“说明”能力，这样不仅给学生新鲜感，也让学生有一种“心有所思，口不能言”而急切地想看书的心情，激发起学生对新知识强烈的兴趣，促进他们求知的主动性和吸收新知识的能力。这种不按部就班的教学变式，是钱老师深刻把握文本特点，充分考虑学情以后，设计的充满智慧的教学方式。

2. 凸显“三主”，以读促思

“学生为主体，教师为主导，训练为主线”的“三主”理念，极生动地体现在本文教学的每个环节。首先，对本文三个说明要点的发现和归纳，钱老师巧妙地通过看图—画图—说图的三步曲，让学生成为观察、阅读、表达的主体；同时，在学生求取结论的过程中，教师充分发挥主导作用，以精要的讲解对他们进行归纳性思维的训练。其次，贯穿整个学习过程的品词读文，钱老师用聊天般轻松自然的方式，不断地让学生自主地发现语词微妙的变化，学生思维的敏度、深度和广度等得到了充分的训练。正如钱老师所说只有“教师‘导’之有方，学生才能学得有章有法，真正成为知识的主人、名副其实的主体”。钱老师咬定“三主”不放松，以读促思显高效。

3. 学以致用，以用化能

钱老师在教学最后用“看图作文”来促进学生学以致用的转化能力。学生要说明这幅教学挂图的内容，有两项“已知”可以用：其一，学生在读文过程中自己归纳出的说明事物的三要点；其二，课文中有关石拱桥的部分知识和词语。让学生运用已有知识，进行“实战练习”，不仅复习巩固了已有知识，而且在运用已有知识的过程中加深理解，并使之转化成能力。

大道至简。钱老师用一张挂图，一支粉笔，带领学生品词析句，体验感悟，学用相济，展开了一段无比愉悦的阅读之旅。

（洪　榴）

《七绝二首》

执教：钱梦龙

品读：周志强（主持人）、刘志军、周　浩

（以下依次简称“周”“刘”“浩”）

经典回放

师：今天我们利用晨读时间来读两首描写春天的诗。请翻到第 30 课《诗八首》。大家看一看，哪两首是写春天的？①

生：（大略看八首诗）《惠崇〈春江晚景〉》《江南春绝句》。

师：对了，春天来了，我们读两首描写春天的诗。这两首诗的格律叫七绝。谁能告诉我什么叫七绝？

生：每一句都由七个字组成。一共有四句。

师：对了。七绝的完整的名称叫作——

生：（齐）七言绝句。

师：七言，这个“言”字是什么意思？

生：字。

师：对，七言就是每句七个字，绝句就是每一首四句。②现在我们先来看《惠崇〈春江晚景〉》。“春江晚景”为什么加个书名号？③

生：那是惠崇的画名。

师：对了。惠崇是一个和尚，是北宋的画家。苏轼这首诗是为什么而写的？

生：是为惠崇的《春江晚景》这幅画题的诗。

师：噢，对了，这首诗是题画诗。同学们先读

品读沙龙

① **周：** 20 分钟晨读课，且看钱老师如何安排。

刘： 八首诗歌，用“分批解决”的方法，符合初一学生的认知特点。

② **周：**“明体裁”这个环节，面对的是初一学生，点到即止，惜时如金，时间用到刀刃上。

刘： 没有艰深的术语，而是以简驭繁，将古典诗歌知识融入课堂教学之中，随着学习的深入，语文知识便积少成多。

③ **周：** 这“曲问”问得巧。

一读，看这首诗写的是什么时间，是早春，盛春，还是晚春？

（学生读诗，有的默读，有的音读，读后又小声议论。）①

师：现在我们来看，诗写的是哪个时间？

生：写的是早春。

师：从哪里知道的？②

生：从“春江水暖鸭先知”中的“暖”字知道的。

师：为什么“暖”字能说明是早春？能不能讲得更清楚一点？

生：春天到了，水温回升。

师：噢，春天到了，水温回升了，是吧？还有补充的吗？

生：还有“竹外桃花三两枝”中的“三两枝”，说明花还没盛开。

师：说得很对。“三两枝”不是盛开。还有吗？

生：还有“蒌蒿满地芦芽短”，“芦芽短”是说芦芽刚刚冒出来一点，还没有十分茂盛。

师：大家同意吗？

生：（齐）同意！③

师：你看，都是写的早春的风光。这里说明诗人对早春景色的观察非常细致、非常准确。你看，桃花不是盛开，而是三两枝，开在什么地方？

生：竹外。

师：是啊，竹林的外面，它的背景是一片碧绿的竹林。三两枝桃花横斜在那儿，描绘出了早春景色的特点。这首诗其中的一句特别有名，你们猜是哪一句？④

生：“春江水暖鸭先知”。

① **周**：这问题的设计独具匠心。不仅提纲挈领，串起了前后两首诗的解读，而且是领略诗歌情味的绝佳切入口。

刘：带着问题去读，释疑的过程也是解读的过程。

浩：不错，学生的阅读体悟，是“导读”的前提。

② **浩**：古典诗歌的教学摆脱了逐字逐句解读的羁绊，找准了切入口，由点及面，全盘皆活。

③ **周**：钱老师的导，其实是一种启发性极强的课堂点拨。这种点拨，策略高明，手段多样。

刘：适时的追问，层层推进，简明、流畅而灵动，学生的积极性被调动起来了，其主体地位得到了充分的体现。

④ **周**：钱老师最喜欢让孩子们猜，猜也最能激发探究欲。

浩：是呀，“猜”的过程包含了复杂的思维活动。

刘：“猜而有理”“猜而有据”，是一项生动的语文活动。

师：是吗？

生：（齐）是的。

师：噢，你们是怎么猜得这样准的？为什么说这一句特别有名？

（学生们议论纷纷）

师：这句诗确是很有名的，历来众口流传，这叫作什么？

生：脍炙人口。

师：真聪明！[①] 为什么你们感觉它会脍炙人口呢？谁能讲出道理？喔，××× 同学，你说说。

生：我从有关少林寺的书上看到的，说它很有名。

师：在什么书上看到的？

生：《少林寺传说》。

师：《少林寺传说》有这句诗吗？

生：（齐）有。

师：噢，他是用旁证来说明的。不过，我们还要从这句诗的本身来说。好，你先说。[②]

生：这句诗写得很形象。

师：为什么说它写得很形象？

生："鸭先知"用了拟人化的写法。

师：噢，用了拟人化的写法。大家继续说。

生：春天来了，冰雪融化了，水温回升了，人们还没有察觉——

师：好！"察觉"这个词用得好！

生：（继续）人们还没有察觉水温的回升，却看见鸭子在河里嬉戏游闹。

师：看到鸭子在嬉戏游闹，这样就可以想象到鸭子知道什么啦？

[①] **周**：钱老师的惊喜与欣赏，在课堂上是如此动人。它一下子拉近了师生的距离，催发学生强烈的表现欲。

刘：不是无原则地表扬，而是用赏识来激发学生更深入地思考。这才是真正的赏识教育。

[②] **周**："导"的纠偏作用：使学生回到教学的主要目标上来。

刘："以文为证"，是钱老师教学时非常注重的一种方法，这样的课堂才能活而有度，不蔓不枝。

生：水温回升了。

师：他有两个词用得很好，一个是“察觉”，一个是——

生：（齐）嬉戏游闹。

师：对，嬉戏游闹。看到鸭子在欢快地游动，就推想到鸭子已经感觉到了水温的回升，这里表现了诗人的观察力、想象力。这句诗里面有一个字是这句诗的诗眼，你们能找得出来吗？①

生：（齐）先。

师：对，就是这个字！同学们真是很会读诗的。诗里还谈到一种鱼，是什么鱼？

生：河豚。

师：河豚怎么样？

（学生议论纷纷）

师：好了，谁来说？

生：鱼的一种，肉味鲜美，但卵巢和肝脏有剧毒。

师：这里，“正是河豚欲上时”点明了早春物候的特点。河豚有水温回升就起来游动的特性。这句有一个字，你们注意，也是点明早春的，哪个字？

生：（齐）欲。②

师：什么意思？

生：（齐）想、要。

师：河豚有没有上？

生：还没有，将要上。

师：没有上，水温刚刚回升。一个“欲”字说明河豚将上未上，正是早春的物候。现在我们把这首诗读一遍。同学们注意体会诗

① **周：**如何引导学生从感性的粗浅上升到审美的精当，这是经典的片段。教师不失时机地抓住“察觉”一词，顺势点拨。课堂的活力来自“发现”。

浩：教师的“点赞”有效地促成课堂的生成。

刘：正是。学生的回答中蕴藏着很多璞玉，有待教师去发现、打磨。如果对课堂的生成视而不见，则既打击了学生的积极性，也会令教学黯然无光。

② **周：**“欲”的鉴赏极必要。“讲透”的同时，更要寻求“举一反三”之效。

浩：钱老师“以问促思”的教学艺术体现得淋漓尽致。

刘：同感。如果这里不是曲问而是直问，学生思维的闸门就很难开启。

人准确的观察力和丰富的想象力。我先来领读。诗要读得慢一点，要读得有节奏。

（教师领读全诗）[①]

师：你们再来朗读一遍，这一遍读的时候要注意，这首诗是题在什么上的？

生：画上。

师：画是静止的，还是动态的？

生：静止的。

师：画面是静止的，但你看，作者把一个静止的画面写得——

生：（齐）活了，动了。

师：你们真聪明！作者写得一片活态，栩栩如生，使我们想象到一群鸭子在水里——

生：嬉戏游闹。

师：嬉戏游闹，追逐着，真是富有生气。同学们读的时候要展开想象，注意这种感情。

（学生齐声有感情地朗读一遍）[②]

师：读得好！考验一下大家的记忆力，能背诵吗？

生：能。

师：好，不许偷看。谁先来？

（连续请三个学生起来背，尽管有个别学生不太熟练，还是能背完。）

师：好，我们再请一位同学上来默写诗里的几个字，同学们看哪几个字容易写错？你们说，他默写。谁上来？（几个学生立即举手）好，你来。

（一位学生走向黑板。下边的学生连续提出以下字词：苏轼、河豚、蒌蒿、芦芽、欲、惠崇。）

① **周：**范读既可缩结上面的讨论环节，又可使学生在吟咏中细细品味。

② **周：**朗读指导，着眼诗歌的情感和审美。

刘：朗读借助想象，能读出诗歌的画面感和丰富的情感。

浩：我不由得联想起钱老师指导学生诵读《少年中国说》的情景了。

（生默写完回到座位上）[①]

师：好了，同学们看该打多少分？

生：（齐）100分。

师：95分。[②]

（众生发出惊呼，立即认真查找写错的地方。）

师：同学们知道吗，我为什么扣他5分？

生："蒌蒿"的"蒌"笔顺错了。

（生上黑板按笔顺写"蒌"，指出刚才的同学写"女"字先写一横。）

生：他写的"河"字笔顺也不对。

（教师说明"可"字笔顺不是先写"丁"，而是写了上面一横后接着写"口"，还讲了"可"字的行书写法。）[③]

师：好了，现在我们全体来背一遍。

（集体背一遍）

师：好，下面我们再来看杜牧的一首诗。同学们先把诗读一遍。

（同学们各自读诗）

师：问问大家看，这首诗写春天的哪一段时间？

（学生纷纷议论）[④]

师：好，你说。

生：不是早春。从最后一句"多少楼台烟雨中"可以看出。

师：为什么从这句诗看出？

生：因为"多少楼台烟雨中"的"烟雨"表明了是——

生：（齐）清明时节。

师：你说这句诗写的是清明节，能不能找别的诗句来证明？

生："清明时节雨纷纷，路上行人欲断魂。"

① **周**：默写由学生负责检查，检查他人的同时也省察自己。这一招妙！

浩：妙处还在于将乏味的背诵默写，变成了让学生跃跃欲试的挑战节目。

② **周**：平地波澜。

③ **周**：细至极处！教师一丝不苟，学生潜移默化。看似"闲笔"的行书写法的拓展，体现了教师对语文的理解。

刘：用"最语文"的方式来学习语文，是质朴的真谛。

④ **周**：有了前一首诗的讨论，学生就知道该怎么回答这个问题了。

刘：这才叫授之以渔。钱老师始终将"学生为主体"放在"三主"的首位。

师：知道这句诗是谁写的吗？

生：也是杜牧。

师：（笑）啊，你的证明很有力。那么，除“烟雨”外，诗内还有没有别的句子可以证明不是早春？

生：从“千里莺啼绿映红”这句诗也可以看出。

师：为什么？

生：因为“绿映红”，说明春色很浓。

师：好，“春色很浓”，用词用得好！春色浓，而且黄莺都叫起来了。我再出个问题请大家思考一下：有人说第一句诗“千里莺啼”写得不对，一千里这么远哪里听得见莺啼？因此主张把“千里莺啼”改为“十里莺啼”，你们看改得怎么样？

（学生纷纷说不好）

师：讲道理，讲道理。①

生：因为这句诗并不是写在千里之外听到黄莺的鸣叫，而是为了表现出春天生气勃勃的景色。

师：好，讲得很好。还有补充的吗？

生：这句诗写的是整个江南的景色。

师：噢，他说整个江南，就是说作者描绘的是什么？

生：（齐）江南。

师：对，作者描绘的是一幅整个江南的春色图！还有其他意见吗？

生：“千里”我认为应该解释为“各地”。

师：嗯，“各地”也可以，但还能不能用一个更合适的词来代替？

生：处处。

① **周**：“一石激起千层浪”。要讲清这个问题还真有点难度，但没有难度还叫问题吗？教师的连声催问，足见忘我投入，课堂已入佳境。

刘：“讲道理”三个字，足见教师课堂调控的本事，既能让学生静下心来思考，又指明了思考的方向。

师:“处处”好不好啊?

生:(齐)好!

师:“处处”好，就是说整个江南“处处莺啼，处处绿映红”！你们理解得多好！但是作者为什么用“千里”而不用“处处”呢?“千里”给我们描绘了一幅十分广阔的江南春色图。作者的这句诗，显得视野开阔，而且色调很绚丽，除了绿叶红花，还听到了什么?①

生:莺啼。

师:这幅画里还有“水村”……

生:(接话)山郭、酒旗、四百八十寺。

师:噢，酒旗随风招展(在黑板上画)，表示这里有什么?②

生:酒家。

师:嗯，最后两句诗不光写景，还具有深刻含义，听我讲一讲。③杜牧是晚唐人，那时候，统治者特别崇奉佛数，到处建造佛寺，而历史上的南朝统治者也是崇奉佛教的，加上其他一些原因，导致了王朝的覆灭。因此，杜牧写这首诗意在讽喻唐朝统治者:不要重蹈南朝统治者的覆辙，过于崇奉佛教，建造那么多佛寺。所以这首诗的后面两句是有讽喻作用的。但就诗句的本身来看，也是很美的,“多少楼台”笼罩在哪里?

生:(齐)烟雨之中。

师:朦胧的烟雨之中，楼台参差，那是一幅江南春雨图，是很美的。我们读过朱白清的《春》，大家还记得吗?

生:(齐)记得。

① **周:** 在学生讨论的基础上，教师适时补充，促成学生深入诗境。“导”，并不是放弃“讲”。讲是必要的示范。

刘: 说得好。教师不能成为纯粹的“听众”，否则学生的所得或许浅薄甚至谬误。教师的“主导”关键在于把握时机，深入浅出。

② **周:** 古代文人讲究“琴棋书画”，语文教师也得学点中国画。

浩: 是啊，古典诗词讲究诗画结合，要让学生更好地领略诗歌妙境，老师还得多才多艺。

③ **周:** 背景的介绍要言不烦，为学生架设起深味诗歌意境的桥梁。

刘: 背景知识在此时介入恰到好处。过早，学生还没有形成感性的认识;太晚，则会让学生在认知上多走弯路。

师：那春雨是怎么样的？[①]

生："像牛毛，像花针，像细丝，密密地斜织着，人家屋顶上全笼着一层薄烟。"

师：这是一幅多美的江南春雨图啊！现在我们来把这首诗读一遍。

（领读全诗）

师：好，我们再来齐声朗读一遍。

（学生齐声朗读）

师：背得出吗？

生：背得出。

师：好，谁来背？

（三个学生自动起来背）

师：好，好！我们再一起背一遍好吗？[②]

（学生集体背诵）

师：今天晨读我们进入了两幅图画中饱览了美丽的江南春色，品味了我国古代诗歌的美，希望同学们课外再去找一些好诗来读，而且要背出来。

（晨读下课）

① **周：**借旧知来加深体会。

刘：时代、作者、体裁不同，但有着同样的文学美感。学生的审美视野更开阔了。

② **周：**诗歌教学，课堂上书声琅琅，正是题中之义。分析是细细咀嚼，吟诵是慢慢品味。

刘：得于心而发于声，当学生充分品味到了诗歌的韵味后，出口成诵也是水到渠成的事了。

浩：两首诗歌的教学以线串珠，着眼整体感悟，含英咀华，注重知能结合，处处闪耀着钱老师语文教学智慧的光芒。

【研读感悟】

这是钱老师于 1984 年 3 月 22 日在自己班上的晨读课。品读的过程中，我不时有"半亩方塘一鉴开，天光云影共徘徊"的真切感受。

这堂课何以能上得如此得心应手？是因为钱老师酷爱古典诗歌，也擅长诗词创作，深谙三昧而独有会心。正是这深厚的学养，成就了精妙的钱氏"导读"艺术。

钱氏"导读"艺术妙在匠心独运。

一堂课教一首题画诗，一首怀古诗，两者主题不同，意境殊异。如果不讲究方法，课堂内容容易前后割裂。钱老师慧心巧设：两者都写春景，就让学生先来判断诗歌写的是春天的哪个阶段。这一问题的提出巧妙地串起了整个课堂。

钱氏“导读”艺术妙在自然灵动。

通过引导学生咬文嚼字，来确定诗歌的内容和意境，“观文者披文以入情，沿波讨源，虽幽必显”，这是“最语文”的手段。钱老师以“最语文”的手段，来实现最朴素的语文教学思想——教会学生自学，自然就催生出最灵动的课堂。你看，同是品评语言，前一首重教师指导，后一首就重学以致用。同是鉴赏诗歌，前者重表现手法的把握（动静结合），后者就重诗歌意境的领悟。同中求异，课堂就摆脱了单调沉闷，就变得生动活泼了。你看，钱老师的课堂，疏可驰马，却又密不透风。时而大开大合，大胆舍弃；时而循循善诱，刨根究底。细致处逐字逐句，务求尽解，老师何敢厌其烦？细小处即便如笔顺，老师也不轻易放过。何则？老师的指导，就在于为了“反三”的“举一”。

当然，课堂的自然灵动，最离不开的还是因势利导。学生是学习主体，当学生的应答不尽如人意时，钱老师没有直接否定，更没有越俎代庖，他运用高超的评价手段，巧妙地点拨提醒，使学生最终心领神会。当学生遭遇学习的瓶颈时，老师言简意赅的讲解又使他们豁然开朗。这个过程，不仅是师生互动的过程，也是学生语文思维丰富完善的过程，更是学习兴趣得到激发的过程。

读罢该实录，我真想把朱熹先生《观书有感》的诗题更名为“观钱梦龙教学实录有感”。

（周志强）

《愚公移山》

执教：钱梦龙

品读：张　卫（主持人）、沈春媚、刘志军

（以下依次简称“张”“沈”“刘”）

经典回放

第一课时

师：上一课（指正式上课前用20分钟时间让学生自读课文）同学们自读了《愚公移山》，我检查了一下，同学们学习得很好，老师非常满意！现在我们先一起来把文章朗读一遍，好吗？①

（学生齐声朗读全文。读毕，有学生提出“亡”字错读成了“wáng”，教师让同学们共同订正。）

师：下面请同学们提提看，在自读中有什么问题。②

生：“河曲智叟”的“曲”是什么意思？

师：谁会解释这个“曲”字？（稍顿）都不会？那就请大家查字典。

生：（读字典）曲，就是“弯曲的地方”。

师：嗯，这个解释选对了。后面还举了什么词作例子？

生：河曲。

师：对。河曲就是黄河弯曲的地方。你们看，有些问题一请教字典就解决了。还有别的

品读沙龙

① **张：**自读基础上生成教学，可顺利诱发学生的思维，避免落入硬灌输、死记忆的窠臼。钱老师对此有开拓之功。

② **张：**最难的就是不预设问题，把主动权让与学生，这是师生平等对话的第一步。

刘：课堂是学生的课堂，让学生树立问题意识。

沈：可以这么说，学生带着问题走向教师，而非教师带着教材走向学生。

问题吗?

生:第1段里的“本在冀州之南,河阳之北”,为什么这里用个“本”字?

师:嗯,这个问题提得好。谁能帮助这位同学解决这个问题?

生:因为太行、王屋二山后来搬走了,不在这个地方。

师:说得真好!这个“本”字是跟后文相呼应的。这个问题提得好,解决得更好,说明同学们能够瞻前顾后地读文章了。①

生:“残年余力”是什么意思?

师:噢,残年余力,谁能解释这四个字?

生:“残年余力”是说老人力气不多了。

师:好,意思讲对了!这个“残”字,我们来明确一下它的含义,好吗?请查字典。

生:(看字典回答)残,就是“剩余的”。

师:“残”跟“余”在这里意思是一样的吗?

生:(齐)一样!

师:一样,对了!愚公快90岁了,余下的日子不多了,剩下的力气也有限。再请大家说说看,“以残年余力”这个“以”怎么讲?

生:用,因。

师:这样解释,在这里适用吗?你说!

生:这里解释为“凭”好。

师:对,解释为“凭”好。“以”作“凭”讲,文章里还有别的例子吗?②

生:愚公妻子讲的“以君之力”,这个“以”字用法一样。

师:对!还有没有问题?

生:“出入之迂也”,这个“之”字怎么讲?

① **张**:随机指点,适度激发。
刘:透过老师的表扬,我们看到的是妥帖的阅读指导,真是“随风潜入夜,润物细无声”。

② **张**:只要学生力能所及,答案就决不“抛给”。学生为主体的理念,浸润在每一个教学的细节之中。
刘:由此出发,自然地引领学生从下文中寻找同例,教学进程多么的流畅。
沈:学习虚词用法,都能从课文中找出例证,举一反三,把握规律。

师：噢，这个“之”的用法可能没有学到过，大概都不知道吧？

生：“之”是结构助词。

师：讲得很好！我以为没有人知道。是结构助词，不过这个结构助词用法有点特别，你们看，如果要翻译这个句子，这个“之”字要不要翻译出来？

生：（齐）不要！

师：那怎么个译法？

生：出出进进都要绕远路。

师：讲得对！你们看前面还有没有同样用法的“之”字？

生：“北山之塞”的“之”，用法一样。①

师：找对了！同学们还有别的问题吗？（稍顿）没有问题了，很好，说明大家都懂了。你们看，许多问题大家一起来思考，不是都解决了吗？这说明同学们经过自己的努力是能读懂这样的文章的。现在，老师来问你们一些问题，看大家真的读懂了没有。这篇寓言共写了几个人？我们先来把他们列出来，大家一起说，我来写，好不好？②

（学生们纷纷提出，黑板上最后出现了一个个人物：愚公、其妻、其子孙、遗男、智叟。）

师：我们先来熟悉一下这些人物。大家说说看，这个老愚公多大年纪了？

（学生纷纷答，有人说“90岁”，有人说“90不到”。）

师：到底是90，还是90不到？

生：（齐）不到。

① **张**：学生提问学生答，课堂的交流自然生成。老师“轻拢慢捻抹复挑”般的引导，提高了学生回答的质量。

刘：对初中学生不能纠缠于名词术语。能判断，会迁移，证明学生学而得法，教学安排充满智慧。

沈：这该是“导学法”的绝好诠释吧！

② **张**：钱老师对问题的设计，总能似浅实深。“浅”能激发参与性，使学生容易“登堂”；“深”能增大思维空间，获得认识的多元性，使学生能够“入室”。

刘：是的，尊重学生的劳动成果，学生的学习热情自然被点燃了。

师：不到？从哪里知道？

生："年且九十"，有个"且"字。

师："且"，对！有的同学看书仔细，有的同学就有些粗心。那么，那个智叟是年轻人吗？

生：（齐）老头。

师：怎么知道？

生：（齐）"叟"字呀！[①]

师：啊，很好。愚公和智叟都是老头子。那么，那个遗男有几岁了？

生：七八岁。

师：你又是怎么知道的？

生：从"龀"字知道。

师：噢，这个字很难写，你上黑板写写看。（生板书）写得很好。"龀"是什么意思？

生：换牙。

师：对，换牙。你看这是什么偏旁？（生答：齿旁）孩子七八岁时开始换牙。同学们不但看得很仔细，而且都记住了。那么，这个年纪小小的孩子跟老愚公一起去移山，他爸爸肯让他去吗？[②]

（生一时不能回答，稍一思索，七嘴八舌地说："他没有爸爸！"）

师：你们怎么知道？

生：他是寡妇的儿子。"孀妻"就是寡妇。

师：对！遗男是什么意思？

生：（齐）孤儿。

师：对了！这个孩子死了爸爸，只有妈妈。你们看书的确很仔细！再请你们计算一下：这次参加移山的一共有多少人？[③]

① **刘**：学习情境的设置消弭了学生和文言文的距离，比起机械的虚实词翻译，其情趣差距几何？

沈：紧紧围绕课文的内容进行字词教学，生动、活泼，有效地激发了学生的求知欲。

张：这是文言文教学的创举。

② **张**：连续的"曲问"，兼得夯实基础知识和激发学生思维之功效，可以说曲而不拗，奇而不斜。

沈：山巅可览胜，曲径能通幽。"曲问"之幽默感，妙不可言。试与直问"'孀妻'是什么意思"相比，孰优孰劣不言而喻。

③ **张**：人数的梳理为后文分析移山任务做铺垫，问题设置层层深入。

刘：确实是匠心独运。在接下来的师生互动交流中，"荷担""率"等词义的理解轻而易举地解决了。

沈：这就是教学艺术的魅力。

生：五个人。

师：你们怎么知道的？

生：一个愚公，一个遗男，还有他的三个子孙。

师：三个什么样的子孙？

生：三个会挑担的，“荷担者三夫”。

师：你们怎么知道愚公自己也参加了呢？

生：“遂率子孙荷担者三夫”，是愚公率领了子孙去的。

师：啊，讲得真好！那请你再说说看，“遂率”前面省略了一个什么句子成分？

生：主语。

师：主语应该是什么？

生：愚公。①

师：好！愚公遂率子孙荷担者三夫，主语补出来，人数很清楚，一共五个人。人物我们搞清楚了，下面再看看，这个寓言写了一件什么事？②

生：（齐）移山。

师：这件事做起来难吗？从文章里找出句子来说明。

生：很难。文章里有“方七百里”“高万仞”两句。“方七百里”就是方圆七百里，“高万仞”就是很高的意思。山又高又大，非常难移。

师：说得很好。移山的任务越艰巨，就越能显示出人们不同的精神面貌。接下来让我们根据黑板上列出的人物，来看看他们对待移山这件事的不同态度。文章里有两个人讲的话差不多，你们看是谁啊？③

生：愚公妻和智叟，他们两人的态度差不多。

① **张：**再次夯实基础知识，并顺势追问，在互动合作中达到了“训练”的效果。

沈：层进式的追问，启迪学生由表及里，一步步走进课文深处。

刘：表扬之后的追问，让学生轻松地攀上更高的山峰。在赏识教育盛行的今天，我们更要学习其精髓。

② **张：**由人及事，打破常规。

刘：没有按部就班，而是剪裁重组。教师处理教材手法高明啊！

沈：充分体现了教师的主导作用。

③ **张：**看似浅浅一问，实际精巧至极，新的精彩由此拉开帷幕。

沈：事件与人物无缝对接。调控对话，目标明确，引导学生向更深处漫溯。

师：差不多吧。好，我们就先把他们两个的话一起读一遍吧，比较比较，看看两人的态度究竟是不是一样。

（学生朗读）

师：想一想，他们的态度一样吗？①

生：智叟讲愚公很笨，太不聪明了。愚公妻没有讲。

师：你再说说看，智叟讲的这个句子是怎样组织的？

生：倒装的。

师：那么，不倒装该怎么说呢？

生：汝之不惠甚矣。

师：你知道为什么要倒装吗？

生：强调愚公不聪明。

师：对，把"甚矣"提前，强调愚公不聪明到了极点。这句话愚公的妻子是不讲的。这里有一点不同。我们再来看一看称谓，愚公妻称愚公什么？②

生：（齐）君。

师：那么智叟称愚公——

生：（齐）汝。

师：这两个词有区别吗？

生："君"表示尊重，"汝"很不客气。

师：嗯，好！我再把这个"汝"简单地讲一讲。长辈对小辈，地位高的人对地位低的人，一般用"汝"。平辈之间用"汝"，就有些不尊重的意思。智叟叫愚公为什么用"汝"啊？③

生：智叟看不起愚公，因为他觉得愚公笨。

师：对，这是又一点不同。还有什么不同吗？④

生：还有两句讲得不一样。愚公妻说："以君

① **张**：敏锐把握学生思维动态，对症下药，所谓"疑似之迹，不可不察"。

刘：带着疑问去读，目的性明确。不读的教学，容易沦为教师的一言堂。

② **沈**：比较的过程是思维不断向纵深发展的过程。

张：引导学生辨析称谓的区别，感悟言语之精妙，把握文章之理趣。

③ **张**：看，这一点拨极有分寸，富有启发性而又要言不烦，更多的是让学生自悟自得。

刘：这样的处理起到了"四两拨千斤"的作用，学生易于理解，同时也便于记忆。令人击节啊！

④ **沈**：教学方法简简单单，教学活动实实在在。教师只有读透教材才能带领学生在文本中自由行走。

张：对，此处可见钱老师驾驭文本之功力。

之力，曾不能损魁父之丘，如太行、王屋何？”智叟说：“以残年余力，曾不能毁山之一毛，其如土石何？”

师：不一样在什么地方？

生：愚公妻说愚公不能把小山怎么样；智叟说连山上一根毛都不能动，有点讽刺的意思。

师：啊，讲得好。这里的“毛”字，是什么意思？

生：小草。

师：请你把这个解释用到句子里去讲讲看。

生：“曾不能毁山之一毛”，就是不能毁掉山上的一根小草。

师：对，一棵小草也毁不了，这是一种什么语气？

生：轻蔑。

师：对，轻蔑的，这跟愚公的妻子一样吗？

生：不一样。

师：看，这里又有不同。还有“如太行、王屋何”和“其如土石何”，同样是“如……何”的句式，可是智叟的话里多一个“其”字，这里有什么不同？①

生：智叟的话语气比较强，用个“其”字，有点强调愚公没有用。

师：讲得好。最后还有一句不一样，是哪一句啊？

生：“且焉置土石？”

师：这句话怎么解释？

生：把土石放到哪里去？

师：“焉置”的“焉”字怎样解释？

生：疑问代词，哪里。

师：对，不过这句里的“哪里”放到“置”的

① **张**：紧扣文本语言辨“不同”，不旁逸斜出。这种以语言为核心的教学活动才是真正的语文活动。

沈：慢嚼字中意，细品字中情，真是丝丝入扣，字字入心。

前面去了，“焉置”就是“置焉”，放在哪里。愚公妻有这个疑问，后来这个问题解决了吗？

生：解决了。

师：怎么解决的？

生：大家说“投诸渤海之尾，隐土之北”。

师：他妻子提出这个问题来说明她对移山是什么态度？

生：关心。

生：担心。①

师：关心又担心，两人都讲得对。她关心这个技术问题怎么解决；还对老头子有点担心，快90的人了，去移那么大的山，能不叫人担心吗？智叟呢？“嘿，你这个笨老头，一根小草也毁不了的人，想去移山，瞧你有多笨！”两人一样吗？不一样。现在请你们再在文章里找出两个字来，把两人的态度分别用一个字说明一下。先说愚公妻，好，你说！②

生：献……

师：献什么？

生：疑。

师：对，献疑。她对能不能移山只是有疑问。那么智叟呢？

生：笑。

师：对！“笑”，“笑而止之”。一个“笑”字带有什么样的感情，大家想想看。

生：讽刺。

师：请在这个“笑”字前面加一个字，把这种感情表达出来。

① **沈：**在品味语言、关注表达之时，学生对文中人物形象也了然于胸。得言又得意，润物无声。

② **张：**每一点“不同”都步步设问，层层推进，但结果不是老师嚼碎灌输的，而恰恰是学生归结获得的。妙不可言！

沈：不需教师口若悬河地条分缕析，课堂已成为学生理解、感受、品味语言的实践场。

刘：这样的教学必能大大提高学生的语文综合素养。

生：讥笑。

师：对了。一个是“疑”，一个是“笑”。你们看，本来大家认为他们的态度差不多，但仔细比较、分析一下，就发现差别了。所以你们读书要常把看起来差不多的词句拿来比较比较。这个很重要。不要粗粗一看，哦，一样的，就不看了。要动动脑筋，多想想。[①] 我们再来看看另外几个人。那个遗男对移山的态度怎样？

生：高兴。

师：怎么知道？

生：跳，跳往。

师：对了，跳跳蹦蹦地去移山，很高兴。他虽然年纪小，但是人小——

生：志气大。

师：对，他跟愚公一老一小，都有志气。那么愚公子孙的态度怎么样？

生：赞许。

师：“赞许”，你是从那个“许”字上看出来的吧？再想想，当时大家表示赞许的场面是怎样的？

生：热闹的。

师：怎么知道？

生：杂然。

师：这两个字什么意思？

生：纷纷的、七嘴八舌的样子。

师：还有当愚公妻提出疑问的时候，子孙们怎样？

生：杂曰。

师：什么叫“杂曰”？

① **张**：学生从粗略地看懂到深刻地领会，老师从旁适时点拨，三言两语，不蔓不枝，既省时又高效。

刘：于细微处见精神，这是钱老师对学生读书的要求，更是他教学的风格。

生：议论纷纷地说。[①]

师：看这个“杂”字很准确地写出了子孙们纷纷赞同的场面。上面几个人，对移山有坚决拥护的，有疑问的，有反对的。现在时间到了，请大家下课以后想一想：“愚公”就是“笨老头”，他究竟笨不笨？[②]

第二课时

师：同学们大概想过了，愚公究竟笨不笨？[③]

生：不笨。

生：笨是有点笨，不过有点精神。

师：嗯，大家自由发表意见，这就好。其他同学的意见呢？还有，我们说愚公笨，或者不笨，都要从文章里找根据，不能凭空想。[④]

生：不笨。

师：你说说理由。

生：愚公说：“虽我之死，有子存焉；子又生孙，孙又生子；子又有子，子又有孙；子子孙孙无穷匮也，而山不加增，何苦而不平？”从这些话里看出愚公不笨。

师：噢，他有意见。

生：有点笨。

师：理由呢？

生：愚公有不怕困难的精神，但不能运用科学道理。

师：其他同学也发表意见。

生：不能说他不能运用科学道理，因为那时还没有大吊车。

师：你们看，现在我们分成两派了，一个是“笨派”，一个是“不笨派”。（问几个同学）

① **张**：“问题情境”的设置如一把钥匙，打开了学生学习路径之门，教学的推进井然有序，一气呵成。佩服！
沈：前一问是后一问的铺垫，后一问是前一问的延伸，有序提问，也是一种境界。
刘：相比“许”字，“杂”字更有情味，语文教学中有很多璞玉需要师生精心地打磨，形成闪光点。

② **沈**：设疑收尾，留下悬念，强烈的阅读期待就此生成。

③ **张**：又是关键一问。在上一课反复蓄势之后抛出，直击要害，推向高潮。老师胸中有丘壑，布局自深远。
沈：我们也觉得非如此“引导”不可，却拙于言辞，难言其妙。

④ **刘**：“从文章里找根据”，把学生可能游离于文本的视线锁定在文本上，避免学生丢开文本随意发挥，这就是钱老师一再强调的“教会学生读书”。

你们是属于哪一派的？

生：不笨派。

师：（问另一学生）你呢？

生：笨派。（笑）[①]

师：刚才我说过，无论说愚公笨还是不笨，都要根据文章。现在让我们把前前后后有关愚公的一些句子分析分析，再下结论，怎么样？先看看引起愚公移山的动机是什么？[②]

生：“惩北山之塞，出入之迂也”。

师：请你解释一下。

生：苦于北山交通阻塞，进出要绕远道。[③]

师：说得对。就是说，愚公之所以要移山，是因为他“痛感迂塞之苦”（板书）。那么山移掉了有什么好处呢？愚公想过没有？

生：移了山，那就可以“指通豫南，达于汉阴”。

师：你也解释一下。

生：指通，就是一直通到。可以直通豫州之南，达到汉水南岸。[④]

师：对！从这里我们可以看出愚公清楚地知道移山的好处，用一句话来概括，叫作“确知移山之利”[⑤]（板书）。这说明他做事目标很明确。还有，刚才有同学提出的他那段回答智叟的话，你们觉得这段话讲得好不好？

生：好！

师：好？好在哪里？你说！

生：这段话有力地驳回了智叟的“笑而止之”。

师：嗯，的确驳得很有力，念起来很有劲的。

① **张**：营造宽松平等的对话环境，有效激活学生的思维。
沈：在分歧处探究，拓展思维的广度与深度。

② **张**：回归文本，所谓“手不离书，言必有据”是也。
沈：不错。基于文本的学习，应该是语文教学的着力点。
刘：当然，关键之处，教师的点拨可以避免课堂讨论滑向肤浅，教师的主导作用在于高屋建瓴。

③ **张**：“言”“文”相融，以此推进对课文内涵的深层理解。略其所当略，详其所当详，妙！
沈：对，相比于浅尝辄止的串讲，这样的反刍，效果极佳。

④ **张**：看，再次落实字词，由表及里，由里及表，表里反复，逐步深化。

⑤ **刘**：教师总结，适当提升，然言简意赅，点到为止。

我们来念一念，体会体会，好吗？

（学生念“北山愚公长息曰……何苦而不平？”几句）

师：好，就念到这儿。你们感到这段话写得怎么样？[①]

生：有力。

师：你们找找原因看，为什么会造成有力的感觉？句子组织有什么特点？

生：朗朗上口。

师：嗯，讲得很有道理。为什么朗朗上口呢？

生：前面一句最后一个字和后面一句第一个字相同。

师：哎，他找到了特点。你们看："汝心之固，固不可彻"，后面一个"固"字顶着前面一个"固"字，你们知道这样写有什么作用吗？

生：一句顶一句，显得语气加强。

师：对，下面有没有这样的例子？

生：有。"子又生孙，孙又生子；子又有子，子又有孙；子子孙孙无穷匮也"。

师：对，这段话写得特别有趣，一句顶一句来写，显得子子孙孙，绵延不绝。[②]最后总结一句，那一句是——

生："子子孙孙无穷匮也"。

师：什么叫"无穷匮"？

生：没有穷尽。

师：是呀，愚公的志气，愚公移山的决心，愚公移山的行为，父亲传给儿子，儿子传给孙子，代代相传，无穷无尽，就这样一点点地啃这两座大山。下面还有一句话，一

[①] 张：不从语法分析入手，而由语感体味切入，直接进入语境，教法摇曳多姿。

沈：感受文字的表达效果，最朴素、最直接的方式便是阅读。"念一念"看似普通，却能让学生真正习得丰富的语感。

[②] **张**：重视语感训练是钱老师突破文言串讲的方法之一，也是叶圣陶语文教育思想的精髓之一。

刘：顶真的手法，钱老师并没有展开，但学生对这种修辞的用法以及作用已经了然于胸。高妙之极。

沈：的确，语法修辞不在于烦琐地讲解，而在于体会其表达效果，对初一的学生尤宜如此。

转显得特别有力，哪一句？

生：“而山不加增”。

师：对，这里的“加”字我讲一讲，“加”是“更”的意思，“加增”，就是更增高，不是“增加”的倒装。这一句话一转特别有力，最后自然引出了一个结论，哪一句？①

生：“何苦而不平？”

师：对，这句是水到渠成，很有说服力，很有道理，智叟能回答吗？

生：“亡以应”。

师：如果用一个成语来回答，叫作——

生：哑口无言。

生：无言以对。

师：都对。“无言以对”更符合“亡以应”的意思。为什么智叟“亡以应”？因为愚公讲出了一个很普通的道理，做了一道简单的算术加减法；很普通，但很在理。从这里可以看出，愚公不仅痛感迂塞之苦，确知移山之利，而且还“深明可移之理”（板书）。②可见愚公移山不是一次盲目的行动，他是考虑得很周到的。现在我们可以来解决愚公笨不笨的问题了。你们想，一个笨的人能这样考虑问题吗？恐怕不可能。那为什么智叟说他笨呢？我想先给你们讲个事。我们上海有一位公共汽车售票员，对待乘客非常热心，是个学雷锋的标兵，《文汇报》上登过他的照片。很多人都写信表扬他，说他服务好。但也有些小青年说这个售票员“戆头戆脑”，这是我们上海方言，就是傻里傻气。这是什么道理？还有雷锋③，有

① **张**：涉及新知识，老师该讲还得讲，但讲解时仍不忘引出新的问题，引导和感悟互相生发，有效提高了学生阅读古文的能力。

刘：说得对。教师不是不能讲，关键在于讲的时机。

② **沈**：有放有收，课堂节奏张弛有度。

③ **张**：以雷锋标兵的事例进行类比，具形象性，更具现实性。媒介简单，方法简便。钱老师灵活教法又一例。

刘：宕开一笔，看似无心，实则有意。在这一刻，古老的文章焕发出时代的气息。

沈：调动生活积累，把握文本意蕴，豁然开朗，境界全出。

些人不是也叫他——

生：（齐）傻子！

师：你们看，这是什么道理啊？你说。

生：有的人是从为自己的角度来看的，就说他是傻子；有人是从他为集体做好事来看，感到他是好的。

师：哦，讲得真好！就是说要从什么角度看问题，用什么样的思想感情来看待这样一件事。这位同学的观点你们同意不同意？

生：同意。

师：好。那让我们回到本题上来，再来看看老愚公。他做的事看起来好像是很傻的。他要移山，可他已经多大年纪了？

生：就要到 90 岁了。

师：这么大年纪了，他自己能看到山移走吗？

生：看不到。

师：这一点愚公自己也知道，你们看，他是怎么说的？

生："虽我之死"。

师：你解释一下好吗？

生：即使我死了。

师：这里的"虽"为什么不解释为"虽然"？

生："虽然"，说明他已经死了。

师：对，这里要用个假设的意思。可见愚公移山早就想到在自己有生之年是移不了山的。他自己能享受到移山之利吗？

生：（齐）享受不到！

师：这看起来似乎有点傻了，对不对？但我们用另一种观点来看，用什么观点呢？（一学生插话：为子孙……）啊，很好，请你讲下去，为子孙什么？

生：为子孙后代造福。①

师：哎，讲得真好，同学们都讲得这样好，真叫老师高兴！我们如果用“为子孙后代造福”的观点去看愚公，他不仅不笨，而且还不是一种小聪明，而是——②

生：（齐）大聪明！

师：对了！有句成语就叫“大智大勇”，还有一句成语也许你们还不知道，叫作“大智若愚”（板书）。你们看看，这个成语谁能解释？

生：大聪明的人看起来很像愚蠢的。

师：为什么？知道吗？

生：因为他有远见，深谋远虑。

师：对了，他看得比别人远，想得比别人多，别人说他笨，是因为——

生：不了解他。③

师：是啊，有些看得比较近的人，不了解他，就说他笨。其实愚公笨不笨？不笨。下面我们再来看看智叟这个“聪明老头”聪明吗？

生：不聪明。

师：那为什么他叫“智叟”？你说。

生：他自作聪明。

师：嗯，自作聪明。这种聪明是大聪明吗？

生：是小聪明。④

师：对，小聪明。这种爱耍小聪明的人，喜欢占点小便宜，没有远见，这种人我们上海叫他“小乖人”，智叟就是“小乖老头”。接下来我们把文章最后一段读一遍，来继续思考一些问题，好吗？

① **张**：连续发问，循循善诱，发展学生的思维能力；又能敏锐抓住学生思维的突破口，激发他们强烈的探索精神。

刘：了解词义最好的方式就是在语境中辨析。

沈：钱老师总能将学生的“插话”变成丰富的课堂资源，推进话题的讨论。

② **张**：“小聪明”三字轻轻一点，学生的思路就再一次打开，钱老师牢牢把握住学生的思维发展势头，这是教学的“大智慧”。

刘：循循善诱，登堂入室，此处又见桃花源。

③ **张**：用“小聪明”“大聪明”“大智大勇”“大智若愚”这一系列连锁词语来帮助学生理解，寓思想教育和情感熏陶于语文训练之中。

刘：钱老师惯于采用文言字词的互证。此处是另一种形式的互证吧。

张：文解道，道悟文，道文相生。

④ **张**：巧妙地一点，完全“唤醒”了学生思考的欲望，启发了对“智叟”内涵的理解，课堂的推进如行云流水。

沈：是的，学生一直保持着浓厚的探究兴趣，享受“自得”之乐。

刘：这才叫艺术。

（学生齐声朗读最后一段文章）

师：里头有个“厝”字是第一次看到。这个字同哪个字相通？

生：措，措施的“措”。

师：什么意思？

生：放置。

师：对。读了这一段，我有个问题：有人说这个故事到最后还是靠神仙的力量把两座山搬走的，这样看起来，愚公到底是无能的。你们同意这个观点吗？①

生：不同意！神仙搬山是因为愚公感动了天帝。

师：噢，有道理。

生：还有，操蛇之神他已经怕愚公了。

师：为什么怕？

生：怕他不停地挖，把山挖平了。

师：对。那么看，愚公挖山不止的精神，使山神害怕，天帝感动，文章这样写，恰恰是写出了愚公挖山的精神感人至深。同学们很会动脑筋，我很高兴。同学们对文章的内容理解得很好。现在我们再把文章从头至尾读一遍，要求大家仔细体会，尤其是智叟和愚公的对话，要把两个人说话的不同语气读出来。（学生朗读课文）②

师：读得很好。这篇文章经过大家的认真思考，共同探讨，同学们学得很好。现在我们当堂来完成一些作业，希望同学们应用学到的知识，很好地完成作业。下面我们先拿一段文章请同学们口头来讲讲看，有能不能把文章的意思准确地讲出来。选最精彩的一段来讲好吗？大家看选哪一段？③

① **沈：**这一问题又使学生与文本展开对话与碰撞，曲径通幽，课堂愈加灵动。

张：似有书场听书之感：极力驰骋其千回百转之精神，盘旋穿插，一语一交响，一步一景致。让人回味无穷。

② **张：**至此，我们大概能窥知钱老师教学文言文的一些特点。从内容入手，理解语言现象，再在分析语言中深入理解内容。由浅而深，从易至难，循环往复，且每一循环总会达到一种新的境界。

刘：最后一节的讲解即为佐证。

③ **刘：**“讲”和“译”一字之差，但境界迥异，“讲”更有亲和力，更容易激发学习的主动性。

张：就如夸美纽斯所言：采用一切可能的方式去激发学生的求知欲望。

沈：而讲哪一段也让学生自己选择，彰显了学生为主体的理念，又是对学生学习效果的考查。

生：“河曲智叟笑而止之”那一段。

师：对。这一段好。谁自告奋勇地来讲一讲？这里也要有一点大智大勇，我们看谁第一个勇敢地举起手来。啊，这位同学要起来讲了，大家听好。

（一学生起来边读边解释。略有几处小错误，全班共同订正。）

师：好，讲得真好，老师很满意。下面我们再来做一个作业，请同学们解释一个虚词。“有子存焉”，这个“焉”字会解释吗？好，你说。

生：在这里。

师：真好，这位同学讲对了，“在这里”“于此”，或者叫“于是”“于之”都行。这个“于”是什么词？

生：（齐）介词。

师：“此”呢？

生：（齐）代词。

师：“有子存焉”，就是有儿子活在这里。你们找找看，这篇文章里还有这样用法的“焉”字吗？

生：“无垄断焉”。

师：请你解释一下好吗？

生：没有山岗高地阻绝在这里。

师：对了，讲得好，你们看，这个词既是介词，又是代词，兼有两种身份（板书“兼”字）。为了便于记忆，我们给它起个名字，叫它什么呢？

生：兼词。

师：为什么叫兼词？

生：兼有两种的意思。[①]

师：兼词，这个名字起对了。记住，"焉"字除了作代词、语气词外，还有兼词的用法。这种兼词在这篇文章里，除了"焉"字以外，还有一个，看谁读得细心，能把它找出来。

生："诸"。

师：嗯，找对了。怎么解释？

生：之于。

师：这也是一个很有趣的字。它是"之于"这两个字的合音，大家读得快：之于——诸。你看，快读就成了"诸"，慢读就是"之于"。我们来解释一下，"投诸渤海之尾"，这怎么讲？

生：就是"投之于渤海之尾"。

师："投之"的"之"指的是什么？

生：（齐）土石。[②]

师：同学们理解得很好。我们在这篇文章里学到了两个新的虚词，就是两个兼词。我们要记住。最后，我们再来做一个作业。这里有一段文言文，我把油印的资料发下去之后，请大家加上标点。（发资料）我请一位同学把这段话抄在黑板上，其他同学在下面加标点，待会儿请同学到黑板上加，画出的一些词句要能解释。（学生板书）[③]

甲乙两生共读《愚公移山》，生甲掩卷而长息曰："甚矣，愚公之愚！年且九十而欲移山，山未移而身先死，焉能自享其利乎？"生乙曰："愚公之移山也，盖为子孙造福，

[①] **沈**：语文知识的获得和能力的形成，正是学生在钱老师的引导下，运用已有的经验，自主学习构建而实现的。学生在课堂上始终处于积极主动的学习状态。

张：钱老师说过，"导"是为了"唤醒"。

[②] **张**：钱老师的课基于文本，重点突出，重视双基，强化训练。

刘：训练无处不在，但又不着痕迹，活学活用。

[③] **沈**：培养学生语文能力的主要途径应是语文实践。这样的训练得法于课内，得益于课外。

非自谋其私也。故以利己之心观之，必谓愚公为不惠；若以利人之心观之，则愚公实大智大勇之人也。”生甲亡以应。生乙复曰：“今欲变吾贫穷之中国为富强之中国，其事之难甚于移山。若我十亿中国人，人人皆为愚公，则山何苦而不平？国何苦而不富？”生甲动容曰：“善哉，君之所言！愚公不愚，我知之矣。”（说明：这段文字在发给学生时没有标点。）

师：请同学们先在纸上做，等会要请两位同学到黑板上加标点。看谁先做好，争取第一个到黑板上点。

（学生做练习。后来有两个学生上黑板加标点。基本做对了，少数几个点错了，全班讨论订正。在讨论标点的同时，由同学解释画出的句子，讲得都很正确。）

师：同学们点得很对，讲得也很好，说明大家能够应用学到的知识去解决新问题了。现在我们想一想，这一段话里面，你觉得哪一句最重要？

生：“若我十亿中国人，人人皆为愚公，则山何苦而不平？国何苦而不富？”①

师：你为什么觉得这句话很重要？

生：现在我们建设祖国，就要发扬愚公移山的精神。

师：对了，学习愚公移山的精神，这就是我们读了这篇文章以后应该受到的教育。我们要不要做“小乖老头”？②

生：（齐）不要。

师：对。“小乖老头”自以为聪明，无所作为。

① **张**：知识技能教学和智能开发相融合，促使学生提高解决实际问题的能力，获得审美熏陶。

刘：练习的设计独具匠心，既考虑了文言知识的迁移，又设计了文章主旨的探究。没有死记硬背，学得轻松自在。

沈：一举多得啊！这一部分练习训练就是收知识迁移之效的。

② **张**：依据寓言的文学特质，着力挖掘文本的本真之美。

沈：重视文本价值观的正确导向，真正实现文道合一。

我们要学习愚公的精神，或者呢，就学习那个京城氏的孩子，“跳往助之”，高高兴兴地去为四化出力。同学们，我们上了两节课，大家学得这样好，老师很愉快。你们呢？

生：很愉快。[①]

（下课）

[①] **张：**切合学生认知规律和发展规律。内容分析难易得当，步步落实；教学形式自由灵活，气氛热烈。

刘：乐学，是学习的至高境界。听钱老师的课真是一种享受。

沈：余音袅袅，绕梁不绝。

【研读感悟】

这是钱梦龙老师于 1981 年 4 月在杭州学军中学上的课，据钱老师说，这是他第一次借班上课。古人云：“尝鼎一脔，旨可知也。”通过本篇教学实录，我们也能一窥钱老师的教学思想（道）和教学方法（术）。我对此的概括是“术富道正”。

所谓“术富”，即教法的摇曳多姿。也许有人会说，钱老师的教法不就是导读法吗？对，但是钱老师在课堂互动中所生发出的导读情形却千姿百态。钱老师总能在导的时机和形式的把握上做得恰到好处。以本篇教学实录为例，时机上，有先读后导，导后再读，导读相生；有轻拢慢捻之导，重锤敲击之导，言此意彼之导。形式上，有语法点拨之导，语感切入之导，思维触发之导，情感激发之导……可以说，灵活多样的“导术”使主体认知的条贯和承载内容的传递都臻于最佳。

问术哪得多如许？为有活水源头来。“导”由“道”生也。钱老师的教学思想是博大精深、深得语文真谛的。同样以本教学实录为例，试论三点。

1．强化学生主体

文章一开篇就不预设问题，由学生在自读基础上生成问题，充分尊重学生的话语权；学生的问题由学生自己来解答，钱老师只作随机点拨，适度激发，充分尊重学生阅读文本的独特体验；钱老师设计的问题，总是寓深于浅，学生容易登堂入室。总之，师生对话平等，阅读体验共享，教是为了达到不需要教。

2．贴近文章本色

钱老师是不屑于割裂传统名篇的文化特征，做一些时髦的解读，以博取“新奇”之誉的。文章对“愚公之‘愚’”“智叟之‘智’”的解读，环环相扣，步步推进，适度开掘教学的深广度。以“文”和“道”的自然交融来全面肯定愚公精神，强化传统名篇固有的教育功能。可以这样归纳，文本解读由情导理有所悟，合情合理悟该悟。

3．切合语文本真

钱老师的教学，始终以语言为核心，以语文活动为主体，以语文综合素养的提高为目的，符合语文教育规律。请看本文的几个层次安排：首先是检查预习，以训练学生自读能力；其次是教读起讲，分析语言，讲解词语，以强化双基；再次是深入教读，以内容为经，字词句为纬，对人物、事件、主旨、写法一一作了深入研究，着力加强学生的思维训练、能力培养，努力使学生对课文有全面深刻的理解；最后是复读迁移，三道作业题既传授方法、夯实基础，又举一反三、学以致用，在导读的过程中注重智能开发与审美熏陶。总之，听听说说、读读写写，教师设计的每一步都是语文的手段、语文的思维，学生感受的每一层都是语文的技巧、语文的素养。

钱老师在教学此文以验证自己的“术”与“道”时说，这是一次意义不同寻常的尝试（指突破文言文以教师串讲为主的传统教法），正如钱老师在他的诗中所说的——“料应难染参差柳，先试新梢几缕黄”。深信，钱老师这种教学思想、教学方法“铺翠染红满眼春”的一天，一定会到来。

（张　卫）

［附录］《愚公移山》教学漫忆

1981年4月初，杭州大学《语文战线》杂志社举办过一个小型的“西湖笔会”，与会者有刘国正、章熊、顾黄初、欧阳代娜、陈钟梁、范守纲、林伟彤、陆鉴三等语文教育界的名流，东道主是《语文战线》主编张春林君。我也有幸叨陪末座。笔会的主题是探讨语文教学的现状和未来。人数既少，兼以志同道合，笔会的气氛始终是愉快而融洽的。

当时的西子湖畔，正是早春季节，偶或还有春寒料峭的天气，但苏堤上的垂柳已经吐出新芽，碧桃似乎也已“小蕾深藏数点红”，孕育着无限生机。这多么像当时的语文教坛：改革的春风已经微微吹拂，不少改革的先行者正在进行着多方面的尝试和探索。人们似乎已经听到了“语文教学的春天”日渐临近的脚步声。但是眼前，毕竟春意还不太浓，要看到一个百花烂漫的“艳阳春”，还需要等待一些时日。西湖笔会在这样的早春时节，在这样的西子湖畔召开，确实引起了与会者许多联想，也平添了几许谈兴。

随着讨论的进展，大家的兴趣最后集中到语文课堂教学的改革上来。为避免空谈，又觉得应该作一点实实在在的尝试。于是决定从与会者里推出一人，借班上一次“尝试课”。教哪一类课文呢？大家又认为首先要瞄准语文教改的“死角”开火，于是想到了文言文。多少年一贯的“串讲”模式，在文言文教学中业已根深蒂固，不可动摇，似乎教文言文就得这样，舍此别无他途。大家希望“尝试课”教出一点新意，一改这种窒息学生性灵的刻板教法。这可是一件不太好干的活儿，由谁来承担呢？与会者中不乏教学的高手，事实上谁干都行，但张春林君提议：“这件事就交给钱老师，怎样？”一言既出，大家不便反对，于是在一片“同意”声中，事情就这样定下来了。

对文言文教学，我本有自己的主见，对普遍流行的“字字落实，句句对译”的传统教法，素怀“叛逆”之心，并曾为此作过长期的探索。因此，什么客套话都没有说，就欣然表示“愿意一试”了。当时定下的试教课文是《愚公移山》。事后春林对我说，当时定下这篇课文，他是有些担心的，怕我“创新”得太离谱，比如诱导学生去批判愚公“缺乏科学头脑”，称赞智叟是“智力型人才”，或提出“移山不如搬家”之类的见解，因为当时正有一些同志在报刊上鼓吹这类时髦的“新”思想。听课以后他放了心。因为我不仅没有否定愚公精神，没有削弱这篇传统课文固有的教育功能，而且把“文”和“道”交融得那样自然熨帖。他认为，传统课文被教出了新意，决定在《语文战线》发表这两堂课的全部教学实录，把它作为这次“西湖笔会”的实绩之一，也作为一份向全国语文教育界发出的“改革宣言”。

其实《愚公移山》这样教，在我，早已不是第一次了。我教所有的文言文，用的都是这种教法。早在 1979 年下半年，上海市郊区重点中学校长现场会在我任职的嘉定二中召开，全校老师都向校长们开了课，我教的就是《愚公移山》这一课，用的就是这样的教法。这堂课使我这个名不见经传的普遍语文教师开始引起人们的注意，并终于使我在1980年初评上了特级教师。因此，现在重教这篇课文，自然轻车熟路。不巧的是，当时正患感冒，嗓音严重嘶哑，到上课的前一天，几乎发不出声，守纲陪我到浙医大附属医院求医，他让我冒充杭州大学请来讲学的"教授"，才得到了一位已经不看门诊的著名医学教授的亲诊，而这位教授开出的药方，又是一种叫什么"散"的名贵中药，医院里没有，守纲陪我跑了好几家中药房，才总算在一家已经打烊的药店里买到，时间已是下午6点多了。而第二天一早就要上课，真正可用于备课的时间，只有晚饭以后到入睡之前的那一小段空隙。好在我已不需要备课，否则真不知道第二天的尝试课会上成个什么样呢。

当时我担心的倒不是自己怎样教，而是学生能否适应我这种"不串讲"的反传统教法。因为《愚公移山》是初二的教材，而其时初二的学生已经学过这篇课文，因此只能借一个初一的班级。为这次教学提供班级的学军中学虽说是重点中学，但毕竟学生是初一的，他们入学以来只读过少量的文言文，他们能适应我的教法吗？

那天上课，为了保持常态的教学环境，听课者除了参加笔会的几位外，只吸收了少量当地和本校的教师。上课之前，因学生尚未看过课文，我稍作指导后先给学生20分钟时间让他们自读。后来的事实证明，当学生的兴趣被激发的时候，他们释放的潜在能量，比我们估计的要高得多。

"老愚公多大年纪了？到底是90，还是90不到？"

"参加移山的一共有多少人？"

"文章里有两个人（愚公妻和智叟）讲的话差不多……他们的态度一样吗？"

"愚公究竟笨不笨？"

一个个有趣的话题激起了学生"投入"的热情。

"这个年纪小小的孩子跟老愚公一起去移山，他爸爸肯让他去吗？"当学生一时不能回答、随即恍然大悟地叫起来"他没有爸爸！"的时候，他们简直乐开了怀：想不到一向认为枯燥的文言文，居然可以学得这样开心！

始终在一旁听课的刘国正先生后来在一篇文章里回忆说："记得我在杭州听梦龙教《愚公移山》的时候，情不自禁地进入了'角色'，同学生一起时而深思，时而朗笑，忘记了自己是听课者。其他听课的老师也有类似的感受。”

这次“尝试”的结果，虽非完全出乎意料，但毕竟有些喜出望外。因为这是我生平第一次借班上课，也是第一次在一个陌生的班级中验证我的教学观念和教学方法，对我个人来说，也是一次意义不同寻常的“尝试”。这次双重意义的“尝试”，使我获得了某种新的启示，再看西子湖畔的早春风光，似乎悟出了一些令人鼓舞的东西，却又一时说不清楚——只觉得我正在思考、探索着的某种教学理念，蕴涵着一股强大的生命力。什么理念？我不知道。既然说不清、道不明，就只能借诗的语言来表达一点朦胧的感觉：

二月东风似女郎，
飞红点翠写春光。
料应难染参差柳，
先试新梢几缕黄。

遥看苏堤上的早春杨柳，只是淡黄一抹，尽管参差“难染”，但终究会随着艳阳春的到来而垂下万条绿丝绦的。

“西湖笔会”以后，黄初以“江南春”的笔名在《语文战线》上发表文章，介绍笔会盛况，文章标题就是“先试新梢几缕黄”。莫不是我的拙劣的诗句也唤起了黄初同样的感受？

（钱梦龙）

《大铁椎传》

执教：钱梦龙

品读：华国平（主持人）、顾丽芳、张 立

（以下依此简称“华”“顾”“张”）

经典回放

第一课时

（上课，师生问好。）

师：刚才我们进行了一节课的自读。很多同学读得挺认真的，提出的一些问题也很好。我对大家能够学好这篇课文是信心十足的。你们呢？信心足吧？①

生：（齐声）足！

师：呵！很好。现在我们来把课文读一遍，我想先听听同学们读得正确不正确。

（学生齐声朗读了一遍课文）②

师：好。老师还没教，能够读到这样，我很满意。但是我们要求高一点好不好啊？你们听出来哪些地方读错了字？听出来了吗？

（学生沉默）

师：我提出几个地方来，你们看看“既同寝”那一段里，这个字你们读什么啊？（板书：炕）

生：炕（kàng）。

师：kàng，我听到有的同学含含糊糊地读它“坑”，“坑”字怎么写？

生：土字旁。

品读沙龙

① **华**：一堂好课发轫于学生的语文实践——读和问，教师的“导”从学生的“问”中来，“顺势而导”方为智者。

顾：教学是一种点燃，钱老师用自己的信心点燃学生的自信，营造积极的课堂氛围。

张：是啊，钱老师的鼓励和期待必然让学生踌躇满志，课堂甫一开始，就可谓“未成曲调先有情”。

② **华**：从自读到齐读，既是让学生充分感知课文，同时也是对学生阅读水平的摸底。字词的纠偏能让学生自主解决的，决不包办代替。

顾：熟读课文再开讲，从容沉稳。

张：“书读百遍，其义自见”，尤其是在文言文教学中，朗读不失为入门的一把金钥匙。

师：好。下边一段你们看有没有读错的？有一个字是要变声的。哪一个字？你说说看。

生：“将军强（qiǎng）留之”的“强”念成了 qiáng。

师：哎，qiǎng，你能不能解释一下这个字为什么念 qiǎng？知道吗？

生：“qiǎng”是勉强的意思。

师：很好！读 qiáng 那是强壮的“强”了。[接着教师还指出有些同学把数（shuò）、骑（jì）、屏（bǐng）、栗（lì）、堕（duò）等字音念错了，并将这些字分别和数（shù）、骑（qí）、粟（sù）、坠（zhuì）等字比较。]

师：现在我再来领读一遍，这一遍不仅要读得正确，而且要求把大铁椎的那种英雄气概读出来。（领读一遍）①

师：好，同学们读得很好。刚才我们讲过，朗读之后我们先做什么工作啊？

生：先提问。

师：大家有问题提出来，我希望不要总由老师来回答。我相信同学们有独立思考、独立解决问题的能力。我是深信这一点的。刚才有几位同学问我问题，我反问了他们一下，最终都解决了。我们要相信自己。好，请大家提。

生：课文第 2 段开头“时座上有健啖客”的“时”是不是通假字？

师：她讲得很清楚，而且指出是哪一段，这种发言习惯很好。好，同学们说说看，这个字怎么解释？如果是通假字，它与哪一个字通假？

① **华**：反复阅读的过程是学生逐渐进入文本的过程，钱老师的领读，旨在引导学生快速聚焦“大铁椎”这一形象，这是人物传记类文言文教学的重点，也是教师主导作用的体现。

顾：“领读”对于很多老师来说可能已经被遗忘。但是钱老师用这种朴素的方法将自己对文本的感受融入其间并传递给学生，真切自然。

张：而钱老师的领读还能起到纠偏作用，在老师的帮助下，一些容易误认误读的字，学生能当堂掌握，夯实了基础。

生：粮食的“食”，是吃饭的意思。

师：其他同学的意见呢？啊，你说。

生：这时。

师：这时？你们看怎么解释好？

生：（插话）这时。

师：对！这时座上有一个健啖客。请同学们注意，通假字当然是声音相同，但是，一般的同音字也不是随便可以通假的。像这个“时”和吃饭的那个“食”是不能通假的。大家还有问题吗？啊，你来提提看。

（接着，学生依次提出了一些问题，并在教师引导下逐一得到了解答。这些问题是：（1）“时鸡鸣月落”能不能写成“鸡鸣月落时”？（2）“客曰：止！贼能且众……”其中的“止”字是什么意思？（3）“多力善射”是什么意思？（4）“尘滚滚东向驰去”怎么解释？（5）“后遂不复至”，“遂”字怎么讲？（6）“人以其雄健”的“以”怎么讲？（7）“祸且及汝”的“且”字怎么讲？）①

师：还有问题吗？没有啦？看样子你们基本读懂了，是吧？你有没有问题？你呢？（问了七八位同学）哦，没有问题了。

师：我们先来看看标题。“铁椎”是什么东西？知道吗？你说说看。②

生：一种兵器。

师：你能够想象这种兵器什么样子吗？你给我们描述一下看看。

生：一个大的砣。有……

师：哦，一个大的砣，有什么啊？

生：有一个柄。

① **华**：把话语权交给学生，教师只在其中起穿针引线的作用。
张：能由学生自己解决的问题，坚持学生主体地位，钱老师绝不越俎代庖，这就是对学生最好的尊重。

② **华**：本文的标题是理解文章的紧要处，学生是否真的读懂了，老师由此开始了巡视。
张：且钱老师这一问看似信手拈来，实则蕴含深意，使学生的思考转向——由“言”而“文”。
顾：问题来自学生，老师又将回答的权利交还给学生，真正体现了学生是课堂的主体，学生是最大的教学资源的理念。

师：哦，很有想象力啊！是一个大的砣，还有一个柄。这个“铁椎”前边有个“大”字，文章里有哪句话，很具体地写出这个铁椎的“大”来？

生：“重四五十斤”。

师：对了。四五十斤重的铁椎是挺大的了。那么作者为什么要给这样一柄大铁椎来写传记呢？好，你来说说看。①

生：不是写大铁椎，是写用大铁椎的这个人。

师：讲得很好！那么为什么不叫他名字，叫他“大铁椎”呢？

生：因为不知道他的姓名。

师：哦，很好！我们再来想象一下，这柄大铁椎又大又沉，能够使这柄大铁椎的人，将是一个什么样的人？你使得动吗？（被问者摇头，笑）你行不行？呃，看你的样子也不行。（笑）那么能够使这柄大铁椎的是什么样的人？②

生：力气很大的人。

师：对了，力气很大的人叫什么？

生：（稍稍思考一下）大力士。

师：嗯，对了，大力士。那么，谁知道他是哪里人吗？我们是不是可以根据文章中的某一个句子，来推测他大概是哪个地方的人？谁知道？（举手的不少）嘿，都知道，很好，很好！我们请一位男同学来说说看，好，你说。

生：大概是湖南湖北人。

师：你怎么知道他大概是湖南湖北人？

生：“语类楚声”。

① **华：**这拐了一个小弯的随意一问，颇有奥妙。

张：是呀，就这么极其自然地由物过渡到了人，轻松地进入了文章的核心。

顾：真是一叶扁舟任意东西。什么是教学艺术？其间可见端倪。

② **华：**解题的过程似文火慢炖，钱老师循循善诱，学生思维也渐趋活跃。

顾：而且这个过程就在不经意的聊天式的对话中悄然展开，不着痕迹。

张：这就是钱老师的功力所在，“四两拨千斤”，让课堂得以聚焦。

师：噢，“语类楚声”，你解释一下好吗？

生：说话像楚地的口音。

师：哦，“说话像楚地的口音”，“楚”嘛，就是湖南湖北一带。是吧？哪一个字解作“像”啊？

生：“类”。

师：很好！同学们都注意了这个句子：“语类楚声”，我们从他讲话的声音上大体可以判断他是楚地的人。同学们读得很仔细。①还有，这篇文章在选入课本之前，前面省去了一段。这段的内容大概是这样的：作者有一次遇到陈子灿，问他经常走南闯北，有没有遇到什么异人。（板书：异人）陈子灿说自己遇到过一个异人。于是他就讲了遇到“大铁椎”的经过。作者听了就写了这篇文章——《大铁椎传》。所以文章中所记的都是陈子灿看到的“大铁椎”。那么我要问大家一个问题，要请你们根据文章来回答。陈子灿怎么会遇到“大铁椎”？②

生：“北平陈子灿省兄河南，与遇宋将军家。”

师：你解释一下，好吗？

生：北平陈子灿到河南去看望他的哥哥。

师：哪个字解作“看望”？

生：“省”。

师：很好，再讲下去。

生：在宋将军家里遇到了“大铁椎”。

师：你根据哪一个句子说他是在宋将军家遇到“大铁椎”的？

生：“与遇宋将军家”。

师：可是这句话里头没有写明“大铁椎”嘛！

① **华**：钱老师的“曲问”，学生轻易就解决了，师生对话渐入佳境。

顾：引导学生从文本中寻找理解内容的根据。这也是文言文教学的一大特色，如下文中“省”的理解。

张：这是钱老师的经典教法，上《愚公移山》时也有不少这样精彩的教例。

② **华**：钱老师简要交代了课文删去的内容，既让学生了解了文章素材的由来，也为师生对话创设了新的话题，构思真是精细。

顾：在回答“陈子灿怎么会遇到‘大铁椎’”的过程中学生理解了“省”的含义，知道了省略的句式。紧紧围绕内容传授文言知识，堪称独树一帜。

张：更为可贵的是，这些问题都是在教师的引导下，学生自己解决的。

你怎么知道他遇到的是“大铁椎”呢?

生:省略掉了。

师:你声音大些,告诉大家,你讲的是对的。

生:“与遇宋将军家”,就是“与之遇宋将军家”。

师:哦,她说“与之遇宋将军家”。你告诉大家这是一种什么样的语言现象呢?

生:省略。

师:哦!省略掉了一个宾语“之”,对吧?坐下。这个“之”代的谁?

生:(齐声)“大铁椎”。

师:对了。陈子灿是这样遇到“大铁椎”的。

(接下来教师用连续提问的方式引导学生读课文第1段,着重领会了以下词句的意思:(1)“好事者”——喜欢多事的人。(2)“呼宋将军云”,“呼”——叫,“云”——语助词,没有什么意思。“宋将军”是外号。(3)“故尝与过宋将军”,“故”——因此,“与”字后面省去了代词“之”字,代高信之。“过”——访问。)①

师:啊,同学们理解得很正确。我们再进一步讨论下去好不好?这篇文章写了很多人,作者着重要刻画的,毫无疑问是“大铁椎”。除了第1段以外,下面几段都是写“大铁椎”的形象。那么,你们认为最能表现“大铁椎”的英雄本色、写得最生动、你们读了以后感受最深的是哪一段?好,你说说看。②

生:最后一段。

师:你能不能讲讲理由?

① **华:**引导学生熟悉课文情节,为后面谋篇布局的讨论做好铺垫,也顺带指导学生掌握了文言知识。

张:教学过程就在这样的师生问答中慢慢推进,一切都是那样的自然流畅。

② **华:**尊重学生的阅读感受,绝不以预设代替生成。

顾:而且这个问题很巧妙地引导学生聚焦到文本的重点处进行探究。

张:“清水出芙蓉”,太多的问题会使课堂显得零散,学生也会无所适从,所以钱老师的提问总是那么简明,那么关键。

生：因为别的段落都没有写“大铁椎”是怎么与响马贼战斗的。

师：你们同意他的意见吗？

生：（几乎同声）同意！

师：好，你说说看，你为什么同意她的意见？

生：因为最后一段着重写了他怎样打贼人。

师：同学们讲得很好！就是说，他跟响马贼的矛盾，跟响马贼的斗争，在这一段当中表现得最尖锐、最激烈。在这种激烈的斗争中，最能显示他的英雄本性。对不对？同学们对这点理解得很好。那我倒要问你们了，前面几段有没有必要呢？[①]

生：（齐）有。

师：第2、3、4自然段都有必要写吗？你认为有必要吗？

生：有。

师：你呢？

生：有。

师：好，下面我就请你们说明一下，前面几段究竟有什么必要写。要一段一段地说，我们不能光说“有、有”。不动脑筋讲“有”，那不行（笑），要讲出道理来。我们先来看第1自然段。第1自然段着重写了陈子灿遇到“大铁椎”的经过，对不对？但是又重点写了个宋将军，那么写这个宋将军有什么必要？是不是离题了？哦，有不少同学知道了，好，你来说说看。

生：因为陈子灿到宋将军家里才遇到了“大铁椎”。

师：那么可以写得简单点嘛。宋将军的外号喽、

① **华**：钱老师的“问”，在于启发学生自求理解，自致其知。
顾：课堂需要不断制造冲突，才能不断地激发学生去积极思考。钱老师为我们作了很好的示范。
张：新问题的产生似一缕清风“吹皱一池春水”，将课堂推向一个新高度。

门徒喽、工技击喽、雄健喽，都可以不写嘛，就说他遇到了宋将军就可以了嘛。为什么一定要这样详细地写宋将军呢？好，你来说说看。

生：衬托出“大铁椎”的英雄气概。

师：写宋将军怎么能够衬托出“大铁椎”的英雄气概呢？

生：因为宋将军“工技击”，很有本事，而看“大铁椎”与响马贼打仗时，吓得两腿发抖，几乎从马上摔下来。

师：哎，这就反衬出了“大铁椎”的英勇！你们同意不同意？①

生：（齐）同意！

师：宋将军除了两腿发抖以外，还有什么害怕的表现？你说。

生：“宋将军屏息观之”。

师：什么叫“屏息”呀？

生：就是……

师：哎，你别看注解。什么叫“屏息”，知道吗？

生：不敢喘大气。

师：对了，“不敢喘大气”，说明他害怕。很好啊，大家一起动脑筋，问题就解决了。不敢喘大气，吓得两腿发抖，几乎摔下来，这就反衬出“大铁椎”的英勇。这样理解很好。说明我们同学看文章能前前后后照应起来看，也知道了宋将军在这篇文章中出现的作用。②好，现在我们休息一下。下课！

第二课时

（上课，师生问好。）

① **顾**：这个思维冲突的解决有效地引导学生体会了文章反衬的表现手法。这与直接研读第 1 段的方法相比显得更智慧。

张：所以说老师的巧妙点拨能让学生豁然开朗，其主导作用不言而喻。

② **华**：讨论课篇布局，也是服务于把握“大铁椎”这个人的形象特征，教师手里始终紧攥着这根主线。

顾：是啊，可见研读文本、读透文本是多么重要。

张：这也符合钱老师倡导的文言文教学不能“嚼烂了喂”，应着重于把基础知识的教学和阅读能力、思维能力的培养统一起来。

师：经过刚才同学们自读，我也提了一些问题，检查了一下，知道同学们都理解得很好。下面我们继续研究问题：文章最后一段是着重写“大铁椎”英雄本性的，那么前面几段有什么必要呢？上节课讲了第1段，同学都讲得很好。现在我们来看看下面几段。先看第2段，这段主要写“大铁椎”的什么？它从哪几个方面写了“大铁椎”？

生：第2段先写“大铁椎”“健啖”，饭量很大，也就说明他力气大。

师：哎，讲得很好，说下去。

生：接着描写了“貌甚寝”，说他长得很丑。

师：哦，再说下去。

生：“右胁夹大铁椎，重四五十斤”，说他经常把大铁椎带在身上。这就说明他平时做事非常谨慎。

师：哦，从哪一句可以知道他经常带在身上？

生：“饮食拱揖不暂去。”

师：能不能解释一下？

生：吃饭和拱手作揖都不放手。

师：“不暂去”三个字，你准确地讲讲看。

生：一会儿也不离开。

师：哪一个字解作“离开”讲呀？

生：“去”。

师：“暂”什么意思呢？

生：一会儿。

师：那就说明了什么啊？

生：他做事非常谨慎。

师：好，坐下。[①] 讲得很好啊！你看这个大铁椎呀，他经常夹在右胁下面，吃饭的时候，

[①] **华**：不满足于学生的结论，连续追问，非得让学生说出个所以然来，正是这样的追问，使学生的思维不断得到强化。

顾：钱老师的课堂告诉我们，从某种意义上说，教学就是“问”的艺术——变着法儿地问，“问”的艺术博大精深。

张：这样的教学安排可以说是环环相扣、层层推进，学生所得必丰。

跟人家拱手作揖的时候，他也夹着，一会儿也不离身。这说明他很谨慎，警惕性很高。除此以外还写了别的吗？好，你说。

生：还写了他很少说话。

师：哦！从哪里可以看出来呢？

生：“与人罕言语”。

师：很少言语，说明他的性格怎么样啊？

生：沉默寡言。

师：对，很沉默，很深沉。他的外貌丑陋，又夹着个大铁椎，而且总是不离身，平时很少说话。问他哪里人啊，问他姓什么啊，他都不说。你们看，这个人给你一种什么印象？请用一个字来概括一下，你来说说看。

生：怪（没念好，念成第一声了）。

师：乖？很乖？似乎有点道理啊。哈哈，不过“乖”一般用在小孩子身上，“大铁椎”大概年纪很大了。（笑）你说呢？

生：异人。

师：这样讲比“乖”好。（板书：异人）（徐振维老师插话：前一位同学是说“怪”，不是说“乖”。）哦，是“怪”，是吧？对不起，对不起！是我搞错了。①（大笑）“怪”就对了！“怪”跟“异”意思是一样的。老师误会了你的意思了。可见语音不通是很容易搞错的。“乖”是第一声，“怪”是第四声。我们大家都要学好普通话，对不对？这一段写出了他的“怪”、他的“异”，说明他跟平常人不一样。那么写这段有没有必要啊？

生：（几乎齐声）有。

（以下用同样方式教读第 3 段、第 4 段，使

① **华**：正是基于师生间的平等，钱老师的“对不起”吐露得何其自然！
顾：这就是真诚对话！
张：钱老师又充分肯定学生得出的是正解，课堂的转机也由此产生，人物性格一下子跃然纸上。

学生了解这两段分别从穿戴、行动、语言等方面刻画"大铁椎"的形象，因而也是完全必要的。在分析"大铁椎"形象的同时落实了若干文言词语的教学。）①

师：下面我们再看下一段，重点的一段。这段写得特别好，同学们也都说了。我来提几个问题问问大家看。开头几句写"时鸡鸣月落，星光照旷野，百步见人"是交代环境。你们看这样交代有什么必要？你说说看。②

生：因为这样才能渲染当时的气氛。

师：渲染气氛，我提醒一下，为什么点出"百步见人"来？

生：月光明亮，好决斗。

生：（插话）不是月光。

师：哦，"月光明亮"恐怕不够准确，请你把你的话改正一下好不好？

生：星光明亮。

师：哎，对了。为什么不能讲月光明亮？

生：（几乎齐声）"时鸡鸣月落"。

师：哎，月亮已经落下去了，是"星光照旷野"。很好，你自己改正了，很好啊！"星光照旷野"，一方面好决斗，还有一个原因，同学们想想看，为什么一定要写出"星光明亮"来？

生：可以使宋将军看得更真切。

师：哦，"真切"这个词真是用得好极了！③坐下。"可以使宋将军看得更真切"！这个格斗的场面是宋将军看到的，如果伸手不见五指，什么也看不见，那人家看了这篇文章就会怀疑了，这是怎么描写出来的？所

① **顾：**钱老师引导学生慢慢感悟：作者塑造的人物形象是立体丰满的，每一段文字都有它无可替代的作用，这就是以"篇章之眼"去发现的独特视角。

张：而学生经过这样的训练，对文本的把握会更完整、更深入，其思维品质自然得到很大提升。

② **华：**在学生读进去的基础上，再引导、启发学生进一步感悟作品构思艺术的高妙，这时候的"导"显得尤为可贵。

顾：充分体现出钱老师"导学"的智慧！

张：这样的引领丝毫不显突兀、生硬，真是恰到好处。

③ **华：**学生答得贴切，教者难掩心头之喜。

顾：毫不掩饰喜悦之情，对学生真诚地大加夸赞，将给学生带去更大的学习动力！

张：此处的评价再次突出学生的主体地位，他们永远是学习的主人！

以“星光明亮，百步见人”，就可以把这个格斗场面描写得非常真切。可见，这个描写一方面渲染当时的气氛，另一方面呢，也是情节发展的需要。

我想请一位同学，把这最后一段讲一遍，好吧？从“客驰下”讲起。要求念一句讲一句。等会儿我们再来看作者为什么这样写。好，你讲。

生：“客驰下，吹觱篥数声”，是客人骑着马奔下去，然后吹了几声觱篥，这是他们约定的暗号。

师：理解得很好！

生：“顷之”，一会儿；“贼二十余骑四面集”，二十多个骑马的贼人从四面拥集过来。

师：哦，“从四面拥集过来”，讲得好。

生：随从背着弓和箭的有一百多人。

师：有一百多人吗？“百许人”什么意思啊？

生：“许”是“左右”的意思。①

师：这就对了，一百左右。很好，讲下去。

生：一个贼提着刀直奔“大铁椎”来。

师：好！“直奔”两个字用得很好。

生：“大铁椎”大呼着，挥动着铁椎，这个贼便随声落下马来死去了。

师：好，随声摔下马来，“随声”讲得好。

生：马的头也掉下来了。

师：马头掉下来了吗？

生：裂了。

师：哈哈，“裂”什么意思啊？

生：断了。

师：断了？

① **华**：一字之辨，体现了师者的严谨！

顾：文言文同样需要甚至更需“咬文嚼字”。这样，语文课的味道就允盈其间。

张：对掌握、积累文言词汇毫不含糊，学生的收获才能实实在在。

（一生插话：裂开。）

师：对了，裂开！马头给铁椎猛烈一打，迸裂开来。

生：其他的贼人也向前包围过来。

师：哦，“向前包围”，解释得很好，哪一个字解释“包围”呀？

生：“环”。

师：对，“环”。翻译得很好啊！

生：“大铁椎”又挥起铁椎左右猛击。

师：哦，“猛击”，这个“猛”字也加得很好！

生：贼人和马都向前倒下来，（“大铁椎”）杀死了三十来个人。

师：“三十来个人”，这样解释很好。

生：宋将军屏住呼吸，吓得不敢出大气，看着这个场面。

师：哦，“看着这个场面”很好！一个“之”指代什么啊？

生：代战斗的场面。

师：很好。

生：宋将军两腿发抖，几乎要摔下来，忽然听见“大铁椎”大呼着说：“我去了！”“大铁椎”骑着马向东驰去，马跑得非常快，把地上的土都扬起来了。后来“大铁椎”就不再回来了。

师：讲得很好，我很满意！[1]

（在学生串讲的基础上，教师又引导大家重点领会“觱篥”“四面集”“大呼挥椎”“环而进”“股栗欲堕”等词句的意思和作用，然后小结。）

师：我们看了这几段，一段一段地深入。第2

[1] **华**：在钱老师的激励、唤醒、鼓舞下，学生的思维之门彻底打开，这一段围绕文本的师生对话可谓一气呵成。

张：你看，师生之间的交流如此畅达，教学过程的推进毫无滞涩。

顾：课堂渐入佳境。

段先写他的外貌，大致上给我们勾勒出一个轮廓；第 3 段写他来无影去无踪，渲染一种传奇的色彩；第 4 段展示了他的那种豪侠气概，一人做事一人当，并且交代了“大铁椎”和响马贼的矛盾和斗争；最后一段，通过一个激烈的搏斗场面，把“大铁椎”的形、神、虎虎生气都充分展现在我们面前。一步深一步地写出了他的独特形象，作者塑造这个人物是很成功的。

现在，我们再来读最后一段，体会一下当时战斗场面的激烈，要读得有点精神！“大铁椎”是虎虎有生气的，我们也要读出这种气概。

（学生齐声朗读）

师：读得好！下面我想再研究一个问题：作者为什么要写这么一个人？① 我发给大家一份资料，如果你们看懂了，你们一定能回答这个问题。好，大家来试试看。（下发材料）

大铁椎不知何许人听其语音则楚产[1]也；人亦不知其姓字以其所用兵器为一大铁椎遂以大铁椎呼之其人健啖而貌寝与人罕言语观其所为皆不类常人盖英雄志士之隐[2]于草莽[3]者也大铁椎传作者魏禧字冰叔明末清初人也既入清抗节[4]不仕躬耕自食为文多表彰忠贞节烈之士以寓其抗清复明之思然则作者之传大铁椎其寓意亦良深矣。

[1] [产] 出生。

[2] [隐] 隐伏，隐居。

[3] [草莽] 野地，指民间，与“朝廷”相对。

[4] [抗节] 坚持高尚节操。

① **华**：这一问，问在疑难处，问在紧要时。

顾：嗯，这一问也问在了“课堂小语文”向“课外大语文”的链接处。用课外的资料来丰富学生的语言积累，促进学生的思维发展。

张：明显是立足文本，又高于文本。

（以下依次叫学生解释带点的字。大多对，只有“盖”“仕”“然则”等词语，学生经教师指点后才确切了解。）

师：你们看看这段话都懂了吗？都懂了？谁来加标点？好，你来。①

（一女同学起身讲如何加标点）

师：都对吗？哎，她都点对了，没有错。我们请一位同学读读看，班长来读吧。

（班长读一遍）

师：最后一句话谁来解释一下？好，就请加标点的同学解释一下，好吗？

生：既然这样，那么作者为“大铁椎”写传，他的用意也是很深的了。

师：哦，作者用意是很深的。哪位同学再告诉我他的用意深在什么地方？要结合材料，也要根据作者魏禧一生的为人来说明。（学生沉默）你们先告诉我，魏禧这个人为人怎么样？好，你来说。

生：为人正直。

师：哦，“为人正直”。哪里可以看出他为人正直？

生：“抗节不仕，躬耕自食”。

师：对，他为什么“躬耕自食”？你知道吗？

生：（不语）

师：看看上句，什么叫“抗节不仕”？

生：（仍不语）

师：好好想想，我相信你能回答出来。

生：坚持民族气节，不做官。

师：对，他就是坚持民族气节，不给清朝做官，那么他靠什么来养活自己呀？

生：“躬耕自食”，种地养活自己。

① **华**：紧密联系课文，自编文言语段进行训练是钱老师的一个创举，形式新鲜活泼，内容实在扎实，最终得益的还是学生。

顾：这就是钱老师语文课之所以扎实的重要原因！

张：学以致用，否则一切终归是纸上谈兵。

师：你们看，作者为人很有节操的。他写文章专门表彰忠贞节烈之士，为什么啊？

生：寄托他抗清复明的思想。

师：对，好。哪一个字是寄托的意思？

生："寓"。

师：对，"寓"字，坐下。既然这样，他为"大铁椎"立传，用意是很深的了，深在什么地方？

生：他坚持民族气节。

师：对，这是立场。那么他塑造这个形象，作用是什么呢？再进一步想下去就对了。

生：为了表彰节烈之士。

师：你再向前跨一步，就可以得到一个更高的结论了。①

生：（不语）

师：行吗？实在不行，我们请别的同学说好吗？你答对了 80 分，坐下。请哪位同学补充一下。

生：寄托他抗清复明的大志。

师：哦，补充得好！完全对了。他写"大铁椎"这个形象，就是希望这样的人能够怎么样啊？——不是埋没民间，无所作为，而是起来抗清复明。所以，作者写这个形象，是有深意的。这段话同学都懂了，标点也加得很对。这个问题同学们若有兴趣，课后还可以研究一下。②

现在请同学们完成一个作业：请引用课本里的句子，说明"大铁椎"是个怎样的人。并根据作者生平，说说他给"大铁椎"立传的目的。③好，今天的课就上到这里，下课。

① **顾**："不愤不启，不悱不发"，钱老师总是能在学生处在愤悱状态时进行点拨，即使学生回答不上来，也能充分给予肯定，不断把课堂推向新的阶段。

张：所以，当钱老师的学生自信心一定是很足的，而有了这份自信，学习上还会有越不过的坎吗？

② **华**：结合作者生平，引导学生探究写作意图，"写什么""怎样写""为什么写"，钱老师以读为起点，反复探究，效果真好。

张：如此一来，学生对"大铁椎"的认识就不会仅仅停留在表象上，而能将其放大，对其深入，人物也从文字中脱颖而出。

③ **顾**：这项作业既是语言性的，也是精神性的，真正达到了语言与精神同构共生。

张：开始环节补充课文删节的内容，结束环节要求说明传主的形象以及立传目的，这样的教学构思既是呼应的，更是层进的。妙！

【研读感悟】

1982年，钱梦龙老师在江西省庐山中学借班上课，面对一群山里娃，钱老师用自己的信心点燃学生的自信，用娴熟的“导读”艺术充分挖掘学生的潜能。在钱老师的激励、唤醒、鼓舞下，学生的思维之门逐渐打开。整篇课文的教学一扫文言文串讲法的枯燥与乏味，如行云流水，高潮迭起。钱老师“导读”艺术之精妙，可供借鉴的地方很多，现结合本实录略述三点。

1. 在诵读中涵泳

“文章读之极熟，则与我为化”，钱老师重视文言的诵读，在教学中引领学生细细品读，与文本亲密接触。无论是对字词句的理解、行文布局的揣摩，还是对“大铁椎”英雄气概的体悟等，都在反复诵读中推进。先是自读，让学生提出疑问以充分感知课文；然后是齐读，发现错误让学生互相纠正；接着是领读，引导学生聚焦“大铁椎”这一形象；最后齐读精彩段落，感悟“大铁椎”的英雄气概和作者的创作意图。正如陆九渊诗言：“读书切戒在慌忙，涵泳工夫兴味长。”钱老师以读为起点带着学生在文本中实实在在走了几个来回。

2. 在疑难处发问

钱老师坚持学生主体地位，把话语权交给学生，只在其中起穿针引线的作用。钱老师总是让学生问，对学生的问，却不急着回答，而是将答的权利交还给学生，学生能自主解决的，决不包办代替。当学生提问的着眼点只在字、词、句，需要老师扶一把时，钱老师才问“作者为什么要给这样一柄大铁椎来写传记呢”，可以说“导”的时机掌握得恰到好处。钱老师的问，问在疑难处，问在紧要时，目的在于启发学生自求理解，自致其知。当不满足于学生的结论时，钱老师总是连续追问，非得让学生说出个所以然来，正是这样的追问，使学生的思维不断得到深化。钱老师的课堂告诉我们，从某种意义上说，教学就是“问”的艺术，钱老师的问使学生始终处于一种“心求通而未得，口欲言而弗能”的“愤”“悱”状态，不断把课堂推向新的阶段。

3．在对话中生成

钱老师的课也有预设，一篇文章具有教学价值的层面很多，钱教师根据文本特质把教学核心点确定为鉴赏“大铁椎”形象的刻画，是避免课堂低质低效的重要手段。但钱老师尊重学生的阅读感受，决不以预设代替生成。在教学过程中，钱老师着眼于现场，构建起一种真实的对话关系，使包括教师在内的所有对话者渐入佳境。对话生成“不可预约的精彩”，如师生间关于“星光照旷野”作用的探讨，完全是在不经意的聊天式的对话中悄然展开，不着痕迹。在学生自主深入地读进去的基础上，钱老师搭建对话平台，引导、启发学生逐步感悟作者塑造的人物形象是立体丰满的，每一段文字都有其无可替代的作用。

钱老师“导读”艺术内涵之丰富绝非三言两语所能尽述，但他注重涵泳和“导问”的艺术，在师生平等对话中努力构建生成课堂的实践，在语文学科教学仍处于“乱花渐欲迷人眼”的现今，无疑是一味清醒剂。

（华国平）

《少年中国说》

执教：钱梦龙

品读：陈　丹（主持人）、仲剑峰、顾丽芳

（以下依次简称“陈”“仲”“顾”）

经典回放

品读沙龙

第一课时

师：昨天请同学们自读《少年中国说》，这堂课想先听听大家对这篇文章的总的印象。请随意说，有什么印象就说什么。①

生：虽然这篇文章是文言文，但是我觉得并不难懂。虽然有些句子不完全理解，但我感觉到作者的感情很强烈。

生：文章写得热情奔放，用了很多排比句，读起来很有劲。

生：作者对中国的前途充满了信心，字里行间有一种自豪感，读了使人振奋。

师：你们能不能具体说说，哪些句子读起来有劲，哪些句子使人振奋？②

生：第2段写老年人和少年人的不同性格，一句写老年，一句写少年，很有意思。

师：什么叫“很有意思”？

生：……一句句对比，……很新鲜……

师：你的意思大概是说作者用了对比的手法，把老年人和少年人的不同性格写得很充分，很鲜明；而且这种句句对比的写法，给人

① **陈**：鼓励学生自在表述，把学生的阅读初感作为课堂教学的起点，“随意说”成为点燃学生学习热情的契机，这是钱老师教学的基本式之一。

顾：聊天式的开场，自然地将学生带入课堂场域。

仲：这样设计容易拉近学生与课文、学生与老师的距离。

② **陈**：老师强调“具体说理”是指导学生走进文本，学会以文为证。

顾：由面入点，与文本零距离。

仲：说得对。从语感入手，进入文本，好办法。

一种新鲜感，是吗？（生点头）[1]

生：这一段里还用了大量的排比句。

师：朗读起来有时候感觉怎么样？

生：觉得有气势。

生：我觉得结尾处一些句子读起来顺口，而且有鼓舞人心的力量。不过，里面有些句子我还不大懂。

师：既然不大懂，怎么还会受到鼓舞？

生：……好像有一点感觉……有些句子我翻译不出来。

师：哦，这叫作“跟着感觉走”（笑）。你所谓的“不懂”，大概是指不会翻译，是吗？（生点头）其实，你感受到了作者的热情，这就是一种理解，不过这种理解靠的不是理性的分析，而是靠直接的感受，这就是我们常说的“语感”，它有时候比理性的分析更重要。[2]读文言文，我倒宁可要你们对文章有一种准确、生动的感觉，而不要为了翻译而忽略这种直接的感受。要知道，有些文言句是很难用现代语对译的，这篇文章最后的一些句子，就很难翻译得不走样，因为它是韵文，跟一般的散文句子不一样。你既然已经从这些句子中感觉到了一种鼓舞人心的力量，说明你已经大体上读“懂”了，也说明你有很好的语感。大家还有意见要发表吗？

（学生继续从课文中找出了一些句子，说了自己的感受。）[3]

师：同学们自读了这篇课文，你们不仅跟着感觉“走”了一回，而且走得蛮有水平。（笑）

[1] **陈**：老师的及时完善，既安慰、帮助了回答不尽如人意的学生，又为其他同学的表达作了示范，“导”在点上。

顾：这种不露痕迹的教育智慧，体现了钱老师的育人胸襟，我很佩服。

[2] **陈**：在前面引导启发的基础上明晰提出“语感”的概念，帮助学生找到阅读文言文的有效路径。

仲：也有助于增强学生学习文言文的信心。

顾：这个细节让人百读不厌，相信这个孩子一定是最受用的。现在的课堂最缺失的就是钱老师这种智慧的人文关怀。

[3] **陈**：学生的畅所欲言从来不是凭空得来。我们要想一下自己是否像钱老师一般把学习的主动权交给了学生。

仲：对学生恰如其分的赞扬使学生得到鼓舞，其主动性就能充分发挥，积极思维之门就此打开。

就是说，你们的感觉很准确，你们的确抓到了梁启超文章的主要特点。有人对梁启超的文章，有这样的评价："以饱含感情之笔，写流利畅达之文。"[①] 你们听懂这句话的意思了吗？（学生齐答：听懂了！）"流利畅达"会写吗？（一学生上前板书）很好，完全正确。我测试一下大家的即时记忆能力：有人怎样评梁启超的文章？[②]

生："以饱含感情之笔，写流利畅达之文。"

师：你们看，刚才我们谈初读的印象，跟人们的这个评价一致吗？（学生齐答：一致）梁启超的这篇文章确实笔下饱含感情，文字流畅，很有感染力；从这篇文章我们还看到了作者对国家的前途充满了信心。可是，你们知道这样一篇有自信、不自馁的文章是作者在怎样的处境中写的吗？为了回答这个问题，我们有必要复习一下近代史。看谁能告诉我一些关于梁启超的情况。[③]

生：梁启超是戊戌变法的代表人物之一，当时和他一起主张变法的有他的老师康有为，还有谭嗣同等人。

生1：他们想改良政治来挽救国家，但不久就失败了。

师：历史上把这次变法维新叫作什么？（生1答：百日维新）百日维新失败以后的情况怎样？

生：支持他们变法的光绪皇帝被慈禧太后囚禁。谭嗣同等六人被杀，康有为、梁启超逃到了日本。

师：你们知道这么多历史知识，我很高兴。戊戌变法是一次资产阶级的改良主义运动。

① **陈**：点睛之笔，及时对学生的阅读印象作出肯定，并自然引出别人的评价，开启下面的教学环节。

② **顾**："听懂了吗？""会写吗？"的发问以及即时记忆能力的测试，让学生对梁启超文章的特点有深刻的印象。有效之练。

③ **陈**：欲解其情必先知其人，欲知其人必先论其世，在文言文学习中这点极为重要。

顾：课堂的开放性给学生理解文本、感悟人物提供了更大的空间，学生占有的相关历史人文信息又成为课堂共享的学习资源。

仲：还原写作背景，让学生感受作者的那一片赤诚之心。

这次运动虽然失败了，但起了思想启蒙的作用。尤其是因为梁启超文章写得好，还办了报纸宣传维新的思想，对知识界的影响极大。当时不少人还模仿他的文笔写文章，叫作“新文体”（板书）。今天看来，梁启超的思想虽然受到时代和阶级的局限，但作为中国近代向西方资产阶级寻求“真理”的先驱者之一，他关注国家的前途、民族的命运，这种精神是值得称赞的。请同学们再注意一下本文的写作时间。它写于1900年，也就是百日维新失败后的第二年。当时梁启超在哪里？

生：（齐）日本。

师：对，这篇文章是他逃亡日本的时候写的，当时他27岁，正是一位有抱负的“中国少年”。同学们可以想象一下他当时的处境：变法失败，同志被杀，清政府要捉他，他不得不寄身异国，过着流亡的生活。我再补充一点背景材料：当时正值中日甲午海战以后，中国被迫签订了丧权辱国的《马关条约》，至此，中国与英、法、日、俄、美等国签订的不平等条约，多得已经使我们记不清楚了，国家正面临着被列强瓜分的危险。可见梁启超写这篇文章的时候，不仅个人的政治主张遭到严重的挫折，弄得有家难归，流亡异国，而且整个国家都处于危难之中。可是，你们有没有从这篇文章中感觉到一点点灰心丧气的情绪？没有！刚才同学们谈读后的感受，大家都觉得作者对中国的前途充满信心，字里行间洋溢着一股昂扬奋发的朝气，这是多么不容易！[①]下面我们来具体地揣测一下作者当时写这篇文章的动机。这从文章的第1段中可以看出。谁先来把这一段读一遍？

（一学生朗读）

师：“老大帝国”是什么意思？跟“老大帝国”意思相反的是什么？

生：“老大帝国”就是“年老的帝国”。（师插问：“你怎么知道老大是年老的意思？”生答：“过去读到过一句诗‘少小离家老大回’。”）跟“老大帝国”相反的是“少年中国”。

师：这里的“老大”还有“衰老”的意思，日本人之所以这样说我们，是因为从当时清政府的腐败无能看，中国似乎是正在一天天走向“衰亡”。不过，把中国称作“老大帝国”，是不是日本人首创的？

生：不是的，是西欧人先这样说的。（师插问：“你怎么知道的？”）文章里说：“是语也，盖袭译欧西人之言也。”就是说这句话是从欧洲人那里抄袭来的。

师：那为什么文章一开头要说日本人，而不是说“欧西人之称我中国也，一则曰老大帝国，再则曰老大帝国”？

生：因为日本人最坏。（笑）

师：当时侵略中国的帝国主义列强，没有一个不是坏东西。你说的恐怕不是理由。

生：因为作者当时住在日本，他只听到日本人这样说。

师：这样理解比较合理。作者一定是先听到日本人这样说，然后指出这种说法的来源。

[①] **陈**：知人论世，讲背景，是为明精神，老师的“导”是为了让学生更好地“读”。

仲：也是为了让学生更好地进入文本。

顾：老师作为课堂的参与者及时“补充”相关资料，给学生理解感悟提供重要的信息，不是一厢情愿地强势“告诉”，“导”得平和、自然而实在。

注意句子里这个“盖”字，有推断原因的作用，可以解释为“原来是”。[①]从这两句可以看出，当时东方人、西方人都这样看中国。关注着国家命运的梁启超听到日本人这样说，当然深有感触，但又不能同意这种说法，于是满怀激情地写下了这篇文章。请注意下面这个句子：“呜呼！我中国其果老大矣乎？”谁先来解释一下？

生2：唉，我们中国它果真衰老了吗？

师：基本正确。“呜呼”这个感叹词你们在《捕蛇者说》里遇到过，还记得那个句子吗？[②]

生：“呜呼！孰知赋敛之毒有甚是蛇者乎！”

师：记得很准确。不过我说他（指生2）的解释“基本正确”，因为还有一点小小的不正确。他把句子里那个“其”字解释为“它”，是不对的。这里的“其”字只表示一种语气，你们再体会一下，这是一个带有什么语气的问句？

（学生各自诵读、体会）

生：带有反问语气。

师：你的语感不错。[③]现在我们为了加强反问的语气，常常在句子前面用什么词？

生：难道。

师：对极了！这个“其”就相当于现在说的“难道”。这是一个语气很强的反问句。“唉！咱们中国难道果真衰老了吗？”从这个句子看，作者同意中国已经衰老的观点吗？（学生齐答：不同意！）说说理由。

生：下面他反驳了这种观点。

师：你没有弄清问题的要求。我要求从这个句

① **陈**：阅读不能臆测，所言需有理有据，老师作了必要示范。

顾：斟字酌句是语文课最重要的内容。文言文的教学更是如此。

仲：是啊，细读文本是课堂教学的首要任务。

② **陈**：温故而知新。

顾：语文学习是“举三反一”的过程，及时地联系学生的旧知，有助于知识的巩固。

仲：也可养成学以致用的好习惯。

③ **陈**：又见“语感”又见肯定，在这样的学习氛围中，学生自然充满自信，好习惯自能逐步养成。

顾：学生译句中的瑕疵，在老师的引导下由学生自己解决，而且解决得非常完美。

仲：“学生为主体，教师为主导，训练为主线”的思想体现得多么充分。

子本身看作者对这种观点的态度。你能回答吗？

生：作者用了个反问句。

师：这就对了。比如我问你们："难道我老了吗？"其实我并不认为自己已经老了。不过，这里要注意，作者用"呜呼"领起这个反问句，说明他虽不能同意这种观点，却有一种深深的感慨，因为从当时中国一次次向帝国主义列强屈辱求和的情况看，确实处处显示出一种衰落的迹象。作者的感情是复杂的。下面我们看看，作者是怎样回答这个问题的。谁来说？

生："梁启超曰：恶（è），是何言，是何言！吾心目中有一少年中国在。"

师：他有没有读错字音？

生3：第一个字读 wū，他读成了 è。

师：这个字书上有注解，以后要认真看注解。那么什么情况下念 è？

生3："可恶"的时候念 è。

生："可恶"的"恶"读 wù，他也读错了。"恶劣"的"恶"才读 è。

师：对了。这个字有三个读音，谁来总结一下？好，就你（指生 3）来吧！①

生3："恶劣"的时候读 è，"可恶"的时候读 wù，这里读 wū，是表示感叹的助词，有反对的意思。

师：现在我们对别人的意见表示强烈的反对，一般用什么表示感叹的助词？

生：（众）"哼！""呸！""吓！"……

师：如果要为这个"恶"找一个大体相当的字，

① **陈：**及时对词语归类整理，强化记忆，为什么要由这位"你"来？细节之处我们可知师者苦心。

顾：老师的眼中有"每一个"学生，"生 3"遇到钱老师是幸运的。

仲：我们总是挑成绩好的学生回答问题，其实真正需要帮助的是那些似懂非懂的学生。

找哪个好？

生：（齐）“呸！”

师：为什么？

生：这个“呸”最有力，还有斥责的味道。

师：我猜到你们会找这个“呸”，因为你们的感觉总是很准确的，现在请一位同学把这个句子解释一下，谁来？

生：梁启超说：呸！这是什么话，这是什么话！我的心目中有一个少年中国存在着。

师：这里，作者针对“老大帝国”的说法，提出了一个“少年中国”。这个“少年”相当于我们现在说的什么年龄？过去在文言文里读到过这个词吗？①

生：初二的时候在《冯婉贞》里学到过这个词，“谢庄少年”，就是谢庄的青年。

师：你的记忆力很好。古代称青年男子叫“少年”，比我们现在说的“少年”要年龄大些。那么“少年中国”现在该怎么说？

生：青年的中国。

生：年轻的中国。

师：两种说法请选择一个，说明选择理由。②

生：“年轻的中国”好。“青年的中国”，别人会理解为“青年人的中国”。

师：还有一个问题请思考一下：“吾心目中有一少年中国在”，为什么不说“世上有一少年中国在”，而要说“少年中国”存在于我的“心目”中呢？

生：因为这个“少年中国”实际上不存在。

师：你说对了，因为当时清政府统治下的中国的确处处显示出衰老的迹象。但如果把认

① **陈**：咬文嚼字，无论实词的含义还是虚词的语气，联系已学，学会在语境中揣摩，实现“言”与“文”的融合统一。

顾：这就是活学，学活。

仲：处处可见“导”的效果。

② **陈**：总是将分析与判断权交给学生，真正实现学生与文本、学生与学生的对话。

顾：可以鲜明地感受到在钱老师的心中学生永远掌握着思考的主动权。

仲：要判断，要理由，锻炼的是学生的思维。

识再推进一步，你们会发现梁启超这样说还有更深一层的意思。

生：这个“少年中国”是作者心中所追求的一个未来的中国，作者主张变法维新，就是要创造一个未来的中国。

师：说得好极了！但你能从文章里找出根据证明你的观点吗？

生：下面有一句：“制出将来之少年中国者，则中国少年之责任也。”句子里有个“将来”，说明作者说的“少年中国”不是现在这个中国。

师：对！就应该这样瞻前顾后地读文章。[①] 作者认为创造出这个“少年中国”是中国少年的责任，当然也是作者的责任，因为他当时就是一个有抱负的年轻人。可见，作者说“吾心目中有一少年中国在”，不仅针对日本人和欧洲人的言论亮出自己的观点，而且也寄托着作者的抱负和追求。现在让我们回到对本文写作背景的讨论上来。谁能小结一下，作者是在什么背景下，出于什么原因而写这篇文章的？给大家两分钟考虑的时间。（学生思考）[②]

生：作者在戊戌变法失败后逃亡日本。听日本人说到中国的时候，都说是“老大帝国”，意思是中国已经衰老，没有希望了，作者强烈地反对这种说法，提出了自己的观点：“吾心目中有一少年中国在”。

师：小结得很好。谁还有补充的？

生：当时正是中日甲午海战以后，中国被迫与日本签订了不平等的《马关条约》。

[①] **陈**：老师相机指导，授之以渔。
顾：阅读方法的指导在老师看似不经意的点拨之间，非常巧妙。
仲：对前面那位学生是极大的鼓励。

[②] **陈**：指导学生小结写作背景，帮助他们对相关知识及时进行巩固内化。
顾：中学的课堂太需要这样安静的思考时间了。
仲：是训练的深化，教授方法，培养习惯，锻炼思维，最重要的是训练了学生综合的语言表达能力。

生：作者写这篇文章，不仅为了驳斥日本人和欧洲人，也为了表明自己的抱负。

师：经过他们二位补充，小结就更完整了。我们读文章，尤其读过去的文章，如果能走近作者，知道作者在特定的背景下写这篇文章的缘由，就可以更好地理解文章的内容和作者的思想感情。

师：刚才我们讨论作者和背景的时候，已经读了课文的第1段。现在请同学们不要看书，尽可能用文章里的原句回答我的问题。[①] 作者到日本以后，听到日本人是怎么说我们中国的？

生："日本人之称我中国也，一则曰老大帝国，再则曰老大帝国"。

师：为什么这里用"一则曰……再则曰……"这样的句子？

生：为了强调。

师：作者强调什么？

生：强调日本人都这样说。

生：我认为作者这样写是为了说明日本人对中国只有这一种看法。他们把中国看死了。

师：两位同学说得都有理。我们可以把两人的意见合并起来：作者既强调在日本这种看法的普遍性，也强调了它的唯一性——日本人看中国，除了"老大帝国"，还是"老大帝国"。那么首先说中国是"老大帝国"的，是日本人吗？

生："是语也，盖袭译欧西人之言也。"

师：作者是怎样通过自问自答严厉地驳斥这种谬论的？

[①] **陈**：以原文回答问题，完成对文章思路的复习，是扎实的思维训练。

仲：同时为背诵作准备。这是我们教师马上可以学到手的上课技巧。

顾：这是"以问导背""以背助悟"。

生：“呜呼！我中国其果老大矣乎？梁启超曰：恶，是何言，是何言！”

师：他针锋相对提出了什么观点？

生：“吾心目中有一少年中国在。”①

师：你们看，作者的思路十分清楚。请按这条思路，把作者的话连贯起来说一遍。谁来试一试？

生4：（背诵）“日本人之称我中国也……吾心目中有一少年中国在。”

师：你们看，我没有提出背诵的要求，可是事实上他已经把第1段背出来了。②（向生4）你能不能告诉大家，为什么你很容易就把这一段背出来了？

生4：我理清了这一段的思路，再想想作者的原句，把它们连贯起来，就记住了。

师：你觉得这样背诵文章有什么好处？

生4：不仅背出了文章，而且加深了对文章的理解。

师：请同学们不要忽视他（指生4）说的这些话，因为这些话里包含着读文言文的一种重要方法：背读法（板书）。具体地说，就是“在初步理解的基础上背诵，在背诵的过程中加深理解”。下面，我们就用背读法学习第2段。这一段不仅长，而且句子有点“缠绕”，特难背。看我们能不能用这个方法把它攻下来。③

（学生诵读第2段）

师：这一段主要写什么？

生：老年人和少年人的不同性格。

师：上一段结尾说“吾心目中有一少年中国

① **陈**：学生已在潜移默化中学会了“以文为证”。
仲：也在潜移默化中大致记住了课文。
顾：读悟有机结合，可谓精巧。

② **陈**：把握脉络体会情感，文章的背诵便水到渠成。
仲：融入了思维活动的学习过程有利于记忆。
顾：化解了背诵的难度，掌握当然轻松，相信课外作业的负担也自然减轻。

③ **陈**：方法指导，循序渐进，激发学生迎难而上的学习热情。
仲：及时提出“背读法”，而这个方法就来源于“他说的这些话”，“他”会有怎样的感受？其意义是不言而喻的。
顾：同时亮出学习的目标，有助于学生再上新台阶。

在”，这一段紧承上段，应该论述“少年中国”的特点，思路才顺。可是作者却不说“国”而要说“人”，这是为什么？能从文章里找出句子来说明作者的意图吗？

生5：“欲言国之老少，请先言人之老少。”

师：可为什么说“欲言国之老少”，先要“言人之老少”呢？两者有什么关系吗？也请用文章里的句子回答我。

生：“人固有之，国亦宜然。”说明国家的老少和人的老少是一样的。

师：你能把你找出的这句话具体地解释一下吗？（生5：不会）你不可能全句都不会解释，要不你怎么会正确地把它找出来呢？我敢肯定，你已经大体读懂了这个句子，只是句子里有个别字眼还不能确切地理解。是这样吗？（生5点头）那请你把不会解释的字提出来。①

生5：“固”，还有“宜”字。

师：我估计你会提出这两个字来，因为它们在文言文里的这种用法你们过去没有学到过。现在我讲一讲。“固”是“固然”，这里和下面的“亦”字配合使用，相当于我们说的“固然……也……”。“固然”表示承认某个事实，“也”表示进一步肯定另一个相关的事实，如“你说的固然正确，他说的也没错”。“宜”，这里是“应当”的意思。现在你能不能把这个句子的意思连贯起来讲一讲？

生5：人固然有老和少的不同性格，国家也应当这样。

① **陈**：教学细节，细而不小。关键处的肯定鼓励，就是新的突破与成长的开始。

顾：我特别欣赏钱老师的赏识艺术，每一次与学生对话，哪怕学生回答不上来，钱老师都有办法找到他们的亮点，然后再搭设台阶，让学生拾级而上。对老师而言，拥有这样的智慧比拥有知识本身可能更重要。

仲：这就是“导”的艺术。

师：对了！可见作者阐述“人之老少”，正是为了论证“国之老少”。现在我们就来看看作者是怎样阐述人之老少的。这一段除了开头一句“欲言国之老少，请先言人之老少”领起下文，最后一句“此老年与少年性格不同之大略也……国亦宜然”点明中心外，中间写老年与少年的不同性格，一共有几句？大家数一数。

生：（齐）七句。

师：同学们大概已经发现，这些句子都用了排比的句法。句子结构都差不多。因此，如果我们理清了思路，要背下来是不难的。相反，要是思路理不清，就难免被这些句子缠绕得昏了头。我们先来看，作者是怎样一开头就抓住老年人和少年人的主要特点的。

生：“老年人常思既往，少年人常思将来。”

师：你们认为作者说的符合实际吗？

生：事实是这样，我爷爷就老爱说他们从前怎样怎样。（笑）

师：是啊，老年人常常要怀旧。年轻人会这样吗？你们常说“我从前在妈妈怀里吃奶的时候怎样怎样”吗？（笑）那你们爱说什么？

生：希望以后考取重点高中。（笑）

师：是啊，年轻人总是计划着未来，憧憬着明天。不同年龄的人，经历不同，也就会有不同的心态。我们先来看看，作者是怎样写老年人的。请同学们把这个比较长的复句中写老年人的小分句挑出来，连贯起来读一读，看看句子的结构有什么特点。①

① **陈：**结合生活体验产生情感共鸣，帮助学生消除对文言文的隔膜感，一起走进文本。

顾：生活即语文，语文即生活，联系生活的语文就接了地气。

仲：提醒学生注意句子特点，研究语文就是要研究语言的形式。

生：“老年人常思既往……惟思既往也故生留恋心……惟留恋也故保守……惟保守也故永旧”。

师：请大家从两个方面观察这组句子的特点：（1）每个小分句的结构特点；（2）小分句和小分句之间的关系。这两个问题有相当难度，看谁能够说清楚。（学生思考两分钟）

生：从第二句开始，每句的结构相同，都用了“惟……故……”这样的句子。（师插问：上半句和下半句之间是什么关系？）是因果关系。

师：对了，“惟”就有因为、由于的意思。“惟思既往也故生留恋心”这句话现在怎么说？

生：因为思念过去，所以产生留恋心。

师：很好，你圆满地回答了我第一个问题。第二个问题谁能作出同样圆满的回答？

生：每个句子之间好像也有因果关系。

师：你看出一点头绪了。不过，光说因果关系，还不能完全说明这些小分句之间的确切关系，请进一步作整体的观察：句和句之间在因果关系的构成上有什么特点？

生：上一句的果，是下一句的因；下一句的果，又是再下一句的因。

师：你准确地抓住句子特点了。这组句子像一根链条，因和果环环相扣，步步推进，最后推出老年人“永远守旧”（永旧）的结果。我给这种句子取个名字，叫作“因果连锁句”，你们赞成吗？

生：（齐）赞成！

师：赞成的理由是什么？

生：这个名字很形象，能够表示这种句子的特点。

师：你能不能看着板书，用自己的话把作者说老年人的一组句子的意思说出来？说的时候，请注意句子间的因果连锁关系。

生：老年人常常想以往的事，因为常常想以往，所以产生留恋心，因为留恋所以保守，因为保守所以永远守旧。

师：说得很好！①

（按同样方式分析写少年人的一组“因果连锁句”。教师边引导学生分析，边完成板书：老年人常思既往—故生留恋心—故保守—故永旧；少年人常思将来—故生希望心—故进取—故日新）

师：请你们观察板书，写老年和少年的句子句句相对。现在就请大家看着板书，用作者原句说一遍。请同座的两人轮流说给对方听。（学生按要求完成）现在我把板书擦掉，请大家凭记忆把这组很复杂的句子说出来。谁来试试？②

生：（背诵）“老年人常思既往……惟进取也故日新。”

师：你是用什么方法说出这个很长的复句的？

生：先理清思路，再背。

师：在背的过程中又加深了理解，是吗？（生点头）还记得我说过的方法名称吗？

生：（齐）背读法。

第二课时

师：上一节课我们初步学会了背读法。这堂课先请你们用这个方法把第2段中的其余几

① **陈**：此处追问同样是阅读方法的暗示和启发，不仅是对这个学生，更多的是面向全体的点拨指导。

顾：对文本语言形式的揣摩也是语文课堂很重要的元素。钱老师引导学生充分感知“因果连锁句”的过程，让我们感受到他对语文学科的深刻认识。

② **陈**：纲举目张，又一次灵活高效的训练。

仲：把板书擦掉则是为了及时内化。

个句子背出来。为了帮助记忆，同学们也可以用我上一节课板书的形式，把作者的思路理清楚，把关键词语找出来。仍以两人为一组，轮流背诵，相互检查。

（学生按要求背读，十分钟。）

师：据我观察，同学们都背得很顺利。但不知大家是死记硬背呢，还是用的背读法？（生插话：背读法）我要检查一下。这一段里有两个最难记的句子："老年人常多忧虑……惟冒险也故能造世界"，你们是用什么办法记的？

生：（众）理思路。……都写下来了。

师：好，谁上黑板写写看？请两位同学，一人写老年，一人写少年。要像我上回板书那样，写出对比的关系来。[①]

（学生两人完成板书：老年人常多忧虑—故灰心—故怯懦—故苟且—故能灭世界；少年人常好行乐—故盛气—故豪壮—故冒险—故能造世界）

（全班学生先看着板书背诵，然后教师擦去板书再让大家背诵。）

师：现在我们请课代表推荐一位最怕背书的同学来背诵这个句子。（课代表说出了一名学生的名字）你是有点怕背书吗？（生点头）我过去也怕背书，咱俩可以交流交流经验。（笑）我小时候常常因为背不出书被老师打手心，老师说我是"聪明面孔笨肚肠"。（笑）照理说，年纪老了记忆力要减退，可是现在我倒反而不怕背书了，像这篇课文，我只用了三刻钟左右的时间就把全文背出

[①] **陈**：请学生板书的过程，既是检查梳理，也是再次强调背读中最重要的"理思路"。

顾：此时迁移的方法已经为学生很好地掌握。

仲：让学生板书是对"理思路，背诵"这一训练的有效检查，又极其自然地过渡到下面的背诵，接续得天衣无缝，这使全班的背诵更有效率。

来了。你知道是什么道理吗?

生6：因为掌握了背书的方法。

师：什么方法?

生6：背读法。

师：什么是背读法？你还记得我们说过的那两句话吗?

生6：在……初步理解……的基础上背诵，在背诵……的过程中……加深理解。

师：你瞧，你记得很好，你的记忆力比我过去强多了。（笑）如果再懂一点背书的方法，肯定会如虎添翼。（笑）现在就请你把这个特难背的长句背出来。①

（生6背书，边背边想，中间有一处顿歇较长，偷看了一下书。）

师：背得很好！你偷看书了吗?

生7：只偷看了一次。（笑）

师：大家别笑，偷看的能力也是一种很重要的语文能力。（笑）因为偷看时要求眼光迅速从书上扫过，用最少的时间捕捉到自己迫切需要的文字信息，这种能力不是很有用吗？当然，不能用这种能力来对付考试。（笑）这位同学（指生6）不仅掌握了背读法，而且还锻炼了这种快速阅读的能力。（笑）现在你还怕背书吗?

生6：不怕。②

师：确实，学习只要得法，什么困难都不可怕。

师：第3段明显分为两个部分，第一部分论证中国少年对国家的责任；第二部分是韵文，对少年中国和中国少年进行热烈的赞颂。先看前面一部分。作者认为，要创建少年

① **陈**：钱老师现身说法，推心置腹，是慈爱长者，是学业导师。

仲：是呀。亲切的鼓励与耐心的指导，我想这名学生对这一学习经历会终生难忘。

顾：背“特难背的长句”，既是老师对学生的检查，也有效突破了教学难点。

② **陈**：成就感产生自信心，不怕是喜爱的前提。

顾：喜欢钱老师的幽默诙谐的教育智慧。

仲：“好之者不如乐之者”，这样的语文课学生怎么会不喜欢？我相信这位学生对背诵会更有信心。

中国，责任全在中国少年的肩上，而不能靠当时执政的“中国老朽”，理由是什么？

生：因为他们腐败无能。

师：文章里怎么说的？①

生：“彼老朽者何足道？彼与此世界作别之日不远矣”。

师：“与此世界作别之日不远”是什么意思？

生：他们快要死了。（笑）

师：对，有个成语叫“行将就木”，就是快要进棺材了。作者叫他们“中国老朽”，而不是称“中国老年”，知道为什么吗？②

生：因为他们不仅年老，而且腐败无能。

师：这一段第一句：“造成今日之老大中国者，则中国老朽之冤业也。”这句中有两个词我先解释一下：“则”在这里表示判断，相当于“是”；“冤业”这里可以解释为“恶果”。我读了这个句子，脑海里立即浮现出一个人的形象，你们猜是谁？

生：（齐）慈禧太后！

师：猜对了。当然，还有一帮子年迈昏庸的大大小小的官僚。作者认为中国所以成了“老大帝国”，就是这些人造成的恶果；因此，要创造出一个生机勃勃的“少年中国”，绝不能靠这些行将就木的“老朽”，而只能依靠中国少年。从文章看，作者寄希望于少年的理由是什么呢？

生7：“而我少年乃新来而与世界为缘。”

师：你能解释这句话吗？

生7：我只知道大概意思。

师：你说说看。

① **陈**：继续强化，基于文本，言之有据。

② **陈**：老师连续设问，是在进行阅读思维的训练，强调厘清文脉。

顾：老师善于设置一些小小的认知冲突，让学生进行对比辨析，从而深化理解感悟。智慧之举。

仲：研究语文，就是要注意这些细微的差别。

生7：作者认为少年人是新生的一代。

师：你把“新来”解释为“新生的一代”很恰当。“与世界为缘”会解释吗？（生摇头）其实这几个字并不难懂。这句话是针对上一句说的，老朽们跟世界怎么样？请把上一句念一下。[①]

生7：“彼与此世界作别之日不远矣”。

师：老朽们即将离开这个世界，可少年是新生的一代，他们跟世界怎么样？

生7：改造世界。（笑）

师：大家别笑。（向生7）我支持你。少年人因为是新生的一代，所以跟世界结下了缘分，还要在世界上干番事业，要造出一个“少年中国”来，这不就是改造了世界吗？当然，文章没有这样直接写出来。你比梁启超说得更豪迈。（笑）这句中的“为缘”，就是“结缘”的意思。我们再来看下面几句：“使举国之少年而果为少年也……故今日之责任，不在他人，而全在我少年。”这里作者通过两个假设，进一步论证少年为什么对国家的兴亡负有重大的责任：假使全国的少年果真是少年，那么国家就进步；假使全国少年也是“老朽”，那么国家很快就会灭亡。可见少年责任之重大。不过，这两句中有个小小的问题：少年是指处在一定年龄阶段的年轻人，凡是处在这个年龄段的人，就一定是少年，既然如此，那么作者说“使举国之少年而果为少年也”，不是废话吗？下面又说“使举国之少年而亦为老大也”，少年怎么又会是“老大”？

[①] **陈：**帮助学生建构语境，增强语感，提高其思维的敏锐性。
顾：这是阅读智慧的引领。
仲：也是阅读方法的传授。

不是自相矛盾吗？这个问题很高级，看谁解决得了。给大家两分钟时间考虑。①

生：这两句中前面的两个“少年”都指年龄上的少年，后面的一个“少年”和一个“老大”指的是他们的精神状态。

师：说得好极了！这说明每个人都有两种年龄，一个是“自然年龄”，另一个则是精神上的年龄，我们把它叫作“心理年龄”。你们说，人的两种年龄总是一致的吗？

生：（齐）不一定。

师：你们能从生活中举出一些例子来证明吗？如果回答时能用课文里的一些词语，就更好了。

生：有的人年纪不大，可是对生活已经“灰心”“厌事”，他们的心理年龄已经是老年了。

师：我也有一个有趣的实例，你们想听吗？②

生：（齐）想听！

师：有一次，有位同事拿了一本杂志来对我说：“杂志上登了一份自测心理年龄的问卷，我来帮你测算一下心理年龄。请你照实回答：你喜欢回忆过去吗？你常常计划未来吗？你很容易为一些小事烦恼吗？……他总共提了四五十道诸如此类的问题。我都如实作了回答。最后他根据我回答的“是”与“否”的多少，从问题后的一份自测表上认定了我的心理年龄。我的自然年龄是 60 多岁，你们猜，我的心理年龄是多少？

生：（纷纷猜测）50 岁，40 岁。

师：还要小一点。

生：（众）30 岁。

① **陈：**激发同学共同参与评价，在广泛思考中完善，实现问题的价值。

顾：“很高级”的说法非常生活化，很大程度上向学生思维发起了积极的挑战。

仲：学生的“聪明”是老师“导”出来的。

② **陈：**老师举出自身实例，既生动，又自然引出对下一观点的理解。

顾：多么典型生动的实例！在笑声中学生的体认会更加深刻。

仲：爱上语文课就会爱上语文。

师：不，是在 18 岁到 28 岁之间。（笑）中国有句老话：人有三岁之翁，也有百岁之童。年轻人可能心理老化，老年人却可能锐意进取。用这个观点看本文的第 2 段，作者谈少年与老年性格的不同，在当时有什么积极意义，又有什么不足之处？

生：作者写出了老年和少年性格的对比，把希望寄托在年轻有为的少年身上……

师：你这是在说积极意义，不足之处呢？

生：作者认为只要是少年就一定是进步的，老年人一定是保守的，事实不一定这样，比如你就只有 18 岁……（笑）

师：是啊，作者在第 2 段里说的老年和少年的不同性格，似乎是有些绝对化，不过我想这恐怕还是为了行文的需要。事实上作者也并不一定认为凡少年都是进步的。“少年”可能是“少年”，也可能在性格上已经“老大”了。所以第 3 段里才会出现两个“假设”。这个高难度的问题，同学们能够解决得这样好，我真高兴。现在我们再来看下面一个句子：“少年智则国智……少年雄于地球，则国雄于地球。”它在表达上有哪些特点？大家仔细琢磨琢磨。

生 8：这组句子用了排比的手法。

生 9：我认为是一步步推进。

师：请二位各说说理由，然后让我们评判一下，看谁的理由充分。①

生 8：这组句子里的每个句子都用了“少年 × 则国 ×”的句式，结构都一样，是排比。

生 9：我觉得这些句子的意思是一步步向前推

① **陈**：在已有积极思考、勇敢表达的基础上鼓励启发学生进一步就自己的观点展开阐述。

顾：引导学生说理由，让师生来评判，多好的课堂教学资源。

仲：既训练了两位学生的说，又训练了全班学生的听。

进的。（师插问：能不能具体地说？）作者先写“智”，“智”了就会“富”（师插话：笨蛋是富不起来的），“富”了就会“强”，“强”了就可以“独立”，“独立”了才能“自由”，“自由”了才会“进步”，“进步”了才会“胜于欧洲”，“胜于欧洲”了最后就“雄于地球”，意思是步步推进的。

（学生纷纷发表意见，有的说是“排比”，有的说是“步步推进”。）

师：大家别争了，争下去永远不会有结果，因为两种意见都是对的。（笑）说是排比的同学，主要是从这组句子的结构着眼；说是步步推进的同学，则主要从句子的内容着眼。角度不同，得到的结论当然就不同。我们学习某种修辞手法，重要的不是识别，而是体会它对表情达意的作用。现在请同学们再把这组句子读一遍，细细体会体会它的表达作用。读的时候，音量要逐步增强，语调要逐步提升。边读边体会作者的思路。①

（学生齐读）

师：读得很好，把作者的感情读出来了。请大家说说自己的感受。

生：充满了少年的自豪感。

生10：句子的意思层层推进，不但容易记，而且越读越有劲。②

师：你记住了吗？（生10点头）那就请你背背看。（生10流畅地背诵全句）

师：这两位同学体会得很好。他（指生10）不仅体会了作者的感情，而且还背了出来。

① **陈**：尊重学生的个性化理解与分析，并高屋建瓴地作出了评价。

仲：该学生说的时候，决不越俎代庖；该老师说的时候，决不含糊其辞。

② **陈**：激发了诵读兴趣，培养了综合能力。

顾：琅琅的书声是语文课最美的风景。学生们在老师的引导下享受语文，是钱老师为我们创造的最美风景。

其实，只要理解了内容，理清了思路，背诵确实是很容易的。不妨请每个同学都试一试，我相信大家都已经记住了。

（学生各自背诵）[①]

师：据我观察同学们的表情，大家不仅背得很顺利，而且真的动了情。读文章就该这样，尤其是读这类感情充沛的文章。现在我们来看第3段的第二部分，也就是文章结尾部分。请大家先读一遍，体会一下这组句子有什么特点。

（学生各自低声诵读）

生：都是四个字一句，而且押韵，读起来朗朗上口。

生11：作者用了许多比喻，感情非常充沛。

师：体会得都很正确。我们先从句子的形式来看，这组句子句式整齐，逢双句押韵，这是一种韵文的体式，古代大多用于碑志类文章。（板书：碑志）用来歌功颂德，显得典雅庄重。作者创造性地将其用于本文的结尾，因为这种诗的语言更有助于抒发作者对少年中国的热烈赞颂和无限向往的感情，同时也把文章的感情推向高潮，使读者的心灵受到强大的震撼和鼓舞。这一点，同学们刚才读的时候，一定都已体会到了。接下来再看这组句子运用的修辞手法，刚才他（指生11）说用了比喻，是对的；我好像听到几位同学在下面说还有排比，也对。这跟讨论前面一组句子一样，也是因为从不同的角度看，得到了不同的结论。我想着重讨论比喻的问题。请你们告诉我，

① **陈**："有我之境"，涵泳体会，读出情味，自然可以背诵。

顾：当堂背诵的效果充分印证了背读法的效率。

仲：学语文主要就是听说读写，运用得法，全在于合适的时机运用合适的方法。

你们在读文章的时候，遇到这种形象化的生动比喻，首先要做的是什么事？你们是怎样读这些比喻句的？

生：找出本体和喻体。

师：凡是这样读的，都请举手。（全班举手）看来大家都这样读。我倒想向同学们提出个建议，看能不能换一种更有兴趣的读法。你们想，本来是十分生动的比喻，我们首先忙着去分析什么是本体，什么是喻体，还有什么味儿？难道除此以外就没有别的读法了吗？[①]

生 12：我们可以根据这些生动的比喻展开想象。像这里的一些比喻，就可以想象出一幅画面。

师：好极了，我就是这样读文章的。大家同意这样读吗？同意的请举手。（全班举手）我很高兴，大家都采纳了他（指生 12）的意见。其实，只要我们展开了想象，也就理解了比喻的内容，本体、喻体的问题自然就迎刃而解了。现在我先把几个难词解释一下，然后请同学们展开想象，并且用尽可能生动的语言把你想象中的画面描绘出来。注意，我不要求翻译，而是用你们自己的话来描绘。[②]（教师解释了“河”“鹰隼”“初胎”等词语，然后让学生阅读、想象。）

师：现在我们请班上文章写得最漂亮的 ××× 同学把她想象中的画面描绘出来。然后请大家对她的描绘进行评论。

生 13：一轮红日刚从东方升起，万道金光透过朝霞，射向大地；黄河从地下涌出，一泻万

① **陈：**启发学生抛开生硬术语，整体感悟文章。

仲：是啊，语言有时候重要的不是分析而是感受。

顾：这段韵文里包含了丰富的意象，赏析这些意象比分析本体、喻体重要得多。

② **陈：**注意，要求是“描绘”而不是“翻译”。想象后的描述与传统的直译相比，知识与能力的要求更高。且看接下来学生完成这一任务是否出色。

里，滚滚滔滔奔向汪洋大海。潜伏的东方巨龙从深渊中腾空而起，它的鳞爪在云中飞舞；小老虎在山谷里怒吼，成百上千的野兽都吓得胆战心惊，四散奔逃；雄鹰才试试它的翅膀，掀起的狂风就吹得尘土飞扬。奇妙的花含苞初放，是那样的鲜艳、辉煌；宝剑刚从磨刀石上磨出来，锋刃闪射出寒光。少年中国像个巨人屹立在东方，头顶着青色的长天，脚踏着黄色的大地，她有几千年的文明历史，有无限广阔的疆域，她的前途像大海那样无边无际，未来的日子很长很长。多么美丽啊，我们的少年中国，她同天一样不会衰老；多么豪壮啊，我们的中国少年，他们同少年中国一样万寿无疆！①

师：大家觉得她说得好不好啊？

生：（齐）好！

师：的确说得好！真不愧是作文的能手。她不仅把想象中的画面描绘得很美，而且较好地顾及了原句的含义，如“红日初升”，她的描绘是“一轮红日刚从东方升起”，用了“刚”字，就顾及了原句中的“初升”的“初”。这些都说明她不仅有较强的语言表达能力，而且读书很细心。

生14：她是说得好，不过有一点我不大同意，她把“初胎”说成“含苞初放”，我认为用“含苞欲放”比较好，“初胎”是才含苞，还没有开花。

生13：他（指生14）这样解释“初胎”当然是对的，但后面还有“矞矞皇皇”四个字，课本上注解是“光明盛大的样子”，只有花

① **陈：**果真精彩！画面生动清晰，“文”的体味与“言”的把握水乳交融。

顾：非常不错，这与老师智慧的启思密不可分。

开才会这样美，“含苞欲放”就不够美。

（学生纷纷议论，两种意见各有支持者。）

师：我来说句公道话：两位同学的意见都有充分的理由，这叫“公说公有理，婆说婆有理”（笑），这种情况在辩论中经常会有，没有什么奇怪。她（指生13）的优点是理解一个词能够顾及全句的意思，不过她说“含苞欲放”不够美，我的意见却不是这样。盛开的花固然是美的，但是将开未开的花，孕育着无限的生机，给人另一种美感。古人有句诗叫作“小蕾深藏数点红”，小小的花蕾中深藏着几点红色，比开放着的红花更有风韵。大家体味一下，是不是这样？总之，我的意思是，他（指生14）的意见是值得考虑的。不过，我不要求有“标准答案”，“初放”也好，“欲放”也好，同学们可以根据自己的理解去发挥想象。[①]同学们还有别的意见吗？

生：我觉得她（指生13）根据“天戴其苍，地履其黄”想象少年中国是一个顶天立地的巨人，是很好的。

生：她最后说中国少年“万寿无疆”，我认为不妥当。[②]

师：为什么不妥当？

生：“万寿无疆”好像是专门对皇帝说的。

师：关于这个成语我来说两句。在古代，它的确常常用来歌颂帝王，现在仍然不能用于一般的人。不过，这里原句是“与国无疆”，把这里的“万寿无疆”用来祝颂我们的国家，我认为是可以的，正如我们可以说“祝伟

① **陈**：文学形象的解读不设“标准答案”，只要言之有理。
顾：相信学生的心中已经有了自己的答案。
仲：重要的不是答案，而是过程。

② **陈**：学习内驱力被激发，学生探究会越来越主动深入。
顾：好的老师就能唤醒学生的探究精神。
仲：学生在研究语言的表达，这是语文课最大的成功。

大的祖国万寿无疆”。现在我们来小结一下，这一组句子中作者一共写到了哪些事物？

生：红日；（黄）河。潜龙；乳虎；鹰隼。奇花；干将。（教师边听边板书）

师：请你们注意，我这里用的标点是原句的标点。你们知道文章为什么要这样用标点吗？①

生：这些事物可以分成三类，第一类是自然界的景物，第二类是动物，第三类是植物。

生：“干将”不是植物。

师：那么是什么？

生：静物。

师：好，就用这个词，“静物”既可以包括花，也可以包括剑，而且跟上一类的“动物”相对。还请大家注意每一类内部的安排次序，第一类从天上写到地下，第二类从大的逐步写到小的，第三类从有生命的写到没有生命的。作者的思路真是一步不乱。现在我把黑板上的字擦掉，看你们能不能把这些事物按原来的次序复述出来。

（两名学生先后复述）

师：你们看，思路理清了，记住就不困难了。下面要求你们不仅复述几个名词，而且要把原句复述出来，谁来试试？

（学生稍作准备后，由一人复述，基本上背出了原句。）

师：现在我们可以研究一下了，作者用了这一连串的比喻，目的是什么？②

生：为了写出少年中国的前途无量。

师：是呀，当我们的眼前呈现出这一幅幅生动的画面时，自然会感觉到少年中国和中国少年

① **陈：** 揣摩语言，不仅在于文字，也在于语气停顿，确是综合立体的阅读训练。

仲： 学生易忽略处就需要教师导。

顾： 这就是于细微处见真功。

② **陈：** 这一训练的设计由浅入深，环环相扣，值得我们好好体味。

仲： 这是词不离句，句不离章，在具体语境中体会句子的含义。

是那样的朝气蓬勃，富于青春的活力，他们在地球上的出现，犹如红日东升，黄河奔流，是什么力量也阻挡不住的！现在你们看，这一组比喻的本体、喻体清楚了吗？

生：（齐）清楚了！

师：请具体说。

生：本体是少年中国，喻体是“红日”等事物。

生：本体还应该包括中国少年。

师：我同意。下课的时间已经到了，最后想布置一下课外作业。这篇课文要求全文背诵，我相信同学们已经把这篇课文的大部分都背出来了，到课外只要再加加工，就能全文背诵了。这就是背读法的作用。具体地说，这种方法的要领是什么？还记得那两句话吗？

生：在初步理解的基础上背诵，在背诵的过程中加深理解。

师：请大家体会一下，这样读文章有什么好处？

生：不但背出了文章，而且加深了理解。

生：可以理清文章的思路。

师：还有意见要发表吗？

生：可以更好地体会作者的感情。

生：可以提高记忆能力。

师：你们看，这样读文章好处真不少。读得多了，同学们还会有更多的体会。现在布置作业：请大家到课外再读几遍课文，要求把整篇文章连贯地背出来；通过背诵，还要把整篇文章的情感脉络理清楚。①

（下课）

① **陈：**激趣、诵读、授法、拓展、巩固，学生借此学会诵读之法，发现文言之美。

顾：得法于课内，得益于课外，钱老师有意识引导学生将课内形成的能力向课外迁移。

仲：是的。你看这个结尾的总结，值得埋头教课文的教师好好体会。语文课的主要任务之一应该是借助课文教方法。

【研读感悟】

《文心雕龙》中说:“缀文者情动而辞发，观文者披文以入情。”这篇1990年钱老师在嘉定区实验中学上课的实录，呈现了学生在钱老师的指导下对文章“批文入情”的阅读过程，生动活泼又扎实高效，堪称“文”与“言”成功融合、相得益彰的教学典范。

针对至今在文言文教学中仍常见的“字字落实”的串讲形式，钱老师曾经指出：文言文首先是“文”，就应该把它作为饱含思想感情的“文章”来教，词句的解释应该在理解文章意蕴的前提下进行。这样的理念充分体现在《少年中国说》的教学过程中。钱老师将体会梁启超对国家前途满怀信心的豪迈感情作为整个教读的主线，课堂伊始即从交流阅读印象入手，相机指点学生整体把握精神内涵并以文为证；之后知人论世以意逆志，还原写作背景，帮助学生感受作者的赤诚之心；接着以“背读法”来训练学生在理解文意的基础上背读，在背读的过程中加深理解，通过理清思路，反复诵读，学生逐渐进入文本语境；最后学生不仅顺利背出了文章，更对作者的思想感情有了强烈的感受。

在以“文”为脉的课堂教学中，钱老师同时注重对“言”的要求，事实上，也正是对“言”的仔细琢磨成就了对“文”的深入把握。但这里的“言”不是那种割裂开来的零碎知识点，而是将重点字词还原到句子、文章里面去。如“老大”“盖”“固”“宜”等，结合对整个句子、整篇文章的理解来体会这些字词的含义和其中蕴含的丰富情感。钱老师还结合关键句的揣摩赏析，联系已学，指导学生做适当的集中归类，如对“恶”字的整理总结。这些是与“文”相融的综合立体的语言实践训练，学生学到了一些重点字词包括句法的基础知识，更为重要的是培养起了良好的语感，在把握词句的同时感受到了作品的文学意义与文化内涵。

另有至关重要的一点是学生观的问题。以学生为主体，尊重学生的独立人格，唤醒学生的求知渴望，鼓励学生在阅读实践中提高鉴赏水平，一直是钱老师精彩课堂的立足点。在“弱语境”的文言文教学中，钱老师依然是以此达到了课堂教学的高境界。仅观察实录中的问题设计，我们就不难发现，无论是提问内容的角度与层次变化，还是提问对象的个体与整体转换，以及提问方式的多样化呈现，无一不是以“将学生作为学习主体”为出发点。

时隔20多年，在今天的中学文言文教学中，“文”与“言”的关系问题依然是争论的话题，也是教学中的主要矛盾。课堂是教学理念的生动呈现，透过这篇教学实录，我们可以看到，文章是有生命的文学整体，学生是能自发的学习主体。从语文教学的本真出发，钱老师所大力倡导并身体力行的教学方式，帮助学生获得的是学习能力的提高与精神生长的愉悦，值得我们深思、笃行。

（陈　丹）

《捕蛇者说》

执教：钱梦龙

品读：汤丽萍（主持人）、陈汝虹、居文进

（以下依次简称“汤”“陈”“居”）

经典回放

（上课）

生：老师好！

师：同学们好！

师：上一节课，我已经布置同学们自读了《捕蛇者说》。今天我们一起来学习这篇文章。（板书：捕蛇者说）作者是谁？①

生：（齐）柳宗元。

师：（板书：柳宗元）现在我先检查一下同学们自读的情况。大家把书翻开。（学生翻书）我抽第1自然段请同学们来讲讲看。哪一位同学把这一段的意思讲一讲？其他同学要认真听，看他有没有做到每字每句都讲清楚了。他讲完以后，大家提意见，看有没有字句没有讲好。哪一位同学来讲讲看？（学生举手）②

师：好，请×××说。

生1：永州的野外出产一种不同于一般的蛇，黑的底色，白的花纹，触到草木——草木都死去了。

师：什么都死去？

生1：草木。

品读沙龙

① **汤：**朴实无华的开场。对公开课，我们似乎习惯了出奇制胜，以为倘无出人意料之“奇”，便无以有制胜之“宝”。这里你是否有别样的感悟？

陈：钱老师这堂课的开场似乎平淡无“奇”。而以自读为教学的起点，是真正的“以学定教”，此乃“真”语文也。

居：学生学习的兴趣，主要应源于他们在教师引导下不断有所发现。

② **居：**面向全体，检查自读，对“讲者”“听者”有不同要求，但都不离“字句落实”，为本课定调，是为“实”语文也。

汤：先讲文段意思，从内容出发，再落实字句，“反弹琵琶”，文言文字词句的学习实在了，生动了，也更有效了。

师：“尽死”前面省略了什么？

生1：主语。

师：对，省略了主语。继续讲下去。

生1：遇到它咬人，没有什么能够抵挡的。然而，捕到了它，把它晾干之后，用来作为药饵，可以医治大风、挛踠、瘘、疠，杀去腐烂的肌肉，杀死人体内的三种寄生虫。（稍停）“其始”，开始。太医就用皇帝的命令来征集这种蛇。每年征收两次，募集能够捕捉这种蛇的人。“当其租入”，用它来抵他的税收。永州的人都争先恐后地抢着去做这件事。

师：这种蛇要咬人，表示“咬”的是原文哪个字？

生1：啮。

师：对。坐下。在讲法上，谁有不同意见？（学生举手）好，你讲。

生：“三虫”不一定就是三种虫。

师：“三虫”不一定指三种虫，那么这个“三”字是什么意思？

生：“三”虚指。

师：是虚指，对。“三虫”不是三种虫。那么这句话应该怎么解释呢？我们先把书上的注解看一看。[①]“三虫”泛指人体内的寄生虫。我们怎样来解释“杀三虫”？要把这个“三”字的虚指的意思包括进去。（学生议论，举手）你说说。

生：人体内各部分的寄生虫。

生：各种寄生虫。[②]

师：是“各种”的意思。“杀三虫”，杀死人体内的各种寄生虫。还有表示“医治好”的是哪个字？

① **陈：**看课文注释，是培养学生自读习惯。

② **居：**一个“三”字，真乃细节处显精神！一个语文人的语文精神！

生：已。

师：这个“已”字本来是什么意思？（指一生）你说。

生：停止。

师：那么在这里是什么意思？

生：医治好。

师：这里是把这些病医治好的意思。这是从原来的“停止”引申出来的词义。同学们要注意词的本义和引申义。[①] 自读检查就到这里。同学们自读得不错。

师：下面我提些问题，看同学们对文章的思想内容是不是真正理解了。[②] 永州之野的蛇是很特别的，这从哪个字上可以看出来？

生：（部分）异。[③]

师：从“异”字可以看出来。（板书：异）这种异蛇“异”在什么地方？有哪些地方是“异”的？（学生举手）好，××× 起来说。

生：“黑质而白章”。

师：“黑质而白章”，这是一个异处。还有异处吗？你说说看。

生：“触草木，尽死”。

师：“触草木，尽死”。那么咬了人呢？

生：“以啮人，无御之者。”

师：这是第二个异处。坐下。（学生举手）××× 说。

生：“然得而腊之以为饵，可以已大风、挛踠、瘘、疠，去死肌，杀三虫。”

师：对了。一共有三个不同的地方。一处是什么呢？它的颜色不一样——“黑质而白章”。（板书：色）第二个异处是什么呢？

生：（齐）毒。

① **汤：**检查自读，立足语段，把解决重点实词、省略句式、数词用法、词的本义与引申义等，融入到整体感知内容之中。

居：是啊，而一“三”一“已”的点拨又是那么的细致入微，文言基础知识的历练扎实有效而活泼。

陈：钱老师在字词基础训练上，更多地表现为一种无痕的点化、无形的熏陶。

② **陈：**文言文教学以内容的理解为主线，文言实词、虚词、句式等知识的传授、领悟都围绕这一主线展开，文言文的学习不再枯燥，不再无趣，可谓别开生面。

汤：是啊，言意兼得，是文言文教和学的旨归，教学进入了崭新的境界。

③ **居：**由意及言，由言生意，言意融合，始终不离文本。

汤：聚焦关键词语，引导学生迅速把握语段的核心内容，节省了课堂笔墨，是大手笔。

师：对，毒得不得了。（板书：毒）还有一个异处呢？是它的用途（板书：用），也与众不同。这三个方面都非常特异，与众不同。（教师指板书“色、毒、用”三个字）同学们考虑一下，从作者的写作意图来看，他要突出的是哪一个字？

（生小声议论：毒。）①

师：对，作者要突出“毒”字。（在板书“毒”字外面加画一个框）为什么？为什么这个“毒”字是主要的？（学生举手）好，你说。

生：是为了写后面的赋敛之毒。

师：说得对，写蛇毒是为了写后面的赋敛之毒，为了突出赋敛之毒比这种蛇更毒，所以这个“毒”字是作者特别着重写的。②

师：同学们自读了文章以后，能从整篇文章来考虑，很好。那么，既然这种蛇这么毒，为什么永州之人还要“争奔走焉”——大家争着去做这件事，为什么？（稍停，学生举手）×××，你说。

生：因为捕到这些蛇，可以抵其租入。

师：可以“抵其租入”——可以抵租。作者把两件事联系在一起了。一件是什么呢？捕蛇。（板书：捕蛇）还有一件是什么呢？纳税。（板书：纳税）捕了蛇就可以怎么样？（生：不纳税）不捕蛇就要怎么样？就要纳税。这就起了对比作用，把两件事联系起来了。文章一开头就交代了这两件事。③

师：看来大家对第1自然段基本上掌握了，对后面的文章也大体上理解了，说明大家自读得比较好。现在大家把第1段齐读一遍。

① **陈**：由“异”引出“毒”，突出“毒”，自然地向另一个教学内容延伸。
居：不得不佩服钱老师的用心之“巧”、引导之“妙”。

② **汤**：“毒”字是作者为文重点，教师重锤敲击，引导学生深入叩问。
居：教师“点”得极为精当，足见“导”之功力与功效。

③ **陈**：将“捕蛇”和“纳税”两件事联结起来，离文本主旨又近了一步。
汤：主旨与主线合二为一，有机交织，让课堂顿时充满智慧的光芒。

（生齐声朗读第 1 自然段）

师：刚才 ×××（指生 1）讲的时候，“去死肌”的“去”字没有讲对。他解释为“杀去”，不对。应该解释为什么好？

生：（部分）去掉。

师：应该是“去掉”的意思，不是“杀去”的意思。还有，“永之人争奔走焉”，这个“焉”字是什么意思？（学生举手）××× 说。

生：代词，代替捕蛇这件事。

师：还有“奔走”的“走”是什么意思？××× 你说说看。（指定学生）

生：跑。

师：对，“走”在文言文中是“跑”的意思，不是现在说的“走”的意思。这里是赶忙去做某件事的意思。①

师：现在我们看下去。第 2 自然段，我们先读一遍。

（学生齐声朗读第 2 自然段）

师：这一段有几个字，我们先来解释一下。“有蒋氏者，专其利三世矣”，什么叫“专其利”？（学生举手）××× 你说。

生：享受这种特权。

师：什么样的特权？

生：捕蛇。

师：捕蛇而不纳税，这对蒋氏来说是什么？是有利的事。②

师：还有一个字，大家解释一下。“问之，则曰”，这个“则”字是什么意思？大家动动脑筋看。（学生举手）

生：却。

① **居**：就一个文段，阅读、理解、研讨、探究，教学活动丰富多彩。

陈：在言意之间自由从容转换，结合语境，“咬文嚼字”，遵循“语文”教学规律。

② **陈**：“利”是一个意蕴丰富的词，教师捕捉到了，并鲜明地把它呈现于学生面前，层层深入，引导学生把握文章的重点内容。

汤：想起了曹明海先生的一句话：“语词是沉默而孤立的，当它处在一个特定的语言环境中时，这个词就会被另一些词唤醒，具体的意义开始觉醒。”以此评之，该是多么贴切。

师：解释成“却”，还有别的解释吗？

生：（部分）就。

师：“就”“却”，你们觉得解释为“就”好，还是解释为“却”好？（学生议论，部分说“就”好，部分说“却”好）为什么？讲道理。（学生举手）好，×××，你说。

生2：解释成“却”好。因为前面说“有蒋氏者，专其利三世矣”，捕蛇是件好事，后边却是说不好的事，说他的祖父死在捕蛇这件事上，他的父亲也死在这件事上。这里有转折的意思。

师：好，“这里有转折的意思”。请坐。前面写的是“专其利三世矣”，三代受到捕蛇而不纳税的好处。后边讲的是什么？是受其利吗？

生：（齐）受其害。[①]

师：是受其害。“专其利三世矣”，其实是受其害三世矣，中间有明显的转折关系。在自读的时候，同学们提出这个问题来，有的解释为“就”，有的解释为“却”。我叫你们自己想想看，同学们想得很好，也讲得很对。

师：刚才×××（指生2），讲受其害也讲清楚了。他的祖父呢，“死于是”。“是”代什么？

生：（部分）死在捕蛇这件事上。

师：他的父亲也“死于是”。他自己捕蛇12年怎么样？（学生议论）×××你起来说。

生：“几（jī）死者数（shuò）矣。”

师：什么意思？

生：差不多死去好几次了。

① **汤**：“则”字的研讨，一举两得，既正确理解了文言虚词，又将对文意的理解深入一层。

居：充分放手，引导比较品味，富有实效。

陈：以面带点，由意索言，训练有法。

师：好！有两个多音多义词，是哪两个？

生："几"和"数"。

师：（板书：几、数）"几"是什么意思？

生：几乎。

师："数"呢？

生：屡次。[①]

师：很好。从这一自然段来看，正因为蒋氏受其害三世，所以他讲起这件事的时候，不是高兴，而是怎么样？

生：（齐）"貌若甚戚者。"

师："貌若甚戚者"的"戚"是什么意思？

生：（齐）悲伤。[②]

师：悲伤。那么文章里的"余"，也就是作者自己，他听到了蒋氏这样的话，看到了蒋氏的这种表情，他的态度怎么样？

生：（齐）同情。

师：下面一个自然段怎么讲的？

师、生：（齐）余悲之。[③]

师：作者是同情他的，因此就向蒋氏提出了一个建议："若毒之乎？余将告于莅事者，更若役，复若赋，则何如？""若毒之乎"什么意思？

生：（部分）你怨恨这件事吗？

师：哪一个字解释成"怨恨"？

生：（部分）毒。

师："毒"字解释为怨恨。这个"毒"字与前面的那个"毒"字（指前面板书的"毒"字）的用法一样吗？

生：（齐）不一样。

师：这里的"毒"字解释为怨恨，你们在字典

① **汤**：对文言实词的落实，从音到义，将细微事情做到了极致，真是教学无小事啊！
居：钱老师对语言的训练就是在每节课、每个环节中春风化雨般地渗透。
陈：这样的训练正是语文教学的一项奠基工程、养正工程。

② **居**："戚"字又言捕蛇之"害"，为突显赋敛之"毒"铺垫。

③ **陈**："悲"字再言捕蛇之"害"，为突显赋敛之"毒"再次铺垫。

上可能查不到。这种解释为怨恨的用法在我们家乡的土话里还有。比如我们恨某一个人，心里恨得不得了，拿我们家乡话来说，就叫心里“毒透毒透”。①（生笑）

师：这一段里作者说：“余将告于莅事者，更若役，复若赋，则何如？”“更若役”的“更”是什么意思？

生：（部分）更换。

师：“复若赋”的“赋”字是什么意思？（学生举手）×××，你说。

生：赋税。

师：对，这个“复若赋”的“赋”跟前边“岁赋其二”的“赋”比较，你看词义是不是一样的？词性是不是一样的？

生：“岁赋其二”的“赋”是“征收”的意思，是动词。

师：另一个呢？

生：赋税，名词。

师：两个“赋”字意思上有联系，词性有区别。照理说，蒋氏听到这样的建议以后，他应该很高兴，应该很感激。为什么？因为他受其害三世。但是，蒋氏的表情怎么样？

生：（齐）“大戚”。

师：不仅“大戚”，而且还怎么样？

生：（齐）“汪然出涕”。②

师：“汪然出涕”（板书：涕），流出了什么？

生：（齐）眼泪。

师：注意这个“涕”字，是眼泪，不是鼻涕。（笑）这是词义的古今变化。古代讲鼻涕有另外一个字。一个什么字呢？（板书：泗）

① **汤**：亦庄亦谐皆语文。
陈：来自生活，信手拈来，学生学得会，记得牢。

② **居**：“貌甚戚”而不“毒之”，复赋却“大戚”“汪然出涕”，教师抓住蒋氏神情的一系列变化，让学生明晰捕蛇之“利”“害”。
汤：至此，赋敛之“毒”呼之欲出。

“涕泗流”——杜甫有一句诗：“凭轩涕泗流”，那是眼泪鼻涕一起流下来。蒋氏光有眼泪，没有流鼻涕。（笑）[①] 从蒋氏的表情，从他的自述可以看出来。他的所谓捕蛇之利（边讲边在板书“捕蛇”之后板书：之利），其实不是利，正是什么？

生：（齐）正是害。[②]

师：对，正是害。（在板书“之利”后，板书“之害”）作者开头提出的这个问题，值得我们深思：他的捕蛇究竟是利还是害？引起读者——

生：（齐）思考。

师：蒋氏为什么一提到捕蛇这种有“利”之事要那样“甚戚”？后来还要“大戚”，还要流出眼泪？这就引起我们的思考。[③] 这就是文章的妙处！我们必然想：为什么蒋氏会这样？下文就回答了这个问题。

师：我们继续看下去，看蒋氏所以“大戚”的原因。从下面几行文字中，你们找一句话来说明蒋氏“大戚”的原因，为什么他要“汪然出涕”？（学生看书、议论，然后举手）×××说。

生：“向吾不为斯役，则久已病矣。”

师：好！“向吾不为斯役，则久已病矣。”请你把这个“向”字解释一下。

生：从前。

师：从前如果我不干这件事，那么早就“病矣”。“病”字是什么意思？

生：困苦不堪。

师：对，“困苦不堪”。这一句找得好。是不是还

① **陈**：适时拓展，丰富课堂教学内容，加深学生认识，拓宽其语文视野。

汤：对，而且语言幽默，令学生印象深刻。

② **居**：“利”实是“害”，抓住关键语，为突破文本关键处蓄势。

③ **汤**：两个“思考”既引导品味行文妙处，又激起学生探究欲望。

陈：静水流深，课堂因思考而有深度。

可以找其他句子，表示比较关系的句子？[①]（学生举手）好，×××说。

生：“则吾斯役之不幸，未若复吾赋不幸之甚也。”

师：请把两个“不幸”作比较。哪两个“不幸”？你再讲一遍。[②] 第一个是什么“不幸”？

生：“则吾斯役之不幸”。

师：“斯役之不幸”，“斯役”指什么？

生：这个差事。

师：指捕蛇这个差事。[③] 还有个什么“不幸”？

生：“复吾赋”的不幸。

师：这两种不幸相比，哪一种更不幸？

生：（齐）“复吾赋”。

师：对！“复吾赋”更不幸。这句话就说明了蒋氏所以要“大戚”的原因。蒋氏为了证实他的话，接下来进行了一连串的对比。他把哪两者相对比呢？一个是捕蛇者（边讲边在板书“捕蛇”之下加下划线）的不幸，还有一个是纳税者。（边讲边在板书“纳税”之下加下划线）的不幸。把捕蛇者的遭遇和纳税者的遭遇进行对比，用这种对比来证实他的这句话：纳税者的不幸要更甚于捕蛇者的不幸。[④]

师：下面这部分比较长，可以分三个层次来读。一个是60年当中的变迁存亡；再有一个呢，讲了逼租的时候，两种人的不同处境；还有一个呢，是讲平时有的快乐，有的忧愁。这三方面大概是这样的：一个是60年之存亡，一个是逼租时之安危，一个是平

[①] **居**：先放后收，学生思考研读后，提出更高要求，使学生的理解臻于完美。

汤：两次寻找相关语句，明确不同要求，导之有法。

陈：“比较关系”指向下一个语句的寻找，为下面认知“对比”巧设铺垫。

[②] **陈**：追问，使“不幸”对象更明确了。

[③] **汤**：补充，使指代对象更具体清晰了。

[④] **陈**：紧扣“核心句”，层层追问比较，点明原因，承前启后。

居：教师的讲解，由学生的结论生发，突出强调“复吾赋”更不幸。

汤：“对比”由教师明示，主导适时精当。

时之忧乐。(边讲边板书:60年之存亡,逼租时之安危,平时之忧乐)(学生纷纷记录)从三个方面来进行对比,把两种人进行了对比。同学们先看看这三层如何划分。第一层到哪儿?第二层到哪儿?第三层到哪儿?[①](稍停)×××已经划分好了,你说。(指定学生)

生:第一层到"而吾以捕蛇独存";第二层到"则弛然而卧",第三层到"又安敢毒耶"。

师:对了,是这样三层,从三个方面进行了对比。我们先看第一层。大家先把第一层齐读一遍。第一层对偶、排比较多,读起来很顺口,请同学们读的时候注意一下,读出文章的气势!

(学生齐声朗读第一层)[②]

师:这一层中有好几个句子,请同学们注意:第一个是"乡邻之生日蹙",我请同学们解释一下这个"日"字。谁来解释一下。(学生举手)好,×××讲。

生:一天天地。

师:"蹙"字怎么讲?

生:窘迫。

师:"日蹙",一天天地窘迫。坐下。这句话容易念错,"生"跟"日"字不要连在一起念,念成我们过"生日"的"生日",就错了。"而乡邻之生——日蹙",这样念才对。[③]另外,我们再来看几个句子。后边有几个句子同学们要特别注意!"殚其地之出,竭其庐之入"——这里,"殚"和"竭"意思是一样的吗?

[①] **汤:**根据语段特点,先对内容稍作提示,再让学生划分层次,以简驭繁。

[②] **陈:**朗读,是语文教学的重要手段,结合文段语言特点指导朗读,扎实有效。

[③] **汤:**文言教学,"言"为基础,钱老师的训练可谓"面面俱到",细致至极啊!

生：（齐）一样。

师：是一样的。还有“其地之出”与“其庐之入”也是一样的吗？是指一回事吗？

生：（齐）一回事。

师：是指的一回事。这两句话的意思完全相同，因为他的地里出产的，也就是他家里收入的——是一样的，他们是种田的嘛。但是作者把它们放在一起写，从修辞上来看，这种形式是什么形式？（学生举手）×××，你说。[①]

生：对仗。

师：在诗里边叫“对仗”，在一般文章里头就叫“对偶”。[②] 为什么要这样写，要用对偶句？这样可以把意思表达得更充分，念起来很顺口。[③] 下面一句是“号呼而转徙，饥渴而顿踣”。这个“顿”字，我请同学们查过字典，什么意思呀？（学生小声议论：劳累）×××，你说。

生：困顿、劳累。

师：困顿、劳累。“踣”是什么意思？

生：跌倒。

师：这两个字你们解释出来了。但是你们看看书下面的一条注解，值得研究。它是怎么解释的？你们觉得这样解释怎样？（学生举手）好，你说。

生：“劳累得”外面的括号是多余的。

师：为什么？

生：“顿”字本身就有“劳累”的意思。

师：“顿”字就有劳累的意思。可书上的注解在“劳累得”外面加了括号。我们知道，在翻

[①] **居**：从语意入手品赏语言形式，有法又有味。

[②] **汤**：一字之改，尽显教者教学之严谨。

[③] **居**：用设问，使学生知“对偶”，更知“对偶”的作用效果，但要言不烦。

译文言文时用括号表示什么？

生：加进去的意思。

师：括号表示括号中的是加进去的意思。这里“劳累得”不是加进去的意思，所以不要括号。同学们讲得很好。[①]

师：还有一句：“触风雨，犯寒暑”——“犯”字的解释注释上有，是什么意思？

生：冒。

师：“触”字怎么解释？（学生举手）×××，你说。

生：顶。

师：“顶”——“顶”也可以。“顶”着风雨，“冒着”严寒酷暑，两个字的意思其实也是差不多的。还有一个句子我也讲一下，就是“今其室十无一焉”。我讲讲文言文里分数的表示方法。现在我们说十分之一，要用“分”“之”两个字，文言文里表示十分之一往往略掉这两个字，就用“十一”。（板书：十一）“十一”表示十分之一。那么，十分之二三怎样表示？

生：（部分）十二三。

师：十分之四五呢？

生：（齐）十四五。

师：对！就是十四五。这是文言文里表示分数的方法。这个你们前面学到过——在《陈涉世家》里学到过。大家还记得吗？（学生翻书）大家翻翻看，看谁先找到。（有学生迅速举手）你说。

生：“戍死者固十六七”。

师：什么叫“十六七”呀？

① **汤：**看似平淡，实乃奇崛。注释、思考题、插图等，也是教材。可惜，很多时候，教材被我们窄化成了只是“课文”。

陈：是啊，课文要细读，教材的其他部分焉能浮光掠影，一扫而过？

居：一个课文注释的“推敲”，是一种批判精神的培养。

生：就是十分之六七。

师：那么，"十无一"是什么意思呢？就是不到十分之一。[①] 什么样的人家不到十分之一呢？（学生议论，稍停）跟他祖父住在一起的那些人家，现在剩下的不到十分之一。书上的注解，我觉得也可以研究一下。我们来看一下注解，它说"现在十家中剩下不到一家了"，那是半家（生笑），还是什么？总之，觉得不大恰当。怎么翻译好？是不是就按照这个句子本该有的意思去翻译？——"现在那些人家剩下的不到十分之一了"。我觉得这样表达比较清楚一些。[②]

师：我觉得这一层描写纳税者的悲惨遭遇很形象，读起来很顺口，感觉到作者表达得很动人，很有力，这主要是因为用了一些修辞手法。刚才我们举了对偶句，你们看，在这一层中还有对偶句吗？大家找一找。[③]（稍停）有没有？（学生举手）×××，你说。

生："触风雨，犯寒暑"。

师：还有吗？

生："叫嚣乎东西，隳突乎南北"。

师：呵，那是在下面一层了。我是讲在这一层。还有一句，你没有找出来。是这一句："号呼而转徙，饥渴而顿踣。"除了"对偶"以外，还有排比。（学生纷纷看书，找排比句，然后举手）好，×××说。

生："曩与吾祖居者，今其室十无一焉；与吾父居者，今其室十无二三焉；与吾居十二年者，今其室十无四五焉。"

师：对！是排比句。这一层用了对偶，用了排

[①] **汤**：关于文言"分数"的知识讲解温故知新，举一反三。
居：一个知识层层训练，指向清晰，终归于"十无一"。

[②] **陈**：教者对教材解读细致，见解独到，大胆质疑。
汤：是的，"尽信书不如无书"。
居："信""达""雅"才是翻译准则。

[③] **汤**：看来钱老师是要将"对偶"进行到底了！
陈：这是因为对偶句和下面排比句表达的内容都是文章的最紧要处。
居：那的确是不能轻易放过的。

比。句子一对对一排排地出来，文章显得很有气势。古人写文章很讲究“势”。（边讲边板书：势）本文写得很有气势，把纳税者的悲惨遭遇写得很形象，念起来也感到朗朗上口。这一点我们在读的时候要特别体会。[①]

师：我们再来看第二层。先读一遍，从“悍吏之来吾乡”读到“弛然而卧”——预备念。（齐声朗读第二层）

师：这几句把悍吏来吾乡的情况写了出来。他们来干什么？[②]

生：（齐）逼租。

师：对，来逼租。文章把悍吏来吾乡的时候两种人的安危情况进行了对比。我们先看纳税者。有一句话，同学们注意：“哗然而骇者”，根据书上的注解是谁在“哗然而骇”？谁呀？[③]

生：（齐）悍吏。

师：“悍吏”？这个“骇”字你们有没有查过字典？是什么意思？

生：（部分）惊动。

师：“惊动”？（学生举手）×××，你说。

生：害怕。

师：惊吓、害怕。解释为“害怕”的话，那么理解成谁“哗然而骇”比较准确？

生：（部分）乡邻。

师：还有，联系上下文来看，“哗然而骇”的应该是谁？

生：（齐）[④]乡邻。

师：对，是乡邻。书上这条注解也是值得研究的。“哗然”是什么意思？

[①] **汤：**“势”字点得好。
居：悟语句之深意，赏排比之精妙。

[②] **陈：**这一层语段研读，从悍吏“逼租”切入，引出对两类人物“安”“危”的感性认知。
居：钱老师教学方法真是灵活多样啊。

[③] **汤：**再次组织质疑与探究活动。切实培养学生“独立之精神”。

[④] **陈：**从“部分”到“齐声”，钱老师的轻点妙拨，使学生的参与度、思考深度有了质的提升。

生：（有的）闹。（有的）吵。（有的）叫。

师：吵嚷，大声喧闹。乡邻为什么“哗然而骇”呢？因为“悍吏之来吾乡”——悍吏骚扰得厉害嘛！“叫嚣乎东西，隳突乎南北”。“东西”“南北”这里指的是什么？

生：（齐）到处。

师：各处都闹。东西南北写得更具体：村东、村西、村南、村北，到处鸡飞狗跳，叫叫嚷嚷，所以乡邻“哗然而骇”，这样解释就比较顺。书上这条注解是不十分准确的，大家可以再想一下。①

师：“哗然而骇者”，不仅村民是这样，“虽鸡狗不得宁焉”，这个“虽”字是什么意思？

生：（部分）即使。

师：即使鸡狗也不得安宁啊，可见骚扰得厉害。纳税者是这样的情况。那么捕蛇者怎么样呢？“吾恂恂而起，视其缶，而吾蛇尚存，则弛然而卧。”（学生应和）两者相比之下，一个安，一个危，对照鲜明。这里“恂恂”“弛然”都写得很形象。②这又是一层，是第二个对比。我们再来看第三个对比，是讲他们平时生活情况的对比。平时这些捕蛇者有没有危险？有没有啊？

生：（部分）有。

师：几次？

生：两次。

师：一年只有两次。为什么只有两次？前文哪一句话可以说明只有两次？

生：“岁赋其二”。

师：对，“岁赋其二”，因为每年只征收两次。

① **汤：**发现、质疑、思考，而非迷信、盲从，这是教者与学者对待文本应有的态度和精神。

② **居：**在体悟“纳税者”教学环节用墨如泼，在“捕蛇者”这一环节则惜墨如金，匠心独具啊！

汤：对，在“纳税者”的“危”上做足了文章，“捕蛇者”的“安”，自能一望而知了，收放有度。

这两次他是冒着生命危险的。其余时候怎么样？“熙熙而乐”。那么，那些纳税者怎么样？

生：（部分）“旦旦有是”。

师：什么叫“旦旦有是”？“旦旦有是”的“是”指什么？（学生举手）好，你起来说。

生：指冒死亡的威胁。

师：对！是指冒死亡威胁的事。“旦旦”就是天天，“旦”本来是“早晨”的意思，这里代“天天”。这是一种什么方法？

生：（部分小声）借代。

师：对，是借代，用早晨来代“天天”。纳税者平时是“旦旦有是”，捕蛇者则“熙熙而乐”，对照十分鲜明。这是第三个对比。①

师：从三个方面的对比中，我们看到这种情况，捕蛇是一种害，捕蛇者三代受其害，但是在这一段中着重描写了纳税的什么呢？纳税之惨（边讲边在板书“纳税”之后，板书“之惨”），纳税者的悲惨遭遇。本来捕蛇是一种有害的事情，但是通过对纳税之惨的渲染和描写，这个“害”反而成为什么呢？

生：（齐）利。

师：对，反而成为“利”了——“专其利三世矣”。所以我们说，这里通过三个方面的鲜明对比，使捕蛇之害变成了捕蛇之利，“利”和“害”就是这样变化的（板书：在“利”“害”两字旁加“}”），三方面的对比得到这样一个结果。②在得出这么一个结果之后，所以蒋氏这么说：“今虽死乎此，

① **汤**：以“岁赋其二”与“旦旦有是”为第三层对比重点，强调捕蛇者与纳税者面临死亡威胁之程度迥异，突出捕蛇虽害而实“利”，更显赋敛之毒。

陈：钱老师始终紧扣文本特点，据意悟言。

② **陈**：适时小结，及时巩固。蓄势足，对“利”与“害”的理解自然轻松了。

居：充分研读三个对比，领悟“专其利”之深刻内涵，由博返约。

比吾乡邻之死则已后矣”。什么叫“则已后矣”呀？

生：（部分）已经晚了。

师：“虽死”中的这个“虽”是什么意思？

生：（齐）即使。

师：“即使”表示什么？

生：（部分）假设。①

师：“今虽死乎此”，是假设自己现在死在捕蛇这件事情上，“比吾乡邻之死则已后矣”，是比起我的乡邻的死已经晚了。因为前边他已经说过“与吾居十二年者，今其室十无四五焉。非死即徙尔。”所以最后他说“又安敢毒耶”——又怎么敢怨恨呢？这句跟前边的哪一句照应？

生：（部分）“若毒之乎？”②

师：对！这一段是文章的重点。我们在读的时候，特别要注意其中的对照描写。下面，我们继续看下去。

师：下面一段，是作者通过以上一连串的层层对比、铺陈排比而得到的结论。我们先请同学从下面一段中找出一句话来说明这篇文章的中心思想。哪一句话可以表示文章的中心思想？（学生纷纷看书，然后举手）好，你说说。

生：“孰知赋敛之毒——有——甚——是蛇者乎！”③

师：再读一遍。

生：（再读，仍不大连贯。）

师：读的语气不大连贯。我们大家一起读一遍。（师、生齐声朗读）

① **汤：**紧扣语境，理解“虽”字含义，有效培养学生文言文阅读的“语感”。

② **汤：**两个“毒”字前后照应，教师适时回顾，使教学主线更为清晰。

③ **居：**“扶翼”得法，阅读语段方向性、目的性明确。
陈：卒章显志，此时，文本之“志”，学生已了然于胸。

师：什么叫“是蛇”？

生：（部分）这种蛇。

师：“赋敛之毒有甚是蛇”——这是作者得到的结论。（边讲边板书：赋敛之毒有甚是蛇）“赋敛之毒有甚是蛇”（指板书），同学们，这里应该注意一个字——哪一个字呀？

生：（齐）毒。[①]

师：（在板书“毒”字外加画一个框）这里有两个“毒”字要注意一下，开头写什么“毒”？

生：（齐）蛇之毒。

师：接下来，经过很多描写、对比，突出了赋敛之“毒”。蛇之毒对于赋敛之毒来说起了什么作用？

生：（部分）衬托。

师：对，衬托的作用。（板画：↓；板书：衬托）通过蛇之毒来衬托赋敛之毒。作者这样写要阐明什么观点？即《捕蛇者说》要说明一个什么道理呢？

生：（齐）赋敛之毒。

师：这个道理是通过蛇毒的衬托，通过两者的对比，自然而然地引出来的一个结论。[②]这种写法很特别。

师：有人评论这篇文章的特点，有八个字，叫“立意非奇，奇于蓄势”。（板书：立意非奇，奇于蓄势）就是说这篇文章的立意并不奇，它奇在什么地方呢？——“蓄势”。[③]什么叫“蓄势”呢？古人写文章非常讲究“势”，说明一个问题，不是直接说，而是先用很多笔墨蓄“势”，最后水到渠成地加以点

[①] **汤：**反复诵读文章中心句，咀嚼体味，最后聚焦“毒”字。

[②] **汤：**始终围绕“毒”字，展开教学，“课脉”清晰，整体感强。

[③] **陈：**另辟蹊径，转换教学内容，转出一片新气象。

明。对于“蓄势”这个问题，我打个比方来说明。你们见过气功表演吗？我看到过一次，叫“手劈石碑”（做手劈的姿势），我看到他表演的时候不是举起手来就劈，而是先怎么样？

生：（部分）运气。

师：对，运“气”用“功”，先绕着石碑走两圈，这样走两圈与他运气、劈碑有没有关系呢？（生：有关系）有关系，其实他是在运“功”啦，把“功”运到手腕上去。然后呢？瞅准一个时机，突然之间，“啪”的一声，把石碑劈断。我们说这个劈石碑是一个关键性的动作，他先做什么？

生：（齐）蓄势。

师：对！蓄势！[①]

师：写文章也是这样。你们看这篇文章为了写出“赋敛之毒”，它从哪里开始蓄势？谁说说看？

（学生看书、议论，纷纷举手。）

师：×××，你说。

生：从文章的开头就开始了。

师：对！文章一开始就在蓄势。文章开头就渲染这种蛇的毒，毒得怎样呢？“触草木，尽死；以啮人，无御之者”，正是为了衬托“赋敛之毒”。蛇越是毒，对人的危害越是大，就越显出“赋敛之毒”的不一般。这是不是在蓄势呢？

生：（齐）是的。

师：是在蓄势。那么，通过毒蛇之毒和赋敛之毒的这种对比，写捕蛇之利、纳税之害，

① **汤：**以“奇于蓄势”概括文本写作特点，又以巧妙的比喻，并辅以手势，将抽象的概念阐释得有声有色，学生听得津津有味。

居：文本写法决定读法，写法读法决定教法。

陈：“蓄势”，既是文本的写作特点，也是本课的教学特点，教者很好地找到了两者的契合点。

突出纳税之惨，是不是在蓄势呢？

生：（齐）是的。也是在蓄势。[①]

师：在前边先有许多渲染，许多描写，许多铺陈，最后呢？最后作者水到渠成地说明自己要说明的道理，这就是蓄势。另外，为什么说这篇文章“立意非奇”呢？因为它的“立意”没有什么与众不同的地方，“立意”很平常。××× 同学在自读的时候提出一个问题来，跟哪一篇文章比较？

生：（部分）《苛政猛于虎》。

师：跟《苛政猛于虎》比较。××× 同学，你说说你是怎么比较的。（指定学生）

生：这篇文章比起《苛政猛于虎》更进一步，是抄袭《苛政猛于虎》的。

师：他说这篇文章是抄袭《苛政猛于虎》（生笑），是不是抄袭呀？

生：（齐）不是。

师：这不叫抄袭。这叫什么呢？（板书：脱胎）这叫“脱胎”。这篇文章的“意”是脱胎于《苛政猛子虎》的。这不叫抄袭，因为它的写法跟《苛政猛于虎》不一样。但有一点是相同的，哪一点相同？[②]（学生举手）××× 说。

生：都是揭露当时残暴的统治。

师：对！两篇文章都是揭露当时的残暴统治。一篇是揭露苛政，一篇是揭露赋敛。也就是说，这两篇文章的中心思想，怎么样？（生：一样）是相同的。那篇是“苛政猛于虎”；这篇呢，请同学们把这篇文章的中心思想也凝缩成跟“苛政猛于虎”类似的句

[①] **陈**：教师具体分析“蓄势”，加深学生印象。
居：是啊，让学生从“蓄势”入手，回溯文本，深化认知。

[②] **汤**：拓展比较，温故知新，了解“立意非奇”，进而强化学生对“奇在蓄势”的认知。

子。（学生议论，举手）×××说。

生：赋敛之毒甚于蛇。

师：再想一想。

生：赋敛之毒猛于蛇。

生：（有的）毒于蛇。

生：赋敛之毒毒于蛇。

师：要改成字数一样的。（学生举手）好，×××说。

生：赋敛毒于蛇。[①]

师：这就对了。这一篇的中心思想是“赋敛毒于蛇”，另一篇则是“苛政猛于虎”。这两篇文章的中心思想是基本相同的，但是写法不同——不一样在哪里？（学生议论）就是这句话（指板书“奇于蓄势”）。《苛政猛于虎》当然也有蓄势，但比较简单。而这一篇呢？特别讲究蓄势，所以人家评论它“立意非奇，奇于蓄势”。这就是这篇文章的特色。

师：现在我们布置一个作业，同学们回去做。（在板书“立意非奇，奇于蓄势”之下，板书：——《捕蛇者说》简析）把这八个字作为标题，加个副标题——《捕蛇者说》简析，回去写一篇文章。[②]要求把这一篇《捕蛇者说》跟《苛政猛于虎》比较一下，找出两者在立意和蓄势方面的异同点。

我们这堂课就上到这儿。

（下课）

[①] **汤：**用凝练的语言表述文本中心思想，训练学生的概括能力。

陈：模仿迁移，于斟酌取舍中提升学生的语用能力。

[②] **居：**阅读与写作结合，课内与课外结合，写作设计别出心裁。

陈：比较阅读和写作，有利于学生文学鉴赏能力的培养。

汤：读中悟写，以写促读，进而形成一种良性的读写互动，是阅读教学指向体验和表达的一种深刻的课程自觉与担当。

【研读感悟】

对文言文教学，钱老师有自己的观点和主张。他认为文言文是民族语，因此文言文的教学，首先应该着眼于培养学生的阅读能力，教师只需在关键处点拨，无须逐字逐句“嚼烂了喂”。其次，文言文，首先是“文”，因此要把文言文当作“文”来教，理解词句是为了更准确、更深入地把握文意，要处理好词句和文章整体的关系。

于是，我们看到钱老师教学的《捕蛇者说》，没有“字字落实”的串讲，有的是言与意之间的自由穿梭；没有孤立的语言知识积累，有的是言意兼得的鉴赏品味。教学艺术之精妙令人惊叹，下面就三个方面作简要阐述。

1. 以“毒”为经，理清课堂脉络

钱老师最痛恨将文言文“碎尸万段”的做法。他在教学本课时，立足“赋敛之毒”这一文章核心，以“毒”字为线索，串起各个环节的教学内容。先以“异蛇”之“色、毒、用”三个特点，引出“毒”字，并向学生指明“毒”是作者突出的重点，这是第一次明示。然后追问学生作者为何要突出“毒”，引导学生理解为突出下文“赋敛之毒”，这是第二次明示。然后，教师引领学生围绕“毒”字，将“捕蛇”和“纳税”两件事联系起来，通过三重对比的品读，清晰凸显文章的中心“赋敛之毒”甚于“蛇之毒”，又通过仿句迁移训练强化学生对这一主旨的印象与理解。“毒”字一线贯穿，一唱三叹，使课堂主线清晰，整体感强。同时，“毒”字这条“课脉”主线，还将“戚”“悲”“病”“蹙”等文言词语，以及一词多义、古今异义、省略、排比、对偶、对比等语文知识串联起来，训练无痕。整堂课如一棵枝繁叶茂的大树，疏密有致，生机勃发。

2. 以“利”为纬，突破文本重点

捕蛇而不纳税，对蒋氏来说，到底是“利”还是“害”，钱老师在课堂上对此花了大量笔墨，使学生明白领悟“利”“害”，实现对文本重点的有效突围。

钱老师先请学生解释“专其利三世”的语意，以引起注意，“利”，是好事；接着，教师组织学生讨论“则”字的含义，据“意”索“言”，结合蒋氏“甚戚”的神情，让学生体悟到捕蛇之“利”，实是“害”，形成教学的第一次波澜。

其后，教师又结合蒋氏听闻“复赋”之言后“大戚”“汪然出涕”的神情以及与“纳税者”乡邻生存对比的自言，几番细读、质疑、研讨、探究，使学生明白捕蛇者和纳税者的“安”“危”差异，“害”竟然成了“利”。赋敛之“毒”、纳税者之“惨”，因教师“导”得精巧而使学生不言自明，从而激起教学的第二次波澜。最后再以“专其利三世矣”的回环照应强调“利”，再品其深刻意蕴，成就第三次波澜。整个过程回环曲折，高潮迭起，其味隽永。

3．以“奇”为境，提升教学品位

王国维说:“有境界则自成高格。”词然，课亦然。

语文教学的课堂境界，应是“文本创造之境”与“师生教学之境”融为一体的境界。钱老师这堂课以“立意非奇，奇于蓄势”八个字将教学从文本内容的理解转入文本蓄势的鉴赏，以一“奇”字提升了课堂教学的品位。

在初中文言文教学中进行鉴赏文本活动，真乃大手笔。而对“蓄势”这一抽象概念的阐释，钱老师深谙学生的心理年龄特征，运用生动幽默的比喻，使学生饶有兴致地跟随着他进入学习的新领域，创造教学的新境界。学生以“蓄势”为路径，再度认知文本，并获得感性认知。钱老师又顺势而“导”，让学生在与《苛政猛于虎》的比较阅读中，理解了“立意非奇”，轻灵自然。可钱老师似乎欲罢不能，最后布置独具匠心的读写结合作业，简析《捕蛇者说》。这个作业难吗？很难。但是聆听了钱老师那循序渐进、逐步深化的课堂教学，又觉得并不难。

我们不得不感佩钱老师的导学艺术，“蓄势”既是文本的特色，也是本课教学的特色，他很好地找到了两者的契合点，并把它完美地呈现给我们。

最难能可贵的是，钱老师的语文课堂，因融入了自读习惯的养成、质疑意识的树立、批判精神的培养而独树一帜。他的导引，因融入了常态的课堂情境而浑然天成，更因淡化了训练的技术痕迹而炉火纯青。

（汤丽萍）

《左忠毅公逸事》

执教：钱梦龙

品读：刘志军（主持人）、周志强、周　浩

（以下依次简称“刘”“周”“浩”）

经典回放

第一课时

师：课前，我要求大家先把《左忠毅公逸事》自读一遍。对照课文注释，查阅字典，疏通文意。我想先就这方面，检查一下同学们读书的能力。请四位同学分别朗读文章的第1，2，3、4，5段，并说说每一部分的大意。①

生：（朗读第1段，归纳段意）左光斗在风雪严寒的天气里到古寺察访，发现史可法是个人才，在考试后即面署第一，提拔史可法。

师：朗读，能做到声音响亮，吐字准确，有顿有挫。段意也能概括出主要的内容，但是否还能简略一点……②

生：我把它编了一个回目（众喜）：左光斗古寺得英才，史可法文章署第一。（众笑）

师：你很会动脑子，编了回目来概括段意，这是个办法，能帮助我们记忆。（板书学生自编的回目）③ 好，下面读第2段。

生：（朗读第2段，归纳段意）左光斗遭到阉党的陷害，史可法冒险去探监，遭到左光斗的怒骂。

品读沙龙

① **刘：** 钱老师放手让学生自读，并授之自读方法，目的是让学生养成良好的学习习惯。

周： 是啊，只有认真自读，才有真切的感悟，课堂讨论才能生动活泼。

浩： 请注意，相比钱老师上的初中文言文课，这堂课一上来提出的朗读要求就明显提高了。

② **刘：** 肯定鼓励的同时，又提出具体要求。

周： 概括是获取阅读信息的重要方法。

③ **刘：** 尊重学生，学生的回答替代了教师的预设，在整个教学过程中，总是把学生放在第一位。这就是钱老师。

浩： 学生巧编回目，让人眼前一亮。自读的效果显现了。

周： 板书学生所编回目，显得郑重其事。这不露声色的褒扬，将激发学生更高的参与热情。

生：我也编好了两句：左光斗遭害受刑烙，史可法探监被怒斥。

师：对这两位同学的朗读和段意的归纳，同学们有什么意见？（稍停）没有意见？……（板书第2段段意）

生：我觉得所编的回目，好是好，不过有点美中不足……

师：有意思，请放胆说。

生：就是下一句史可法探监是冒了生命危险去的，这表现了史可法对老师的爱戴和师生深厚的感情，如果不在冒险两字上点一下，那就美中不足了。（众微笑）

师：说得很有道理，那么你看怎样改呢？

生：……我一时改不出。（众笑）

师：不要紧，再想想。其他同学有没有能改的？……暂时没人能改，那就挂在那里，你们可以下课后进一步讨论，使它更加完善。① 下面，我们就请第三位同学读。

生：（朗读第3、4段，归纳段意）重国事史公忠职守，敬师长屡访左公府。

师：看来，你很能编回目，每句话都用三二三的格式。第5段编了没有？

生：第5段只说了逸事的传闻来源，编不出来，因为内容太简了。

师：那么编一句行不行？②（板书第3、4段段意后，边听边板书第5段段意。）

生：（笑）……闻逸事传录颂千古……

师："颂千古"，好！从识英才，大胆录用英才这一点上说，左光斗确实可以传颂千古。那么就请同学读一读第5段，把刚才那位

① 刘："以兵带兵"，有效地增强了学生的学习动力，其主体地位得到彰显。

浩：是这样的。钱老师"三主"思想深深融入了课堂，真是"润物无声"。

周：导，要讲求效率和方法。时间有限，已激起学生兴趣的问题，留下悬念，放到课外解决不失为良策。

② 刘：循循善诱，充分挖掘学生潜能。

周：不苛求，擅变化。点拨得法，学生自然回答得妙。

同学编的一句“闻逸事传录颂千古”作这一段的段意吧！

（指名朗读第 5 段）

师：我们同学很会读书。编提纲，用五言、七言、回目式编提纲，不仅通俗，而且概括性很强，便于记忆，是个好方法。接下来，我想挑出文章中的某些字和句，看看大家是否已经理解这些字和句的意思了。[①]第 1 段中有一句“微行入古寺”，第 2 段中有一句“微指左公处”，这两句中各有一个“微”字，分别作什么解释？（板书：微）

生：前一句中的“微”是指做官的人隐藏自己的身份，后一句中的“微”是“稍微”的意思。

生：后一个“微”是“暗暗地”的意思。

师：补充得很好。前句中的“微”，同学是根据书上的注释揣摩其意的。“微”在过去有地位低微的意思，因此这里的“微”，意译为皇上或者官员穿着普通人的服饰隐藏自己的身份。后一句中的“微”，联系上下文来看，狱卒在左光斗被严密看守的情况下，不可能明目张胆地给史可法指点，只能偷偷地一指，因此这个“微”字解释为“暗暗地”是确切的。[②]还有左光斗对史可法讲话中有一句说“老夫已矣”，这个“已”怎么讲？（板书：已）

生：“已”，就是“死了”。

师：《劝学》篇中的第一句还记得吗？

生：“学不可以已。”“已”是“止”的意思。

师：对，联系上下文，这里的“已”该怎么讲？

生：完了，联系上下文，这句话应该解释为

[①] **刘**：“文”“言”不偏废。

周：不仅如此，这里钱老师有意避免了与前面读文章时的语言分析相重复。

浩：精心选择“言”的例子，析“言”为品“文”张本，教学构思真精巧。

[②] **周**：探讨两个“微”字的意义，为后面的人物分析做好铺垫。

"我快完了"。

师：这样解释好。和上面相应的句子是哪一句？

生："旦夕且死"。

师："旦夕且死"，这里"且"字又怎么讲？（板书：且）

生：将要。

师：我考考你们初中学过的知识，在哪篇文章里，也学到过一个"且"字，作"将要"解释的？

生：在《愚公移山》中，有一句"北山愚公者，年且九十"，"且"解释为"将近""将要"。[①]

师：你们的记性不错，初中读过的文章还记得很清楚。还有一句"吾师肝肺，皆铁石所铸造也"，有同学提出"铁可铸造，石怎能铸造？"可见同学读书很细心，连这么细小的问题也注意到了。你们看，是作者动宾搭配不当呢，还是另有缘故？

生：……

师：我暂时不告诉大家，想听听同学们的意见。（生思索）

生：铁铸石造。

师：（欣喜）解决得好，跟我想的完全一样——铁铸石造，古汉语里常有这样的搭配，可以隔字两两相配。[②]还有一句话，在第3段中，"令二人蹲踞而背倚之"，其中"蹲踞"二字译为蹲坐，有同学问："到底是蹲还是坐？老蹲着，是受罪，太残酷了。"这问题问得有意思，你们看是蹲还是坐呢？

生：是坐。

① **刘**：信手拈来，新旧知识衔接紧密，注重知识迁移和归类。
浩：是啊，温故知新是教学之真谛。

② **刘**：授之以渔。课堂的动态生成是宝贵的"资源"，在质疑、答疑的过程中，实现共同进步。
周：讲得对！"告诉"孰若"探究"！探究得来的才真正属于学生自己。

师：根据呢？

生：是曲着腿坐。

师：要言之有据。

生：上文说“使将士更休”，目的是爱惜将士，因此才叫守卒“二人蹲踞而背倚”，背靠背坐着既可相倚，又可取暖。

生：是坐着。史可法出于爱护士兵才让他们坐着的，屈膝而坐，才能两人背脊相倚。下文又有“漏鼓移则番代”，更能说明史可法爱兵，才叫士兵坐着的。

师：同学们联系上下文读文章，理解句意词义，确实有道理。我听说你们班很会读书，果然名不虚传！（板书：从数骑出）这句话中的“从”怎样解释？

生：跟从，相从。

师：是左忠毅公跟从了几个骑马的人出去吗？

生：不，正好相反，因为骑马的人是左忠毅公的随从。

师：对，从情理上看，只可能随从跟主人。可是你看这个句子：“左忠毅……从数骑出”，主语、宾语的关系怎么颠倒了？

生：这里的“从”是使动用法，这句的意思是左公让几个骑马的随从跟着出去。①

师：你对这个语言现象的理解，是完全正确的。（板书：史朝夕狱门外）这个句子有明显的省略，理解时要补充若干词语，请你们试着补充一下。

生：补动词“守”——“史朝夕守狱门外”。

生：还要补一个介词“于”——“史朝夕守于狱门外”。

① **周**：使动用法的讲解，没有学院式的阐述，而从生动的语言现象入手，一下子点出了本质。真好！

生：我认为不能用“守”应该用“待”——“史朝夕待于狱门外”。因为史去狱的目的不是为了“守”，而是为了等待机会去探监。

师：我同意，补得很有见地。另有一句（板书：或劝以少休），“或”怎讲？

生：（齐）有人。

师：看看这句省略了什么？

生：省略了宾语“之”——“或劝之以少休”。

师：对，“以少休”是介词结构，是“劝之”的补语，在翻译的时候往往要把它移到状语的位置上。那么这句话的顺序是——

生：“或以少休劝之”。

师：好，检查自读暂到这里……噢，还有什么不懂的字或句，大家想一想，可以提出来问……①

师：（稍等，生没有什么反应）那么，我们现在进一步讨论大家在自读理解过程中提出来的许多涉及思想内容、文章结构、选材组材等方面的问题。这次共收到 160 多个问题，把相同的归并一下共 36 个问题。其中一部分已在刚才的讨论中解决了，余下的 10 多个问题，都是你们经过深思以后提出来的，质量很高，很有讨论价值。这些问题有三个特点：第一是同学们很善于揆情度理。（板书：揆情度理）“揆”是什么意思？②

（稍等，有些同学在查字典。）

生：推测，揣度；“揆情度理”就是推测其本意，揣度其义理。

师：对。比如说，有些同学提出：左光斗仅看

① **刘**：语言教学是文言教学的根基，忽略这个方面，只会流于肤浅，徒有热闹而已。

② **周**：“揆情度理”和下文的“质疑求疵”八个字是全课教学的核心，也是指导自学的真经。

到史可法的一篇文章，考试时竟连考卷都不看，即“面署第一”，是否处事太轻率了？有的同学说，左、史在古寺里有过一面之交，不免有徇私舞弊的嫌疑。①

生：（插嘴）在古寺里又没见过面，半面之交也没有……

生：只能算四分之一面交……（众笑）

师：还有同学提出，史可法冒险探监，左光斗却骂他“庸奴”，还要拿起刑械扑击史可法，好像不近情理。这些都说明同学们在自读中很善于揆情度理。第二是同学们读文章能做到瞻前顾后，然后提出一些问题来。比如，有同学说，左光斗初见史可法时曾说史可法“他日继吾志事，唯此生耳”，而后在狱中又大骂史可法是“庸奴”，前后自相矛盾。又，前文有“解貂覆生”之句，显得对史可法很有爱才之心，而后文中竟欲以刑械扑杀史可法，显得毫无师生情谊，似乎变化太大了。尽管这些问题，我们需要进一步研究，但总的说明你们读文章确实能做到瞻前顾后。第三点是同学们敢于质疑求疵（板书：质疑求疵），“疵”怎么解释？②

生：疵，病。

师：此文的确有疵，不必故意去吹毛。（众笑）很多同学敢于对桐城派的鼻祖——方苞的文章质疑，并能找出文章的毛病来，这说明我们有勇气，有眼力。总之，我们同学很会动脑筋，不仅能读懂这篇文章，而且能揆情度理、瞻前顾后地提出问题，更可

① **刘**：事无巨细、不分主次地在课堂上讨论学生的问题，在当下很常见，美其名曰“尊重学生”，我很不赞同。要学习钱老师的“精细”，去伪存真，把有价值的保留下来，既节约了学生的课堂时间，又能做到有的放矢。
周：完全同意你的意见。钱老师的这种“精细”，正体现了教师“导”的作用。

② **浩**：“疵”字，妙！
刘：是啊，教师引导得多好！领起了整堂课的讨论。

贵的是还敢于质疑求疵，找出文章的毛病来。下面我们就同学提出的主要的10多个问题展开讨论。大家先看课文的第1段。关于这一段，我从同学提的问题中选了四个（依次宣布四个提问学生的姓名），现在就请他们把问题提出来。

生1：课文的第1段中“风雪严寒”这四个字，似乎可以省略，作者为什么要这样写？

生2：为什么左光斗要微服私行，跑到古寺里去？

生3：这一段的叙事，是为了突出左公的为人呢，还是为了突出史可法的勤奋？

生4：左光斗仅在古寺里看了史可法的一篇文章，考试时，也未仔细看史可法的试卷，即“面署第一”，左光斗处事是否过于轻率？①

师：这四个问题提得好，抓住了理解文章的关键。现在请大家考虑第一个问题：文章一开头先交待“风雪严寒”的天气有什么必要？这四个字去掉好不好？②

生：这是为下文“解貂覆生，为掩户”做铺垫。

生：这四个字不能去掉，仅四个字，就把当时的环境、气氛写了出来，又为下文做了情节上的铺垫。

生：除了这些以外，我还想补充一点：这四个字突出了左光斗不怕艰辛，在这么冷的天气里也四处访贤求才的精神。

师：我欣赏你的观点，请再说一遍。（生复说上面的话）

师：说得真好！这么冷的天，左光斗还微服私

① **刘**：从高中学生提问的质量，可见他们阅读与理解的深度。
周：遴选的问题紧紧围绕左光斗，又十分切合高中学生的实际。
浩：学生，只有学生，才是教学的出发点和归宿。

② **刘**：充分感受到了钱老师的课堂浸润着“学生为主体”的理念。
周：自己的问题被老师选中，是多么令人兴奋！
浩：能使学生产生愉悦感，这就是一种成功的教学。

行去访贤求才，风和日丽的日子就更不用说了。他当时担任学政，是一个掌管考核选拔人才的官，他不单看考生的试卷，而且还能深入到民间去察访，去发现真正的人才。作为一个封建官吏，能这样做确实是难能可贵的。[①] 还有前面两位同学说的铺垫，也是很有道理的。可见这四个字省掉了不好。下面讨论第二个问题：左光斗为什么“微行入古寺”？对他的这个行动应怎样理解？

生：有些贫寒的书生，住不起客店，常在古寺里借宿，所以左光斗要到古寺里去察访。

生：左光斗连古寺都走到了，那么，大的客店一定也去过，这就不言而喻了。

师：“不言而喻”，说得好！“深山藏古寺”，古寺很多不在闹市里。连偏远的古寺都去察访了，没有遗漏，查访其他地方也就“不言而喻”了。从上面的讨论可以看出，“风雪严寒”是从时间上曲折地写出左光斗出访的频繁，“入古寺”则是从地点上暗示他出访的范围之广。[②] 这两个问题提得好，解决得更是令人满意。我们再讨论第三个问题：这一段究竟要突出左光斗还是史可法？

生：写左光斗爱惜人才，当然要写到人才本身。这一段写史可法的勤奋好学，正是为了突出左光斗的爱才之心、惜才之意。从行文看，作者写了左光斗的“入寺”“阅文”“解貂”“掩户”“叩僧”一连串爱才惜才的行动，重点在写谁，是十分清楚的。

① **刘：**教师的复述不是简单重复，内容更全面，叙述更精准，理解更到位，这是示范性的“导”。

② **周：**钱老师的课堂语言何等精彩！长期熏陶，学生的概括能力定能得到提高。
浩：的确，这也提升了课堂教学的品位。

生：补充一点，下面的“瞿然注视”，跟这一连串行动相照应。（师追问：什么叫“瞿然”？）“瞿然”就是惊喜的样子。

师：为什么要惊喜？联系前文具体说明一下，能不能？①

生：前面写到左光斗“解貂覆生”，心爱其才，但未识其面，现在看到了史可法，自然就有惊喜的神态，这是为自己终于发现了人才而惊喜。

师：分析得很有道理。那么，“呈卷，即面署第一”这个行动是否轻率呢？我们的讨论自然过渡到了第四个问题。

生：左光斗在古寺中看了史可法的文章，“解貂覆生”，说明史可法的文才已受到左公的赞赏。又从刚才的讨论可知，左公出访次数很多，范围极广，可见他已经广泛、深入地了解过其他考生的情况了，所以，“呈卷，即面署第一”就不轻率了。②

师：你很会读文章。联系上文细细揣摩，我十分赞同你得到的结论。我们是否再联系下文来思考一下呢？③

生：下文写左光斗特地召见史可法，并让他拜见夫人，足见对史可法是另眼相看的。“吾诸儿碌碌，他日继吾志事，唯此生耳。”把史可法和自己的儿子比，更突出了对史可法的赏识。

师：讲得好！这句中有两个虚词很重要，请找出来作一些说明，好吗？

生：一个“唯”，一个“耳”，表示限制，说明将来能继承自己志向和事业的，只有史可

① **刘**：敏锐地抓住了稍纵即逝的课堂生成，及时追问，多么美妙。

周：学生的回答又把对左光斗品格的理解向深处推进了一层。

浩：还自然地过渡到第四问，的确美妙。

② **周**：学生回答水到渠成！这是老师主导下学生主体性得到充分发挥的结果。

浩：学生质疑的能力强，释疑的水平也高，佩服！

③ **刘**：良好习惯的养成需要必要的反复，不断地实践。“瞻前顾后”，让分析人物更为全面，阅读的态度也更为严谨。

法一人罢了。这是很高的评价。①

师：再从下文看，史可法有没有辜负老师的期望？（学生在座位上轻声回答：没有）可见左光斗“面署第一”，署得有理，署得准确，并不轻率，是经过深入察访、郑重考虑的。这叫“慧眼识英才”。这一堂课我们就讨论到这儿，下一课继续。②

① **周**：着眼语言品读，深入体会其内涵。

② **刘**：一堂课的结尾没有多余的话，如豹尾一甩，响亮有力。

第二课时

（上课，师生问好。）

师：上一课我们讨论了第1段，现在接下去讨论第2段。对这一段，同学们也提出了不少问题，我仍然选了四个。（指名四位同学依次提出自己的问题）

生5：第1段写左光斗爱史可法之才，可是当史可法来探监时却又骂史“庸奴”并且要用刑械“扑杀”史可法，是否前后矛盾？是否思想变化太快，有失真实？

生6：史可法冒着生命危险前来探监，可左光斗对他又是骂，又要打，是否不近人情？

生7：当左光斗怒斥史可法并摸刑械“作投击势”的时候，史即“噤不敢发声，趋而出”，是不是因为他害怕左光斗真的用刑械打过来？

生8：史可法说“吾师肝肺，皆铁石所铸造也”，“铁石肝肺”大概跟“铁石心肠”的意思差不多，在这里究竟是褒义的，还是贬义的？这样写是否有损左光斗的形象？

师：这四个问题很能启发我们深入理解文意。这一段是本文的重点，也是我们阅读的重点。为了更好地解决这些问题，让我们把文章再认真地读一遍。这一段是写得十分精彩的，把左光斗当时的语言动作、神情态度，都惟妙惟肖地刻画出来了，可谓形神兼备，文字也虎虎有生气。读的时候要很好地想象当时的情景，做到如见其人，如闻其声，如临其境。[①] 然后我们再来讨论四位同学提出的问题。（学生齐声朗读课文）同学们读得很有生气。现在请考虑：左光斗的前后言行是否矛盾？思想变化是否太快？

生：左光斗爱护学生，为了不使史可法受牵连，所以晓以大义，并且迫切希望史可法离开这个危险的地方。正是出于这种心情，所以才做出了那些激烈的动作。

师：对！上面着力写左光斗“爱才”，这里又极力刻画他“护才”，他的态度是一贯的，并不矛盾。正是这种爱才护才的心情，才促使左光斗在“旦夕且死”、生命垂危的情况下还能做出一连串激烈的动作。请同学们把表现这些动作的动词或描写左光斗感情激动的词语找出来，进一步体会左光斗的性格。[②]

生：在生命垂危的时候，为了看一看史可法，他“奋臂以指拨眦”，用一个“奋”字，既表现他的激动，又表明他举起手臂要用很大的力气。

师：那他为什么要“以指拨眦”呢？

生：因为他“被炮烙”，“面额焦烂”，眼睛已经睁不开了。

① **刘：**三个“如”的要求，是精当的诵读指导：读进作品，读出情境，读到人物的心里。

周：对啊。寥寥数语，点评文章风格，十分贴切。这也是朗读的指导。

浩：不让学生盲目地读，而是在教师科学指导下讲究效果地读。

② **刘：**回归文本，抓住细节，我们很少看到在文言文教学中采用这样的方法。

周：这一环节很好地诠释了什么叫“训练为主线”。

浩：面面俱到，何如选点深挖？切中肯綮，方能增强学生的阅读能力。

师：对，但即使自不可睁，也要“以指拨眦”，可见他当时内心受到的震撼是多么强烈！① 他的眼光是——

生：目光如炬。

师：这是一种怎样的眼光呢？

生：目光中有火，急切的怒火。

师：对，是急切的怒火，说明他对史可法不识大体、贸然前来探监是十分恼怒的。当然，其中也许还包含着对魏忠贤奸党的满腔仇恨。你看他，奋臂拨眦，目光灼灼，怒火喷射，写得多么传神！② 本文两次写到左光斗的眼睛，都很有特色。第一次是——（生：瞿然注视）一个“瞿然”，把左光斗发现人才时惊喜莫名的心情刻画得多么准确！两次写眼，一喜一怒，的确是“形神兼备”。所谓“传神写照全在阿堵中”（板书“阿堵”，并简要解释），眼睛是心灵的窗户，画龙要点睛，写人要写眼，看来方苞是很懂得其中奥妙的。下面我们来讨论同学提出的第二个问题：左光斗骂史可法“庸奴”，并要举刑械投击，甚至说要“扑杀汝”，是不是太不近情理呢？

生：史可法是冒着生命危险来看望老师的。如果左光斗不及时提醒史可法，也许史的结局也会和左的结局一样，遭到奸臣陷害。

师：你说的也许是对的，不过我希望你能“以书为证”，使你的观点更有说服力。③

生：左光斗说“此何地也，而汝来前！”说明这是一个险地，加上“逆阉防伺甚严”，即使改了装，也很容易被发现。“无俟奸人构陷，

① **周：**此番追问，妙极！学生着眼于客观因素，老师则引导其深入人物的心灵。透过文字深入“体验”，是实现语文人文性的重要手段。

② **刘：**教师的点拨，是对学生回答的总结提升，也是对作者写作手法的点评。
周：学生能否深入文本，在于老师是否深味了文中三昧。
浩：此处课堂语言，因激赏而极富感染力。同时，也隐含着对学生阅读和写作的指导。

③ **刘：**纠正学生学习习惯上的偏差，也是“导”的内容之一。
周：“也许”一词，足见老师的“狡黠”！一改热情肯定的方式，乃是“激将”之法。学生能不入其彀中？

吾今即扑杀汝”，意思是说：不要等坏人捏造罪名来陷害你，我现在就打死你。他这样说，无非是想让史可法早些离开这危险的地方。

生：我有一点不同的想法，既然左光斗仍爱史可法之才，那为什么要骂史是“庸奴”呢？而且是“怒曰”，说明他真的已经动怒了。我觉得光用“爱才、护才”来解释不够确切。如果单是为了护才，好好向史说明危险性，让他早些离狱，不是也可以吗？①

师：啊，这个问题提得好极了！证明这种自由自主的课堂讨论，会使我们在思维的互相撞击中不断爆发出智慧的火花。谁来解决这位同学提出的这个问题？

生：从“庸奴”这句怒斥的话看，左光斗对史可法的不识大体的确是感到愤怒而且失望的。“庸奴”就是不识大体的奴才，史可法只拘于个人报恩的思想，是识了“小体”，而忘了“大体”。

师：那么，“大体”是什么？

生：是指国家之事。

师：请引文为证。

生：“国家之事糜烂至此”，要改变这种局面，这是“大体”。还有一句：“天下事谁可支拄者？”

生：我补充一点：这些话正好和上文“他日继吾志事”相照应，可见左光斗对史可法寄予极大的期望。“庸奴”这句骂人的话，从表面看，是因失望而恼怒，从深处看，其实正表现了对史可法殷切的希望。

① **周：**此生才思不俗！能假设，能比较。可见，是动了“天君”（苏州方言，脑筋）了！课堂此刻已入佳境！老师且乐享其“争”。

师：你能这样深一层看问题，的确高人一筹！“庸奴”这个问题解决得这样好，出乎我的意料。那么，“摸地上刑械作投击势”，甚至要“扑杀汝”，又该怎么解释呢？看看我们能不能揆情度理地找到合理的解释。①

生：这样一来，史可法可以走得快一点。

生：我认为这是为了让史可法割断师生之间的绵绵之情，去支拄天下事。

师：说得对！你们看，史可法见了左光斗，抱住了腿直哭，的确表现了一种一时不易割断的绵绵之情，“绵绵”这个词用得好。绵绵，就是不容易断绝，所以才要用那种毅然决然的态度把这种感情一刀斩断。可见左光斗的这种行动，不是不近人情，相反，正是表现了他对门生的爱护之极，期望之切。②那么“史噤不敢发声，趋而出”，是怕左光斗真的要扑杀他吗？

生：不是的，是史可法领悟了老师的意思。史可法并不是一个胆小怕死的人。

师：何以见得？

生：从他后来坚守扬州，拒不投降，直到从容就义，可以证明。

师：这个“旁证”找得好！③现在我们讨论这一段的最后一题：“吾师肺肝，皆铁石铸造也”，史可法对老师的这个评价，是褒还是贬？

生：（齐）是褒！

师：为什么？

生：这不属于今天所说的铁石心肠。铁石心肠是指心肠很硬，不近人情。

① **刘：**对初中生以鼓励为主，对高中生则更多一些客观评述，他们更希望知道好在哪里或者不足之处是什么。

周：不错！学生善答，教师更善问。

浩：教师导引得法，学生才思敏捷，相辅相成。

② **刘：**“绵绵”一词，学生也许无意而用之，但老师听得却有心。由此生发，将左光斗对门生的“爱护之极，期望之切”分析得贴切到位，将学生可意会却无法言传的感觉清晰呈现。

③ **周：**钱老师强调“立足文本”，但也赞赏觅得旁证。这才是教会学生读书啊！

生：这说明左光斗性格坚强，能从软弱的感情中摆脱出来，甚至置个人生死于不顾，一心想的只是“国家之事”。

师：说得对！但为了表达得更确切起见，我希望把“坚强”换成另一个描写性格的形容词。大家可以联系“左忠毅公”的谥号来考虑……[①]

生：坚毅。

师：这个“毅”字抓得准！还有以“毅”字为词素的别的同义词吗？

生：刚毅。

师：坚强、坚毅、刚毅，你们认为用哪个词好？

生：“刚毅”好，因为它更能概括左光斗的性格特征。

师：我同意用这个词。刚，就有硬的意思。用“铁石”比喻“肺肝”，正形象地写出了左光斗不顾师生私情，一心以国事为念的刚毅性格。这也许也包含了一点“心肠硬”的意思，但也是一种褒义的硬心肠。这样写，不但没有损害左光斗的形象，相反，正是以画龙点睛之笔突出了左光斗的形象特点。

下面我们讨论第3段，这一段我从同学们提的问题中选了三个，现在请这三位同学（指名）依次把问题提出来。

生9：本文题目是“左忠毅公逸事”，可这段写的是史可法带兵守御，这对表现文章中心有什么作用？这样选材是否离题？

生10：照理说，这段应该写史可法跟阉党斗

[①] **刘**：对汉字意蕴的琢磨，不可谓不精妙！

周：是的。谥号，本就是最精简的人物评价。

浩：对啊，引导学生就此体会人物形象，着实精彩！此番点拨，实在而巧妙。

争，为老师报仇的事，可作者却写了跟上文毫不相干之事，这不是离题了吗？

生 11：这段写的是史可法帮助封建统治者镇压农民起义，这正是应该批判的，作者为什么要加以赞赏呢？

师：第一、第二位同学都谈到了这一段是否离题的问题，这两个问题其实可以并在一起讨论。这是关于文章章法上的一个重要问题，值得一议。我们知道，方苞是主张“义法”说的，“法”就是“言有序”，也就是讲究章法的意思，如今方苞自己的文章竟会离题，这是怎么回事呢？①

生：这一段与上文联系起来看，写史可法忠于国事，夜不解甲，正是遵循了老师的教导。上文左光斗说“他日继吾志事，唯此生耳”，又说“天下事谁可支拄者”。这一段里写史可法忠于国事，就是继承了老师的“志事”的。写史可法，其实就是为了写左光斗。因此不能说离题。

师：读文章这样瞻前顾后，这种方法好！那么，为什么不写史可法为师报仇，恰恰写了他带兵，镇压农民起义呢？②

生：历史上并没有他为师报仇的事实，再说在当时的情况下为师报仇，他一个人也不可能。

师：说得很好！历史上没有的事，作者不能杜撰。他不是写小说，可以根据表现主题的需要，虚构情节。不过问题又来了，作者要写史可法继承老师的遗志，有一件事是可以大写特写的，也是史可法一生中最光辉的一段历史，那就是——

① **周**：结合“桐城派”文学主张，重新整合学生的问题，体现了教师的主导作用。

② **刘**：知人论文，才能知道作者为何要用曲笔来写；知史论文，才不会用现代人的眼光去分析作品的所谓局限性。

周：是的，这环节的讨论很出彩！老师“举重若轻”，既放手让学生自己讨论，又尽在老师掌握之中。钱老师怎样做到的，很值得认真总结和思考。

浩：导而勿牵，收放自如，钱老师的“三主”教学思想充分体现其中。

生:（齐）抗清斗争。

师: 对，那为什么不写呢?

生: 方苞吃过文字狱的苦头，如果写史可法抗清，又要被清政府抓到把柄了。

师: 是啊，那岂不是自投文字狱的罗网了吗?作者不可能冒了杀头的危险去写史可法的这一段历史的。可现在的问题是他恰恰去写了史可法一生中的污点，这一点又该作何解释呢?

生: 作者不一定是要颂扬镇压农民起义的事，而是把这件事作为史可法忠于国事的一个事例来写的。

生: 我们说镇压农民起义是史可法的污点，这是用我们现在的眼光来看的；从作者当时的眼光来看，还是史可法的一个功绩呢。

师: 啊，很好，同学们已经学会历史地看问题了。作者是一个封建士大夫，他不可能不受到历史和阶级的局限。但就文章而论，作者选材上的顾忌和局限，不免使文章“白璧微瑕”，降低了他的思想性。不少同学在提问时指出文章的这个缺点，我表示同意，这个“疵”求得好！①

下面我们来讨论最后两小段。有位同学就这两段提出了一个很好的问题，现在请他向大家提出来。

生: 最后两段写得过于平淡，似乎只是作了一些事务性的交代，有点淡而无味，而且写的又都是史可法的事，从全文看，写史太多了，非常讲究“义法”的方苞，怎么会这样写呢?

① **刘:** 不溢美，不隐恶，是我们需要具备的阅读品质。

周: 照应前面“质疑求疵”。好课堂就像好文章，“针脚”绵密。

浩: 说得对。假如教师的提法是“请同学们分析本文的历史局限性”，就可能抑制学生活跃的思维。

师：这个问题可有一定的难度呢！请大家仔细揣摩文意，看看作者这样写的意图是什么？

（学生小声议论）

生：从文章的结构上看，这两段和前几段有呼应的关系。第 1 段一开头就说“先君子尝言”，说明作者文章中所记之事，都是从他的父亲那儿听来的；那么他父亲怎么知道的呢？原来是左忠毅公的女婿告诉他的，而左忠毅公的女婿又是亲自从史可法那儿听来的，这就证明了所记之事的真实可靠。这个结尾，看起来平淡，其实很有作用，否则人家就会怀疑：狱中的事只有史可法知道，作者是怎么知道的呢？

师：说得好！不过，你说最后两段和第 1 段都有呼应关系，可你只说了一段，还有“史公……拜夫人于堂上”，这一段跟前面是怎么呼应的呢？①

生：前面写左公赏识史可法，“召入，使拜夫人”，现在左公已死，史可法仍“拜夫人于堂上”。写两次“拜夫人”前后照应，可作用不同。第一次主要写左光斗为得到“继吾志事”的人才而高兴，第二次是为了写出史可法不忘老师的教诲，的确继承了老师的“志事”。刚才 ××× 同学说这两段只是“事务性的交代”，我不同意这种提法，因为这两段从表面看似乎写得很随便，其实作者是经过考虑的，在随随便便中显得很严谨。

师：好极了！你看文章有眼力。这叫“随意中见严谨，平淡中见匠心”，这正是文章耐人

① **刘**：没有教师高超的“导”，学生的回答便无法变成一挂美丽的珠链。

周：对极了！教师能精心串联，主要因为他“善听”。善听故能善问。

浩：教师的串问，妙在看似随意，实则匠心独运。

寻味的地方。大家对最后两段还有什么疑问吗？（稍顿）大家没有疑问了。那我们来总结一下好不好？看看这篇文章有哪些地方是值得我们借鉴学习的。大家谈的时候最好能结合方苞的文学主张来考虑，那样我们也许可以谈得深一些。现在请大家稍作准备。（学生看书，思考，小声议论。）①

生：方苞倡导"义法"说，"义"就是"言有物"，"法"就是"言有序"。我的理解，"言有物"就是指文章要有鲜明的观点和具体的内容；"言有序"就是指写文章要讲究条理和布局。从这两个要求看，本文是符合方苞自己的主张的。

师：说得很有概括性。我们能不能再结合课文作一些具体的论证？先说"言有物"，请大家引文为证。

生：这篇文章写左忠毅公忠贞、刚毅的性格，选材是很精当的。先通过他的行动、语言正面写他识才、爱才、护才，这一部分写得有声有色，十分具体；然后又通过写史可法的一些活动，说明他不违师教，这就从侧面写出了左光斗的确没有看错人。（师插话：这叫作有"知人之明"）再从作者的观点看，也是鲜明的，文章中表达了对阉党败坏朝政的痛恨，也歌颂了像左光斗那样至死不忘国家之事的人。但是作者对待农民起义的态度在今天是应该批判的。

师：好！本文确实是言之有物的。这个"物"非常具体，使千载百世以后读这篇文章的人，还可以想见左光斗忠贞刚毅、铁骨铮铮的性

① **刘**：平中见奇，很自然地挖掘出课堂教学的深度。

周：是啊。在解决了学生的问题之后，抛出了教师的问题。教师，正是"平等中的首席"。

浩：文章"义法"的探究对高中生思辨能力的培养十分重要，值得我们借鉴。

格。下面请再从“言有序”的角度来谈谈。我们是不是先来理一下作者的思路?

生：我认为刚才 ××× 同学在说“言有物”的时候，实际上已经谈到了“言有序”的问题。这篇文章由两个大的部分组成，前一部分是从正面写，后一部分是从侧面写。正面写是重点，侧面写虽然不是重点，但也是重要的，因为从作者的思路看，这两部分是密切配合的。

师：请结合课文来论证你的观点。

生：第一部分，主要写了这样几件事：冒雪访才—慧眼识才—解貂爱才—破格选才—厂狱护才。(师插话：啊，概括得好。)作者是把左光斗和史可法交叉着写的，目的是表现左光斗识别人才的眼力和刚毅的性格。文章的中心思想主要是由这一部分表现的。第二部分主要写两件事：一件是史可法“奉檄守御”，另一件是“堂上拜夫人”。两件事写的虽然同是史可法的“逸事”，但写史可法正是为了写左光斗。把这两个部分贯串起来的，是这样一条线索：左光斗慧眼识才，史可法不违师教。

师：有见解！你读文章想得深。不过我还想请你从课文中找出体现这条线索的句子，把这条线索更具体地给我们指出来。我给你一些时间，大家也可以想想。①

生：(稍稍阅读，思索)第 1 自然段写左光斗召史可法“使拜夫人”，并且说：“吾诸儿碌碌，他日继吾志事，唯此生耳。”说明左光斗赏识史可法的不仅是文章写得好，而且

① **周**：师生问答如此精彩！而教师于此尚能在更高的层面予以指点，不由人不叹服其腹笥之富。

刘：钱老师引领着学生向思维的更深处漫溯。

也相信他能“继吾志事”。第 2 自然段写左光斗见史可法冒险来探监，怒斥他“国家之事糜烂至此”“汝复轻身而昧大义，天下事谁可支拄者？”他对史可法不顾国家之事，“轻身而昧大义”前来探监十分恼怒，因为他对史的期望不是让他来报个人的恩德，而是去支拄天下事，这就跟上文“继吾志事”照应，具体地说明了他要史继的是什么志，做的是什么事。第 3 自然段写史可法奉檄守御，“辄数月不就寝”“每寒夜起立，振衣裳，甲上冰霜迸落，铿然有声”。他所以这样尽职，正如他所说的“吾上恐负朝廷，下恐愧吾师也”，写出他正是继承了老师的“志事”，在尽力支拄着天下事。前后联系起来看，线索十分明显。

师：我早料到你会说得很好，可你实际说的比我预料的还要好。关于“言有序”的问题，谁还有意见要发表？①

生：我补充一点：本文首尾也是照应的。前面说“先君子尝言”，点明以下所记的都是从自己父亲那里听来的，而结尾又进一步补述先君子所以知道得这样详细的原因，不是毫无根据的道听途说，这就增强了文章的真实性。首尾照应，文章结构也显得严谨。

师：同学们的确会读文章。关于桐城派的“义法”之说，历来褒贬不一，褒之者对它交口赞誉，贬之者则讥之为“桐城谬种”，未免都各有所偏颇。平心而论，单就方苞的一些久为人知的名篇来看，“义”和“法”，也就是思想内容和艺术形式取得较好的统

① **刘：**放权给学生，还课堂给学生，这样充分地信任学生，学生才会思维活跃，畅所欲言，成就精彩的课堂！
周：坚持学生为主体的理念，课堂就会熠熠生辉。
浩：是这样的。不能或不敢坚持，课堂必然死气沉沉。

一，确实是写得不错的。当然，方苞的文章我们读得很少，除了这一篇外，还读过他的《狱中杂记》，我们对这位桐城派鼻祖的文章还没有什么发言权。但是我想，就文论文地把这两篇文章来作一番综合的研究，从而谈谈对“义法”问题的粗浅认识，还是可以做到的。请大家课外先把《狱中杂记》去找来复习一下，把它和《左忠毅公逸事》联系起来读，到下星期的作文课上将请你们写这样一篇文章（板书：“言有物”与“言有序”——方苞《狱中杂记》《左忠毅公逸事》读后）。① 这是一个有相当难度的作业，不过，正如今天你们用出色的成绩证明你们有出乎老师意料的阅读能力一样，你们一定也会用一篇篇好文章来证明你们的写作能力绝不比阅读能力逊色。我深信这一点。最后再向大家推荐一部书。这是一部《方苞集》（举书），同学们如有兴趣，可以借去看看，尤其是卷首的“前言”，建议大家读一读，这对你们写好文章也许会有些帮助。②

（下课）

① **刘：**课堂教学结束时的拓展延伸，将读和写、学与用有机结合，体现了“大语文”教学的思想。

浩：这篇读后感的写作，对一般高中生而言确有难度，但从学生在课堂上所表现出来的学习热情与领悟能力，我相信一定会佳作迭出。

② **刘：**真正的语文课不会在下课铃响的时候画上休止符，它会进入学生的生活，甚至融入生命。

浩：这堂课充分展现了钱老师文言文教学的艺术魅力。

周：说得对。学生在课上不仅学到了读书的一般方法，更得到了崇高人格的感召，体会了严谨的治学态度。

【研读感悟】

文言文难教，难在一个“度”。稍不留神，文言文教学就会出现“繁、偏、死”的弊病，或是走向另一个极端——脱离文本的“泛文化”倾向。而钱老师的这堂课，将“文”和“言”巧妙地统一了起来，做到了“双翼齐飞”。

钱老师并不讳讲“言”，相反，他的课，字词基础打得特别扎实。高中生自主学习的能力较强，课前钱老师放手让学生自读，着重了解相关背景材料，利用字典疏通词句，提出阅读中的疑惑。而在讲“微”“已”“且”“从”的时候，他充分调动了学生的旧知，注重知识的迁移和归类；此外，还让学生有了“揆”“阿堵”等意外的收获。

字词教学是文言文教学的根基，没有了“言”，“文”就成了无“皮”可附的“毛”。有了“言”的支撑，“文”的探讨才会深入而生动。方苞的《左忠毅公逸事》，思想性和文学性均很突出，可咀嚼之处甚多。在这两节课中，钱老师引领学生回归文本，抓住细节，从一个个细节中去探寻左光斗、史可法的忠心赤胆。同时，用方苞“言有物，言有序”的创作理念作为解读文章的钥匙，使学生体会到作者用曲笔的缘由，了解了文中“义”和“法”的关系。读写结合的方式更是将对作品的理解引向深入，同时也充分考虑到了高中生的认知水平。

钱老师把文言词语的教学结合在具体语境中，结合在人物的赏析里，可谓“言中有文”“文中有言”。很多教师都会觉得“文”“言”很难做到兼得，重视了“言”，课堂就会变得枯燥无趣；突出了“文”，学生学得就不够扎实。钱老师的课给我们树立了一个很好的榜样——“言”和“文”并不是油和水的关系，而是可以做到水乳交融的。高中文言文教学，不应该只是让学生掌握一些文言词语和句式，更需要让学生得到传统文化和民族精神的浸润。

钱老师是如何做到这一点的呢？教师的“底气”是基础。利用学生的问题来组织课堂教学，对教师的语文素养尤其是对教材的解读能力提出了极高的要求。教师想做到调控自如并非易事，尤其是当学生提出一些比较“古怪”的、冷僻的问题时，更需要教师有充足的底气，否则，就会出现“冷场”甚至“歪批”。本堂课，钱老师能目无全牛而游刃有余，正源于他腹笥之富，学养之深。教师对语文教学的深刻理解是关键。有了“学生为主体”，教师才会放手让学生去质疑，去解惑，去探究；有了“教师为主导”，才能在课前提的160余个问题中精心选择，才能在学生困惑时指点迷津，让颗颗散落的珍珠最终串成一挂精美的珠链；有了“训练为主线”，学生的思维才始终处于活跃状态，口脑并用，读写并举，使课堂向课前课后有效延伸。

“好风凭借力，送我上青云”，钱老师用他的教学智慧托举起“文”“言”的双翼，让学生翱翔在古典文学的浩瀚长空。

（刘志军）

后 记

我从师范毕业走上讲台，恰是钱梦龙老师开始倡导“语文导读法”之时。我将钱老师的教学主张跟叶圣陶先生的教育思想结合起来学习，并用以指导平时的教学实践。几十年来，正是在先进教育理念的引领下，我的成长之路才变得比较顺畅。可以这么说，“语文导读法”是我教学生涯中不变的坚守。随之萌发的是整理、研究钱梦龙老师语文课堂教学艺术的愿望，但是由于时间、精力等诸多原因，这一心愿一直无法实现。

钱老师的“语文导读法”既有深刻的理论阐述，又有丰富的教学实践，是我国当代基础教育界里程碑式的教育成果。30 多年来，钱老师依据这一教育理论，大胆实践探索，为无数专家、同行展示他的课堂教学风采，积累了大量堪称经典的教学案例。我愈来愈迫切地意识到，从理论与实践结合的层面品读其课例，并借此阐发其导读教学艺术的精妙，这对广大语文教师专业素养的提升，对中小学语文教学改革的深化，都将起到积极的推动作用。

2012 年起，常熟市教育局先后在全市中小学成立了彭尚炯特级教师工作室、钱梦龙特级教师工作室。工作室内聚集着一批学有专长、教有特色的中青年语文骨干教师，他们富有朝气，又勇于实践。我预感到，整理、研究钱老师课堂教学成果的条件已经成熟。

今年 3 月，我趁钱老师来常熟的机会，不揣冒昧，跟他谈了合作选编课堂实录的设想。钱老师微微一笑，谦和地说：“这么多年了，我的那些东西已经陈旧了。”我答道：“经典不会过时。就目前的语文教学现状而言，重温您的语文教育思想和教学艺术正当其时，非常必要。”在座的专家、领导也纷纷表示赞同。由衷地感谢钱老师的信任，他把这项重要工作托付给我们这些默默无闻的语文教师时，没有丝毫的犹豫。

于是，钱老师和我开始遴选篇目。从 1981 年开始，钱老师的课堂教学实录散见于各种专业杂志，并没有专门整理过，此类资料的搜集难度较大。钱老师多方寻觅刊登他教学实录的书籍和期刊，严格把关，反复斟酌，筛选出能反映其鲜明教学特色的代表作。现在广为流传的他的教学案例大多是初中语文课，我无意间从一篇论文的注释中发现钱老师曾有《左忠毅公逸事》(高中教材)教学实录发表的线索。但找遍各校图书馆，就是不见其踪迹。几经周折，我们在淘宝网的书店里购得一本厚厚的复印资料，从中找到了这个教学实录，大家称之为“一个惊喜的发现”。钱老师得悉后也很高兴，说:“《左忠毅公逸事》和《愚公移山》一个初中一个高中，导读方法不同，点评时要反映出来。”经钱老师敲定，入选本书的教学案例共16个，其中文言文教学5个，古典诗歌教学1个，现代小说、散文教学6个，议论文教学2个，说明文教学2个，大致涉及了中学语文教材中的各种范文类别。钱老师执教的鲁迅小说《一件小事》有两个不同的教学版本，一并收录，便于比较不同教学情境下不同的教学生成，这样或许可以给读者更多的启示。

这些教学案例诞生的时间最早的去今已有30多年了，但其经典意义非但没有丝毫消退，反而历久弥新，我提议书名取“钱梦龙经典课例品读”。而以何种方式来品读这些珍贵的教学实录，我们煞费思量。能不能用教学沙龙的形式，让解读的过程显得更生活化，更有现场感一点呢？我跟钱老师建议，每一篇实录分别有三名老师参与点评(其中一位主持)。为了便于钱老师选择合宜的编写体系，周志强、刘志军、周浩老师首先“试水”，用几种不同的格式写出了第一份初稿。经过比较，钱老师决定采用分栏格式。分栏的左栏为“经典回放”，再现钱老师课堂教学的详细过程；右栏对应为“品读沙龙”，是三位点评老师在研读实录的基础上，对钱老师教学过程中所体现出来的教育理念、教学智慧与艺术的有感而发。每篇实录的后面，由主持人负责撰写“研读感悟”，主要从钱老师的教育思想与教学艺术的结合上，梳理并总结教学课例的主要特色及其给予教育工作者的启迪意义。

在撰写《钱梦龙经典课例品读》的日子里，我感受到太多的感动。

印象最深的是钱梦龙老师所倾注的极大精力。这本书的编写，他自始至终亲力亲为。为了减轻我们前期的工作量，84岁高龄的钱老师不辞劬劳，亲自将这些案例资料扫描下来，转换成电子文档。扫描仪的分辨率不高，讹舛甚多，他就逐字逐句仔细校勘，审订满意后才发给我们，单为此，他就花费了大量的精力和时间。为帮助全体编写老师能准确把握“语文导读法”的精义，确保编写工作一开始就有一个较高的起点，钱老师专程来常熟作专题报告，详细介绍他在语文领域思考与实践的成果，还回答了大家提出的问题。平时，我们通过手机短信和电子邮箱保持密切的联系，我向他汇报写稿过程中的一些想法或问题，他也时刻关注着整个写作进程，对每一次询问都详细答复，对每一篇稿件都把关审阅，对每一个细节都耐心指点。钱老师对编写组老师的鼓励与肯定，对稿件审读的精细与严格，让人很自然地联想到他的语文课堂，那样地真诚亲切，那样地精致大气。大家对此由衷感激和钦佩，并以此作为承担这项艰巨工作的精神动力。值得提出的是，钱梦龙老师专门以《我这样上语文课》一文作为本书的代序，对全书内容起了提纲挈领的作用。

本书的编写得到了语文界和上级领导等的充分肯定与热情关注。资深语文教育家、江苏省教科所原所长袁金华先生在跟我们交流时诚恳地说："钱梦龙老师的课留给我们启发的东西很多，如果把他的课堂实录汇编起来，好好地评析一下，这是很有价值的。这堂课上闪光的东西，那堂课上闪光的东西，把它们汇集起来，贯穿起来，那个'链'才能看得出来。"当得知这项工作已经启动，他高兴地嘱咐我："你们的工作室要把这件事做好。"著名语文特级教师、语文教材编审专家朱泳燚先生是我工作室的学术顾问，他指出："钱梦龙老师有这么多精彩的课例，值得好好总结，这对撰稿的年轻老师也是一次难得的锻炼和提高的机会。"朱老师对编写体例提出了不少很好的建议，并审阅了部分书稿。中国语文报刊协会会长、《语文世界》杂志社社长兼总编王晨女士表示：就钱老师课堂教学案例进行系统研究的专著国内还没有，编写这本书具有填补空白的意义，相信你们能做好。著名语文特级教师、江苏省首批教授级高级教师杨斌先生认为，钱老师的导读教学艺术对课堂教学改革具有标杆作用，这是一个非常有意义的选题，做好了会有广泛的读者群。常熟市教育局殷东明局长，林峰、凌解良、唐建雪副局长，编写组成员所在单位的领导等，从一开始就表示积极支持工作室开展此项工作。华东师范大学出版社第一时间允诺出版此书，李永梅女士、杨坤女士、张思扬女士等为本书的编审与出版做了大量工作，她们的专业水准与敬业精神令人叹服。在编写小组成立之初，钱梦龙老师就特意提名聘请周宗俊先生担任本书的顾问。周老师是中国语文报刊协会课堂教学分会学术委员会副主任、分会原秘书长。时值溽暑，年近八旬的周老师长时间地凑在电脑前，仔细审看每一篇书稿，小到标点的使用，大到观点的提炼，凡遇到需要商榷的地方，他都一一标出，并提出具体的修改建议，使编写组的老师们深受教益。我们向所有关心、支持本书编写出版工作的各位专家、领导、同行致以崇高的敬意！有这么多人激励着我们，帮助着我们，我们唯有孜孜矻矻，方能不负众望。

我们这个写作团队的工作效率也是值得我自豪的。我们在钱老师“语文导读法”的旗帜下相聚，编写组的16位成员为QQ群起了个不俗的名字——“因为语文”。编写组分成五个讨论组，每个讨论组的三位成员分别来自小学、初中、高中，这样安排，有利于各位编写老师能从不同的视角来品读，能引出更多切磋的话题。这些同志既是教学骨干，又大多担负着学校的管理工作，在目前这种教育大环境之中，工作之繁重可以想见。有的同志即使暑假也难得能在家休息，还有的家人生病需要伺候，编写工作只能见缝插针。为了系统领会“导读法”的理论体系，我们开出阅读书目，几位老师还从网上下载了20多篇有关的研究文章，读书充电成了各位的自觉行动。“因为语文”群成了交流讨论的园地，谁有问题大家就献计献策，有时为了某一个问题而争论不止，直至水落石出。各个小组的成员都会在主持人的组织下仔细研读实录内容，深入揣摩钱老师独具的教学匠心，反复推敲品读点评的角度，在此基础上才动笔撰稿，一气呵成。大家都能按照事先确定的进程安排，按时发来初稿，即使深夜11点完稿也会立即发送，决不拖到次日。每一篇经钱老师审阅的稿子，我们都会及时发在群里，大家争相下载，相互学习交流。正是这种旺盛的工作热情与执著的事业追求，让我们如愿完成了写作任务。

回顾整个写作过程，编写老师深有感触地说，钱梦龙老师是我们专业成长道路上的偶像，这次能在钱老师的直接指导下，集中研究他的导读艺术，其实是一次重新学习、充实自我的过程，机会难得，得益匪浅。

在编写之初，钱老师曾问我大家撰写本书的准备情况，我回答说：“凭着对语文的热爱和对您的敬重，大家一定会全力以赴的。我所担心的，倒是限于我们的学识功力，力不从心，撰写的质量可能达不到您所期望的水准。”钱老师轻松地对我说：“我对你们充满信心。”现在，凝聚着钱梦龙老师和编写组全体成员心血的书稿已成，我的夙愿也将得偿。但是，我至今还心怀忐忑：在这本书中，我们对钱老师教育思想的领悟是否全面？对他教学艺术的解读是否到位？我们殷切地期待着广大读者朋友不吝赐教。

就在我们撰写本书期间，编写组的钱建江、顾丽芳两位老师荣膺江苏省语文特级教师称号，陈丹、张立、华国平、沈春媚四位老师名列苏州市语文学科带头人榜帖。至此，“因为语文”的团队中获得苏州市学科带头人及以上称号的有12人，其中获得语文特级教师称号的有4人。但愿各位成员以此为新的起点，再接再厉，日求精进。

也在本书的编写期间，钱梦龙老师的《语文导读法的昨天和今天》在《课程·教材·教法》上发表，引起强烈反响。文章全面回顾了“语文导读法”酝酿、成型、发展的历程，是研究钱氏教育思想的又一重要文献。据悉，他的又一部力作也即将问世。我们祈愿钱老师健康长寿，成为语文园地的常青树、不老松，继续为我国教育事业奉献智慧和力量，续写属于他的也属于语文的辉煌传奇。

彭尚炯
写于2014年第30个教师节